新中国学案丛书

李振宏 主编

臧知非 著

生存与抗争的诠释

——中国农民战争史研究

河南大学出版社
HENAN UNIVERSITY PRESS

目　录

总　序

两年前，河南大学出版社约我组织一套“新中国学案”丛书，以反映新中国建立六十年来的学术发展。多少年来，我一直有一个观念，认为这段历史，是最值得研究的一段历史，它最可能为人们提供丰富而深刻的历史启迪；而与之相符的是，新中国的学术史，也是一段最有价值的学术史，它可以为学术的发展提供最深刻的借鉴或教益。于是，我欣然受命。

但是，这毕竟不是一件容易的事情。

学案这种史书体裁，历史上有其成功的范例，但却未必适合于表述当代的中国学术。学案体的开创者黄宗羲，阐述他著述《明儒学案》的用意或宗旨说：

> 大凡学有宗旨，是其人之得力处，亦是学者之入门处。天下之义理无穷，苟非定以一二字，如何约之，使其在我！故讲学而无宗旨，即有嘉言，是无头绪之乱丝也。学者而不能得其人之宗旨，即读其书，亦犹张骞初至大夏，不能得月氏要领也。是编分别宗旨，如灯取影……每见钞先儒语录者，荟撮数条，不知去取之意谓何。其人一生之精神未尝透露，如何见其学术？是编皆从全集纂要钩元，未尝袭前人之旧本也。①

① 黄宗羲：《明儒学案·凡例》，文渊阁四库全书本。

黄宗羲创设的学案体，旨意在于梳理学派的学术渊源和论学要旨。他认为，每个学术派别，都有其论学的宗旨；不同的学派就是因其不同的学术宗旨而相区分的。学术史之要领，在于以其不同的论学要旨，将学者分为不同的学术派别而溯其源流，以明天下学术之大势。因此，他的《明儒学案》所列19个学案，于每个学案都首先撰一小序，述论该学派的学术宗旨及学术源流，其次再来分述学派中每个主要学者的人生经历、著作思想及其传授系统。这样，以不同的学案并立于一本书之中，而呈列一时代天下学术之全貌。这的确是一种比较理想的传统学术史著述体裁。

当代中国学术不同于黄宗羲时代学术的一个显著特点，在于学派之难以成立。新中国建立以来，政治与国家意识形态对学术有着强大的统摄作用。马克思主义的独尊地位及其指导作用，使我们的学术思想高度统一，无论哲学、史学乃至一切社会科学，都不可能有所谓独立学派的产生。我们只有一个学派，那就是马克思主义学派。于是，要写新中国的学术史，黄宗羲所创设的学案体是不适用的。我们要做的学案，必须有新的创设。譬如就史学的发展来说，可以考察的学术案例，不能以学派划分，而因问题成立。我们不能按“家”写学术史，但可以按问题写学术史。我们没有史学研究的各家各派，但有不同的学术研究领域纵横交错、异彩纷呈，就学术领域设立学案的方式则是可以成立的。于是，我们写新中国的学术史，就以问题设立学案，一个一个问题去梳理，是谓“新中国学案”之成立。

但是，既然名为“学案”，也还是和传统的学案体在基本精神上有相承袭之处的，那就是传统学案体所具有的“辨章学术、考镜源流”的精神，这一点是任何学术史著作所不可或缺的。总的来说，本丛书的基本性质，应该是一种专题学术史，或曰问题学术史。名曰“学案”，它和传统学案体著作在体裁和治学旨趣上既有联系，又有区别。传统学案体史书在于研究不同学派的学术源流、内容及对之进行学术评断；本丛书则以问题为中心，做“辨章学术、考镜源流”的学术梳理，并对以往的学术状况给予分析和评论，使读者在一本学案著作中，既能看到某一学术论题的学术是非的来龙去脉、发展线索、内在逻辑，又能看到作者对这些学术争论的现代评论，获得学术思想的启迪。

为了实现以上编纂思想，我们在“编写说明”中对丛书在写作上提出了如下一些基本要求：

> 所有大的研究专题，都有丰富的研究成果，在内容选择上不能面面俱到，要有所选择。内容的选择，要考虑几个方面：该领域研究中的基本问题；讨论中争鸣较多的问题；对今天仍有价值和意义的问题。
>
> 要介绍或评论的内容收集，注意几个原则：最早提出的观点；最具代表性的观点；最有深度的观点。
>
> 对讨论的双方或多方的学术观点，要尽可能完全真实地反映，不以个人的学术立场影响反映的完整性和真实性。
>
> 讨论比较集中的问题，要围绕焦点问题展开，理清发展线索，追溯分歧的根源。
>
> 对问题的追溯和评论，要结合学术争鸣的社会历史背景来展开，把学术史置于广阔的时代背景中进行梳理和评述，挖掘其社会历史根源。
>
> 要重视挖掘该问题讨论的现代学术价值。特别是类似于传统的“五朵金花”……要注意挖掘其现代价值，注意这些问题在90年代以后的意义转向。
>
> 综述与评述兼顾而侧重于评述，要写成以综述为基础的评论性著作。

这些文字，既是我们对丛书作者的基本要求，也反映了我们对学案体学术史的基本理解。新的学案体学术史应该如何写，学术界有过一些零星的看法，但缺乏深入讨论，我们也就以上想法提请学界批评讨论。

尽管我们对丛书的写作提出了一些统一性的要求，但具体到每一本书，则都是作者的个人著作。每个作者在具体写作中，在具体的学术观点上,甚至在对学案体学术史的写法上,都有自己的理解,都享有充分的写作自由,他们都可以根据自己面对的研究对象的特殊性,对自己著作的立意和结构,进行创造性的或者说是完全个性化的构思和安排。因此,读者看到的这些作品,尽管都名之为“学案”,但在著述风格上则因人而异,甚至有很大的不同。有的侧重学案反映学术状况的客观性,而有的则完全将研究的对象编织到自己的思想结构中。他们写出的是不同样式的学术史。在这里,读者可以强烈地感受到,学术史的写法,也像人们的思想世界一样色彩纷呈。

还要说明的是,名为“新中国学案”,实际上我们出版的只是它的“史学卷”,是建国以来史学研究领域里重大问题的学术史。而且,就史学领域来说,我们选取的问题,也可能有着很大的局限性。这一方面与我们对这段学术史的理解有关,另一方面也与我们所能组成的作者队伍有关。由于我们的局限,可能还有一些更需要反映的问题没有纳入进来,这些是可以在今后的研究中,有所补正的。如有可能,这套丛书还可以继续做下去,以使我们的新中国学术得到尽可能全面深入的描述和反映。

今年是新中国建国六十周年,改革开放也刚刚走过而立之年,中国当代学术的发展也走到了一个需要通过反思与总结而开辟新时代的关头,因此,最近几年的学术史研究逐渐升温并渐趋佳境,但愿这套丛书能够成为当下学术史热的一道新的风景。

李振宏

2009年8月2日

第一章　农民战争研究的历史进程与特点

中国自古就是农业国，进入封建社会以后，农民与地主的矛盾就是封建社会的主要矛盾，尽管这个矛盾的表现形式具有多样性，但农民问题始终是社会矛盾的核心。当农民所受的经济剥削和政治压迫导致他们无法生存的时候，就只有走上武装反抗的道路。从秦朝统一到清朝灭亡，规模不等、大小不一的农民起义发生过千百次，对中国历史产生着重大影响，这种现象在世界历史上是绝无仅有的。研究农民战争或者农民起义问题，是探索中国历史发展道路的重要组成部分，更有助于中国经济史、政治史、思想史、文化史、民族史等研究领域的深入，可以说，忽视或者对农民战争问题缺少客观的认识，中国古代史研究的诸多问题难以获得客观的说明。恩格斯在给马克思的《路易·波拿巴的雾月十八日》写的1885年第三版序言曾经指出："马克思最先发现了重大的历史运动规律。根据这个规律，一切历史上的斗争，无论是在政治、宗教、哲学的领域中进行的，还是在其他意识形态领域中进行的，实际上只是或多或少明显地表现了各社会阶级的斗争，而这些阶级的存在以及它们之间的冲突，又为它们的经济状况的发展程度、它们的生产的性质和方式以及由生产所决定的交换的性质和方式所制约。"①这个论断是精辟和科学的，完全符合中国历史的实际。

严格意义上的系统的农民战争史研究是新中国建立以后才展开

① 《马克思恩格斯选集》，第1卷，第2版，人民出版社，1995年，第583页。

的。1949年,新中国成立以后,史学界掀起了学习马克思主义、毛泽东思想的热潮,并用做史学研究理论和方法的指导,史学研究和社会主义革命、建设紧密相连,围绕着中国古史分期问题、资本主义萌芽问题、土地制度问题、汉民族形成问题、农民战争问题展开了深入而热烈的讨论,形成了新中国史学的“五朵金花”。若从参与人数之众、发表论著数量之多、讨论程度之热烈、社会影响之广泛等方面考察,农民战争研究无疑居于“五朵金花”之首。“文革”结束到1980年代前半期,农民战争研究继续了“文革”前的热烈。但是,随之而来的则是农民战争研究的持续萧条,迅速冷却,几近冰冻状态。对这一历史过程进行学术史的回顾,总结研究成果,分析所讨论的问题,探索学术方法,是把握新中国史学历程的重要组成部分,也是把握新中国建立以来学术与政治关系的重要一环。

众所周知,学界对中国封建社会的开端的认识存有分歧,主要有三说:西周封建说、战国封建说、魏晋封建说。但是,中国大规模农民起义则从秦朝末年的陈胜吴广起义开始,所以无论主张哪一派的封建说,对农民战争的研究都是从秦末农民战争开始的。中国封建社会的下限是1840年爆发的鸦片战争,鸦片战争以后的中国社会性质则变为半封建半殖民地社会。但是1851~1864年的太平天国运动则是我国旧式农民战争的顶峰,从学理上说,叙述农民战争当然应该包括太平天国运动在内。而站在历史分期的角度,太平天国运动是近代社会的事情,已经超出了封建社会的叙事范围,同时对太平天国的研究已经形成了专门的队伍和领域,因此在叙述封建社会农民战争研究时是不包括太平天国研究的。本书采用变通的方法,在叙述具体问题的研究时不含太平天国运动,本书所统计的论文、专著、资料集以及普及读物的数字都不包括太平天国运动、捻军起义等属于近代时间范围内的研究成果,但在叙述农民战争研究的理论分歧时则有所涉及。因为太平天国运动的组织方式、理想、口号等都是封建社会农民战争的发展顶峰,在评价封建社会农民战争的历史作用、组织方式、奋斗理想、宗教信仰时是不能将其与太平天国运动分割开来的。

鉴于新中国成立以来农民战争研究的著作、论文数量庞大，本书不能一一列举。本书的目的是通过学术史的回顾，总结经验，既比较全面地反映这一个历史过程，又尽可能客观地反映新中国史学工作者的心路历程，所以将回顾的重点放在各种理论问题的回顾上。为了尽可能地避免误解作者的思想，减少对读者判断的影响，笔者只对每一个问题讨论的缘起作出叙述，对讨论各方的观点不作评判，而是在最后从总体上分析讨论的历史的、现实的原因，从学术史的层面分析农民战争研究的学术价值，以及农民战争研究的未来设想。

一、民国时期的农民战争研究

现代意义上的中国农民战争研究，发端于 1920 年代末和 1930 年代的中国社会性质大论战。故本章先就 1949 年以前的农民战争研究做一个回溯。

1927 年，国、共两党分裂，中国共产党走上了武装反抗国民党统治的道路。当时的马克思主义者和部分知识分子为了把握中国革命的任务和前途，就中国社会性质问题展开研究，以解决中国革命的现实基础和前进的方向。与此同时，部分拥护国民党的学者和其他学派的知识分子，也站在各自的立场，对中国社会性质问题提出各种解释，其目的有的是在意识形态领域混淆视听，阻止共产党所领导的反帝、反封建、反对官僚资本主义的革命斗争，有的则是运用未经消化的近代西方政治学、社会学、历史学、文化学的理论解释中国历史和现实，从而引发了一场中国社会性质大论战。在这次讨论中，中国封建社会长期延续问题成为讨论的重要议题。而农民起义规模大、次数多是中国封建社会特有的现象，在探讨封建社会长期延续的原因时，自然无法回避农民起义和农民战争与封建社会发展的关系，农民战争逻辑地进入了讨论者的视野，有的论者直接把农民起义作为封建社会长期迟滞的原因之一。这种观点最早是由苏联学者提出而得到国内响应的。

在中国展开社会性质大论战稍前一些，国、共两党第一次合作时，苏联史学界就开始了史学方法和史学理论大讨论，其起因也是为当时苏联政治服务。因为当时的国、共合作深受苏联影响，对中国社会和历史问题的认识是苏联这次大讨论的议题之一，并占有重要地位。在苏联，有一派观点认为中国历史上的农民起义是中国长期停滞不前的原因。

1926 年，坎托罗维亚在《前资本主义时代的中国社会关系体系》一文中提出：中国是个自由小农和农民土地占有制的国度，没有地主阶级，国家由中国所特有的知识分子阶层即“士大夫”阶层所统治，不存在欧洲的封建剥削，中国历史上的农民起义是因为不满、贫困、人口过剩引起的，这些起义“首先应看做中国社会、财政和政治制度本身的一种成分，是这个制度保持平衡的必要手段”，这些起义“具有明显的土匪性和破坏性”。① 1930 年出版的《论亚细亚生产方式 · 别林报告讨论集》别林在回答“亚细亚是否存在过阶级斗争”的问题时说：“是否有过像欧洲那样纯粹的阶级革命运动，我不知道……在东方经常发生席卷小地区的暴动。在这些场合，农民杀死国家官吏及其所有亲属，但因此也受到残酷的屠杀……此外，改朝换代在东方也时常发生。我认为被剥削群众的不满，在这些变革中起了作用。”②洛马金则明确认为东方国家的人民起义是反动的，是保持社会平衡的基本条件，“这使东方社会处于停滞的僵化的状态，这种状态后来被帝国主义的入侵所打破”③。这里所说的东方都是指中国。

苏联学者的上述观点是建立在对中国历史知识缺乏的基础上的，有的是对中国历史的曲解。苏联革命成功以后，苏联共产党的任务是进行社会主义建设，首先就是改造农民。在马克思、恩格斯、列宁、斯大

① 《外国学者论亚细亚生产方式》，中国社会科学出版社，1981 年，下册，第 29 ~ 30 页。

② 《外国学者论亚细亚生产方式》，中国社会科学出版社，1981 年，下册，第 64 页。

③ 《外国学者论亚细亚生产方式》，中国社会科学出版社，1981 年，下册，第 46 ~ 47 页。

林心目中，农民是落后的生产力和生产关系的代表，是小私有者，是皇权主义者，没有自己的思想、没有自己的政治主张，必须要别人代表他们；只有在共产党领导的工人阶级的领导下，农民起义才能获得成功；苏联的革命道路是以城市为中心，先夺取政权，而后改造农民，把农民由一个小私有者改造成为无产阶级，是社会主义革命的关键。中国是个农业社会，中国革命的首要任务是解决农民问题，要解决农民问题、取得革命胜利就要效法苏联道路，先在大城市夺取政权然后改造农民。部分苏联学者就是带着这些先入之见讨论中国问题而提出农民暴动阻碍中国社会发展的观点的。而苏联的成功是年轻的中国共产党人和进步知识分子学习的榜样，那些对苏联革命持反对态度的学者在参加社会性质大论战时也大都打着马克思主义的旗号，贴上一些马克思主义的标签。这些观点传入中国后，就被部分学者所接受，认为农民暴动是中国封建社会长期延续的原因之一。首先系统论证这一观点的是莫非斯。

莫非斯主张中国封建社会的延续是循环式的。莫非斯在 1931 年 11 月 1 日出版的《食货》半月刊第 2 卷第 11 期发表《中国社会历史分期的商榷》一文，明确提出“中国的真实过程是什么呢？是循环”。“循环的原因完全由于农民暴动”。他进一步解释说：“为什么循环呢？这便不得因商人着想。若如此则解释便容易了。原来商人阶级之兴起可以有两种趋向：一个是与英国那样向贵族斗争，上有地主下有农工的中间阶级。另一个便是中国，去巴结贵族变成贵族，（买土地）自己做上层阶级，与地主一体共同压迫农民。在前一种，当农民暴动打倒地主时商人便独享其利，成为资本家，走向社会的上层去，而资本社会出现。但后一种却不然，商人老早已成为上层阶级，既不想革命，而且与地主合而为一，农民暴动时，商人打倒了，辛辛苦苦剥削来的原始积蓄一旦分散，哪里还会变成资本家呢？人们常怪中国没有殖民地，以致走不上资本主义，其实虽有殖民地但是没有原始积累又有何用？这便是中国社会进化的动因与其歧点。总括言之，封建进化有两途：（一）商人打倒贵族——资本家。农民暴动，打倒贵族，商人得利。代表者是英国（其阶级关系为地主—商人—农民）。（二）商人联合贵族——地主兼商人,农民打倒地主兼商人。其阶级关系则为:地主兼商人—农民(商人并非中间阶级),代表者是中国。”“农民暴动既是循环的原因,则农民暴动兴起之日,[是]使用该循环诞生之时,亦是前一循环结束之点。”根据这个认识,莫非斯把战国到清朝的历史兴衰分为十个循环期。1937 年,莫非斯又重申了他的观点。①

李达在讨论中国封建社会长期延续原因时,曾举出八条理由,虽然没有正面认为农民战争是其原因,只是委婉地把“农民暴动”作为战争破坏生产力的一个表现,而且是严重的表现,农民战争对生产力破坏严重,使人口大量死亡,但是他认为农民的落后性注定农民战争导致社会停滞。李达所举的八条理由的第六条是:“农民阶级不能担负新生产方法……至于农民阶级,他们始终停滞于狭隘的生产关系之中,应用几千年没有多大变化的技术,继续其单纯再生产,除了遵守王法早完国课以外,概与政治无缘。农民暴动,常是封建王朝更替的契机。他们并非建设新社会秩序的领导者,所以暴动的结局,社会秩序仍是封建的,再回到原来的村落去。”②这“再回到原来的村落去”实际是在说“农民暴动”导致社会倒退。

系统论述农民战争是中国封建社会长期延续原因之一的是蒙达坦。蒙达坦在《与李达先生论中国封建社会发展迟滞的原因》一文中认为,中国封建社会迟滞是因为“原始资本积累”不能正常进行和生产方法不能进步,各举三条理由,总共是六条,而将原始资本积累不能正常进行的主要原因归结为农民战争,是农民战争破坏生产,妨碍了原始资本的积累。

蒙达坦说:“战争减少劳动力和毁灭生产手段,足以妨碍社会大发展是当然的。中国封建社会的战乱特别频繁,也特别惨酷。不过战国之时的战乱并不比之后少,而且还要频繁得多,为什么战国之时的发展

---

① 莫非斯:《为中国社会长期延续问题答王宜昌》,《思想月刊》第 1 卷第 2 期,1937 年 3 月 1 日出版。

② 李达:《中国社会发展迟滞的原因》,《文化杂志》第 1 卷第 2 号,1941 年 9 月 15 日出版。

那么迅速，以后发展又那么迟缓呢？这是因为，战国之时的战争是领主为了扩张领土而驱迫人民去从事的，战国之后的战争却多是由于农民迫于苛捐杂税和力役的暴征而群起反抗所引起的。前者为封建领主间的战争，后者为农民战争。两者的差别在于：前者对于生产手段的破坏没有后者那么凶。领主之从事战争是为扩张领土，对于占领地的一切生产手段当然是不愿意加以破坏的，因为生产手段就是财富构成的要素，而且敌对的一方如果觉得其领土之某部分有被对方夺取的危险时，便从事移民的措置，将可以移动的生产手段搬走了。所以我们读史常常看见在战国前的战争，往往有大量移民的事实，这样，生产手段虽不免仍有所破坏，但毕竟因此保留了许多。农民战争却不然，农民群起叛乱而引起战乱是为了反对苛捐杂税和力役的暴政，并没有领土的目的；更由于他们的愚昧，故对于不属于他们自己的生产手段不惜恣意加以破坏，虽然领导农民战争的人物多数抱有领主的那么目的，但他们也不能完全制止农民的行为；他们没有像战国以前那样领主领导的大量的移民，将可移动的生产手段搬走，所以战争的结果往往'城乡化为废墟，田园鞠为茂草，牲畜全被屠杀，生产手段受到可惊的破坏甚至毁灭'。由于两种战争所造成的直接结果不同，其间接造成的结果也有差异。前者对于生产力虽也有妨碍，但不能根本妨碍其发展，后者则以其破坏及毁灭生产手段之甚，对于生产力的发展起着根本的妨碍作用。”

蒙达坦并不否认所有农民战争。蒙达坦认为德国和俄国发生过的农民战争，都促进了走出中世纪的进程。蒙达坦说：“并非所有的农民战争都妨碍社会之发展。战争有时可以促进社会之发展的，农民战争也是一样。在事实上，德国农民战争对于德国新社会的出生起了催产的作用。恩格斯的《德国农民战争》一书对于这个问题便有精辟而科学的分析。在俄国，农民反抗地主和沙皇的叛乱，也对俄国新社会的出生尽过极大的催产作用。这是众所周知的事实。”为什么只有中国农民战争阻碍了封建社会向资本主义社会转变？对此，蒙达坦认为是由中国农民战争的特点所决定的。蒙达坦说：“为什么中国封建时代的农民战争却对中国社会的发展起着妨碍的作用呢？这是中国封建时代的农民战争的特殊性使然。中国封建社会农民战争的特殊性在于这种战争爆发于封建社会并无解体的象征之时，而不是爆发于封建社会解体的子夜。那是新的生产方法还没有在封建社会的母胎内孕育，城市的工商阶级也为数甚少，势力很微，他们还没有痛感封建社会之桎梏他们的发展，所以他们对于农民战争不大关心，有时且加反对，像这样的农民战争当然是没有进步性的。领导这种农民战争的分子多是没落的知识分子和草莽英雄之类的野心人物，他们不过一时利用农民以遂其称王称帝的野心而已。像这样的战争，当然只有破坏的作用，没有一点建设性可言，其妨碍社会的发展自不消说了。”最后，蒙达坦总结说：“总之，中国封建时代的农民战争对于生产手段的破坏是极厉害的。生产手段为原始的资本积累之前提，而且是其构成部分，破坏生产手段，当然是会妨碍积累之进行的。”①

蒙达坦虽然举出六条理由，但没有对中国封建社会的经济结构作出任何深刻的说明，更没有看到农民战争的原因，而是从战争的破坏性和农民的落后性出发，将农民战争作为封建社会长期延续的替罪羊。此论一出，立即遭到了华岗、罗克汀、王亚南等人的批评，而以华岗、罗克汀为代表。

华岗在《中国社会发展阻滞的基因——兼评李达蒙达坦两先生对中国社会发展迟滞原因的讨论》一文中指出，蒙达坦将农民战争作为封建社会发展缓慢的原因，“是不可饶恕的错误”，是从“幻像逻辑”出发，是“对于中国历史事实的曲解，对于农民战争的污蔑”。华岗说蒙达坦“对于自己的历史一点不懂，或懂之甚少，不以为耻，反以为荣”。华岗指出，农民之所以起义，是封建压迫和剥削的结果，在中国，如果说“周朝是诸侯割据称霸的封建国家，那么自秦始皇统一中国之后就建立了专制主义的中央集权的封建国家，同时仍旧保留封建割据的状态……在这样的社会中，地主贵族官僚绅士，都是脱离再生产与骄奢淫逸

① 蒙达坦：《与李达先生论中国封建社会发展迟滞的原因》，《文化杂志》第2卷第1号，1942年3月25日出版。

的‘治人者’，只有农民与手工业工人是创造财富和创造文化的基本力量。可是中国历代的农民大众，却在强度的封建经济剥削与残暴的封建政治压迫之下，过着贫穷困苦的奴隶生活……农民与手工业工人都束缚于封建制度之下没有人身的自由，没有任何权利，造成农民与手工业工人极端穷苦与极端落后，减低了生产力的机能和改进。这就是中国社会几千年来在经济上和社会生活上阻滞不前的基本原因”。农民在封建制度统治之下，被地主官僚剥削得走投无路才走上造反的道路。“封建地主对于农民的惨酷的经济剥削和政治压迫，曾经不能不在历史上掀起无数的农民叛乱以及反抗地主阶级的统治。从秦朝的陈胜、吴广，汉朝的赤眉、黄巾，唐宋的黄巢、宋江，元朝的朱元璋，直到清朝的太平天国，总共不下数百次，都是农民的反抗运动，都是农民的革命战争。”“只有这种农民起义与农民战争，企图掀掉压在他们身上的沉重负担，扫除阻碍发展的旧势力，才是推动中国历史发展的真正动力。因为每次农民起义与农民战争的结果，都多少打击了当时的封建统治，因此也就多多少少地变动了社会的生产关系与多少推动了社会生产力的发展。”

针对“为什么中国这样多的农民起义与农民战争，却没有使中国社会社会发展阻滞的现象有所改变”的疑问，华岗回答说，这是因为当时还没有新的生产力与新的生产方法，没有新的社会力量，没有先进的政党来领导。因为这种农民起义与农民战争得不到先进阶级与先进政党的领导，就使当时的农民起义和农民战争总是陷于失败，总是在革命中和革命后被地主阶级和贵族豪绅利用了去，当做他们改朝换代的工具。这样，就在每次农民起义与农民战争停息之后，虽然多少有些进步，但是，封建的经济关系和封建的政治制度，基本上依然继续下来。这种情况，直至近百年来，才发生新的变化。这是中国历史的不幸，但这一不幸，绝不能由农民战争来负责。①

---

①　华岗：《中国社会发展阻滞的基因——兼评李达蒙达坦两先生对中国社会发展迟滞原因的讨论》，《群众》，第7卷，第11、12期合刊，1942年12月。

罗克汀则从战争的正义与非正义的层面反驳蒙达坦观点。罗克汀在《论中国社会发展阻滞的原因——兼评几位史家对这一问题的意见》一文中说:"根据蒙先生的理论的必然结果就是认为中国历史上领主间的掠夺战争是'进步的',因而是'正义的'、'善性的',因为在蒙先生看来,战国领主间战争最频繁而生产力发展却最为迅速! 农民战争既然阻碍了中国社会发展因而是'退步的'、'非正义的'、'恶性的'。在蒙先生看来,如果农民好好的不反抗地主阶级的统治呢? 那么中国早已成为一个资本主义社会了,值得诅咒的即是那班不知好歹的农民大众,偏偏要起来反抗……我们真不明白蒙先生是在弄一套什么'逻辑'游戏了。正确的理论告诉我们,战争有两种:(一)正义的、非掠夺性的、谋解放的战争,其目的或者是保护人民而打破外来的侵略,或打破奴役他们的企图,或者是使人民摆脱奴隶制、封建制、资本主义的压迫,或者是民主国家反法西斯的侵略。(二)非正义的、掠夺性的战争,其目的是奴役别个国家、别个人民,或者是对革命集团进步势力的压迫摧残。蒙先生的'逻辑'和这个正确的理论是多么的不同啊! 因此我们认为农民反抗地主阶级统治的历史战争是'进步的'、'正义的'、'善性的'。我们应该拥护它和赞美它。历史上领主间的争夺战争是'退步的'、'非正义'、'掠夺性的'、'恶性的'战争,我们应当反对它,揭露它们企图奴役人民大众的本质,指出它们企图把封建制度当做历史上的永久制度的反动性。"①

1939 年,毛泽东的《中国革命和中国共产党》一文发表,其第一章第二节专门论述中国封建社会特点、阶级矛盾和阶级斗争、封建社会长期延续的原因,农民起义和农民战争的历史作用。毛泽东指出,因为地主阶级对农民的残酷的经济剥削和政治压迫,"造成农民的极端穷苦和落后,就是中国社会几千年在经济上和社会生活上停滞不前的基本原因"。农民阶级和地主阶级的矛盾是封建社会主要矛盾,"只有农民

① 罗克汀:《论中国社会发展阻滞的原因——兼评几位史家对这一问题的意见》,《群众》第 8 卷,第 1、2 期合刊,1943 年。

和手工业工人是创造财富和创造文化的基本阶级”。[①] 毛泽东说：

> 地主阶级对于农民的残酷的经济剥削和政治压迫，迫使农民多次地举行起义，以反抗地主阶级的统治。从秦朝的陈胜、吴广、项羽、刘邦起……直至清朝的太平天国，总计大小数百次的起义，都是农民的反抗运动，都是农民的革命战争。中国历史上的农民起义和农民战争的规模之大，是世界史上所仅见的。在中国封建社会里，只有这种农民的阶级斗争、农民的起义和农民的战争，才是历史发展的真正动力。因为每一次较大的农民起义和农民战争的结果，都打击了当时的封建统治，因而也就多少推动了社会生产力的发展。只是由于当时还没有新的生产力和新的生产关系，没有新的阶级力量，没有先进的政党，因而这种农民起义和农民战争得不到如同现在所有的无产阶级和共产党的正确领导，这样，就使当时的农民革命总是陷于失败，总是在革命中和革命后被地主和贵族利用了去，当作（做）他们改朝换代的工具。[②]

毛泽东的论述是作为党内教育的教材使用的。但是这部著作无疑有着深厚的学术背景，第一次对中国社会的性质做出了系统明确的论述，在党内固然起着指导作用，在国统区也迅速被进步知识分子所接受，被用做社会史性质大论战的指导理论。华岗和罗克汀就是按照毛泽东的观点展开的。

上述对农民战争历史作用的论述，是在封建社会长期延续大讨论中附带提及的，并不是专门研究的结论，论战各方，无论对农民战争的历史作用持肯定还是否定态度，都没有对农民问题、农民战争展开深入系统研究。但是，这次讨论，则首次将农民战争史纳入了现代学术和政治的视野，客观上推动了农民战争史研究的展开，人们开始把农民起义和农民战争作为历史问题来加以专门的研究了。无论是讨论封建社会形态问题，还是讨论思想文化问题，无论出于什么样的目的，持何种观

①② 毛泽东：《中国革命和中国共产党》，《毛泽东选集》第 2 卷，修订 2 版，人民出版社，1991 年，第 624 ~ 625、625 页。

点,或多或少地都要关注农民战争或农民起义问题,开始有专门农民战争史的系统著作出版。如薛农山《中国农民战争之史的研究》(神州国光社,1935 年)等的问世就是其体现;专门讨论农民战争问题的论文有 20 多篇,特别要指出的是对太平天国和捻军的研究受到普遍重视。因为太平天国和捻军起义距离现代最近,对现代影响最为直接,面对当时风起云涌的农民运动,人们首先想到的就是太平天国和捻军问题,想通过太平天国和捻军研究加深对现实的认识。据不完全统计,从 1930 年到 1949 年,发表太平天国研究论文近百篇,除了考证太平天国主要领袖事迹以外,在理论上将太平天国运动称之为革命运动,分析太平天国的“土地政策”、“革命思想”、妇女问题,从而揭开了农民战争和太平天国研究的序幕。太平天国运动是中国旧式农民战争的顶峰,对太平天国研究的展开,实际上揭开了对中国封建社会农民战争史研究的序幕。

值得我们重视的是在这场社会性质大论战过程中马克思主义史学的成长。许多学者开始运用马克思主义的理论和方法研究农民战争问题,其突出代表是吕振羽和郭沫若。1937 年,上海黎明书局出版了吕振羽的《中国政治思想史》①,在这部书中,在中国学术史上,吕振羽首次提出了在中国历史上存在着统治阶级思想和被统治阶级思想之间的斗争,吕振羽说:“随着社会内部之敌对矛盾的发展,便反映到意识形态上之对立的发展,和统治阶级政治哲学相对立的,便产生了被统治阶级的政治哲学。”吕振羽说的“被统治阶级的政治哲学”实际上就是指农民阶级的思想主张。吕振羽在概述历代政治思想特点时说:“在战国,代表农奴阶级和封建主们之政治哲学相对立的,有墨翟、许行的政治哲学。到汉代,和地主阶级政治哲学相对立的,有王充的政治哲学。到南北朝……有鲍敬言的代表被统治阶级同时又是被统治种族的政治哲学。在明代,和阳明学派的政治哲学相对立的,有李卓吾的政治哲学……同时在农民阶级的运动中所显示的政治意识虽不曾留给我们系统的文献,然而在盗跖,在陈涉、吴广,在樊崇,在张角、张鲁,在黄巢,在韩

① 1946 年上海生活出版社增订本,1949 年三联书店再版,1951 年第 3 版。

林儿，在李自成、张献忠，在太平天国，在义和团……的行动思想信仰中，能指示出阶级的一个梗概来。”①在论述历代政治思想史过程中列有《农民派的政治学说》专节。在《简明中国通史》(上、下)中吕振羽从陈胜吴广到李自成，不仅着意叙述那些大规模的农民战争，也注意记述那些小规模的地区性的农民起义，同时分析农民起义口号的历史内容，如“平均”、“均平”等口号的意义。范文澜《中国通史简编》也突出了秦汉时代农民起义地位。郭沫若在延安发表了《甲申三百年祭》，第一次站在革命的高度评价、分析明末李自成起义的成败得失，被毛泽东作为中国共产党党内整风的文件。所有这些，都成为新中国成立以后农民战争研究的基础。

二、建国以来30年的农民战争研究

1949年，中华人民共和国成立，结束了中华民族自1840年以来半殖民地半封建的屈辱历史，结束了西方列强强加给中华民族的耻辱，中国人民从此站起来了！举国上下，洋溢着高昂的革命热情。随着政治、经济、社会生活各个领域社会主义改造的全面展开，在思想领域也展开了轰轰烈烈的思想改造运动，学术界掀起了学习马克思列宁主义、毛泽东思想的高潮，经典作家马克思、恩格斯、列宁、斯大林有关历史问题的论述逐步地成为史学研究的指导，毛泽东的《中国革命和中国共产党》、《新民主主义论》、《实践论》、《矛盾论》等著作直接被用做史学的理论指导。

中国是个农业国家，中国革命的根本问题是农民问题；中国共产党领导的新民主主义革命走的是农村包围城市的道路，实际上是中国共产党领导的新式农民战争的胜利。关心国家命运、关注现实是我国史学的传统，从司马迁的“究天人之际，通古今之变”，到司马光的“资治通鉴”，都是以解答现实问题为目的的。晚清以来民族、国家的积弱，

① 吕振羽：《中国政治思想史·导言》，黎明书局，1937年。

“五四”以来救亡的兴起，革命运动的发展，绝大多数知识分子以家国天下为己任，史学家尤其如此。所以新中国成立以后，历史表明了在中国共产党领导之下的农民阶级力量的伟大，史学界自然以极大的热情重视农民战争问题，毛泽东的一系列论著成为农民战争研究的指导思想和理论也就成为逻辑的必然。

1950 年 1 月 11 日，《人民日报》发表社论，纪念太平天国革命一百周年，热情讴歌了太平天国革命运动，对封建社会农民起义和农民战争的性质和作用进行了高度的概括和赞扬，指出，“在中国封建社会的历史上，从两千一百余年前的秦朝的陈胜吴广起，农民曾进行过大小数百次的革命战争。这些革命战争的目标大都是反对封建剥削者与封建压迫者，争取农民自身的经济地位与政治地位的改变”。这篇社论的基本观点完全是毛泽东的《中国革命和中国共产党》一文的阐释，代表的是党的声音，是新中国成立以后中国共产党对史学研究指导方针的纲领性文件，而“革命战争”四个字规定了中国封建社会农民战争的性质，理所当然地成为中国史学界的思想指导，拉开了史学界学习马克思主义、毛泽东思想以指导史学研究的历史帷幕。而历史为现实服务是中国史学传统之一，所谓通古今之变、资治通鉴等，是历史为现实服务的经典概括。新中国的成立，毛泽东领导的中国共产党开辟了万古未有之新局面，毛泽东的一句“中国人民从此站起来了”，确实使中华儿女热血沸腾，更使充满着历史使命感和忧患意识的广大知识分子特别是史学工作者振奋无比。历史的实践和时势发展，要求对历史上的农民起义必须重新认识。所以，农民起义和农民战争成为新中国史学研究的重中之重，大部分史学工作者都自觉地参与其中。

据笔者的不完全统计，从 1950 年到 1966 年年初，史学界共出版农民战争的普及读物和专著 85 部，论文集 6 部(134 篇)，史料汇编 5 部；各大专院校历史系、各省市社科联、省市历史学会关于农民战争问题的各种专题讨论会的报道 150 余篇，部分大专院校和中学师生关于农民战争问题的座谈会 50 余次，学术界发表的专题论文 960 余篇(不包括论文集所收论文)。在讨论中国古代社会形态、经济结构、民族矛盾和阶级矛盾关系等问题的论文和专著涉及农民战争问题的有 300 余篇、10 余部。

在大量发表学术论著的同时，农民战争研究高涨的另一体现是各个高校历史系纷纷开设农民战争史课程，农民战争在中国通史教学中的比重迅速加大，许多问题的讨论就是在开课过程中提出、展开，进而引起争鸣的。有的院校还组织师生深入农村进行实地调查，考察农民起义历史遗迹，搜集农民起义散落在民间的史料，通过地方文献记载、民间故事、历史传说了解基层民众对农民战争的态度，探索农民战争的影响。

首先以毛泽东《中国革命和中国共产党》一文为全面指导，阐释中国封建社会阶级矛盾和农民战争的结局与历史作用的是翦伯赞的《论中国古代的封建社会》和《论中国古代的农民战争》两文①。实际上这"两文是企图注释毛泽东同志著名的著作《中国革命和中国共产党》一文中的《古代的封建社会》一节而写的"②。《论中国古代的封建社会》论证的是周秦以后中国封建社会的主要矛盾是地主阶级和农民阶级的矛盾，要说明的是两个问题：一是封建社会发展迟缓的原因，"土地之被封建统治阶级瓜分，以及由此而引起的强烈的封建剥削制度和保护这种封建剥削制度的专制主义中央集权国家，是中国封建社会发展迟缓的最主要原因"。二是揭示农民战争爆发的原因是"封建统治阶级残酷的经济剥削和政治压迫，特别是由于土地的不断集中所招致的后果"。③《论中国古代的农民战争》则通过对秦末到清朝前期农民起义的提纲式考察说明农民起义多、起义规模大是中国封建社会的特点。"中国历史上的农民战争，虽然是被压迫的农民反抗地主阶级的压迫，是革命斗争，但是不论农民战争的次数怎样频繁和规模怎样广大，甚至把封建统治的王朝毁了一个又一个，然而始终没有根本摧毁封建的经

① 分别刊于《学习》第 3 卷第 4 期、第 3 卷第 10 期，1950 年 11 月、1951 年 2 月。后收入氏著《历史问题论丛》，三联书店，1956 年 5 月初版；人民出版社，1962 年 2 月增订本。

② 翦伯赞：《历史问题论丛》，人民出版社，1962 年增订本《后记》。

③ 翦伯赞：《历史问题论丛》，人民出版社，1962 年增订本，第 106、111 页。

济制度和封建的政治制度，也就是没有根本改变社会状态。”“这就是说，中国历史上的农民起义或战争总是失败的。”其具体原因各种各样，“但一般说来，这是因为当时中国社会的经济形态始终是封建的，主要的生产方式是分散的个体经营的小农生产；在这个社会中还没有产生新的生产力和新的生产关系，因而也就没有新的阶级出现。农民虽然是这个社会被剥削被压迫的阶级，但是由于他们和小生产的经济形式相联结，而且由于他们是小私有者，在他们的思想意识上就产生一连串的弱点：小生产和小私有，使他们眼光狭隘，没有明确的斗争目标和远大的社会理想，缺乏组织性与纪律性，自私，偏狭，散漫。这样一些弱点，也就造成了他们在革命中的弱点。他们既不能根据社会发展的规律提出革命的纲领（他们还看不到一个社会的远景），也不能保持阶级的纯洁与统一，以至（致）革命的领导权经常被敌对阶级和异己分子所篡夺，或者为阶级叛变分子所出卖”，从而说明“毛主席分析农民暴动失败的原因是完全正确的”。农民暴动虽然失败，“但每一次大暴动都或多或少推动了中国封建社会的发展。因为在每一次大暴动之后，新的封建统治者，为了恢复封建秩序，必须对农民作某种程度的让步，这就是说必须或多或少地减轻对农民的剥削和压迫，这样就减轻了封建生产关系对生产力的拘束，使得封建社会的生产力又有继续发展的可能，这样就推动了中国历史的前进，因而中国历史上的每一次农民暴动或农民战争，可以说，都是中国封建社会向前发展的里程碑”。① 全文的最终目的是农民战争只有在代表着先进生产力和生产关系的先进阶级、先进政党的领导下才能取得胜利，在中国，也就是只有共产党才能领导农民战争取得革命胜利。在举国学习毛泽东思想的时代，翦伯赞的这两篇论文是新中国成立以后最早的学习心得，同时也极大地推动了新中国的农民战争研究，为此后农民战争史研究奠定了基调。

1952 年 11 月，国际文化服务社出版了王丹岑的《中国农民革命史话》，受到学界的重视和欢迎，至次年 3 月即四次印刷。应该说这是新

① 翦伯赞：《历史问题论丛》，人民出版社，1962 年增订本，第 115、117 页。

中国成立以后第一部农民战争史著作，虽然名为“史话”，但其内容则是不折不扣的学术论著。全书遵循毛泽东《中国革命和中国共产党》的理论观点，参考范文澜《中国通史简编》、吕振羽《简明中国通史》相关论述，以专题的方式论述秦、西汉、东汉、隋、唐、元、明七个朝代的农民起义，分析每一次大起义的原因、结果，“以及当时的政治情况和社会情况”①。虽然不能算是严格意义上的中国封建社会农民战争史，但也大体勾勒了中国封建社会农民起义的基本脉络。此后关于农民战争的断代式的、专题式的研究论著和史话不断问世，代表作有刘开扬《秦末农民战争史略》（商务印书馆，1959 年），漆侠《隋末农民起义》（华东人民出版社，1954 年），漆侠等《秦汉农民战争史》（三联书店，1962 年），万绳楠《隋末农民战争》（中华书局，1961 年），洪焕春《明末农民战争略论》（江苏人民出版社，1962 年），等等。关于农民起义领袖人物传记 30 余种，一些主要的农民起义领袖如陈胜、吴广、黄巢、王小波、李顺、宋江、方腊、钟相、杨幺、李自成、张献忠等等，或者以史话的形式，或者以专著的方式，或者是一个人的传记，或者是合传，都有多种传记问世；至于朱元璋、刘邦既作为农民起义的领袖，也作为封建帝王，更有多种著作出版，其中最有影响的是吴晗的《朱元璋传》（三联书店，1965 年增订版）。讲述历朝农民起义故事的普及图书近 30 种。出版的史料汇编主要有：北京大学文科研究所《明末农民起义史料》（开明书店，1952 年），中国史学会《回民起义》（1 ~ 4，神州国光社，1952 年），郑天挺等《明末农民起义史料》（中华书局，1954 年），谢国桢《清初农民起义资料辑录》（新知识出版社，1956 年），苏金源等《宋代三次农民起义史料汇编》（中华书局，1963 年），等等。另有正史中起义领袖传记注释读物 15 种。出版个人论文集主要有赵俪生、高昭一《中国农民战争史论文集》（新知识出版社，1954 年），孙祚民《中国农民战争问题探索》（新知识出版社，1956 年），另有历史教学月刊社编《农民起义论集》（五十年代出版社，1954 年），李光璧等主编《中国农民起义论集》（三联书店，

① 《中国农民革命史话·序》，国际文化服务社，1952 年。

1958 年),史绍宾主编《中国封建社会农民战争问题讨论集》(三联书店,1962 年)等。

赵俪生、高昭一的《中国农民战争史论文集》虽然名为论文集,但实际上也是一部封建社会农民战争史的系统专著。该书是为了给山东大学历史系本科生开设中国农民战争史课程而做的先期研究成果,农民战争史课即以这些成果为基础。文集的第一篇《试论中国农民战争的特点》首先分析农民战争的作用,然后分析中国封建社会结构的特点,再从纵横两个层面分析农民战争在组织、构成、和宗教的关系诸方面的历史特征,表达了作者关于农民战争的总体观点。概括来说,《试论中国农民战争的特点》也是对毛泽东的《中国革命和中国共产党》关于中国封建社会的阶级关系和农民战争的解读,表明作者的理解,即农民战争的最终结局虽然总是失败,但是每一次农民战争都多少推动了历史的进步,每一次改朝换代之后,"新朝廷所采取的休养生息、奖励农桑、薄赋敛、均田地、减力役等一系列的政策中体会出来。这些政策和由这些政策导致的社会生产的恢复与发展,是不应该被理解做统治者'行仁政'的结果,而应该被理解做统治者经历农民起义底打击,被迫不得不采取的妥协与让步"①。其余 10 篇分别考述秦汉至明末农民起义的基本事实,同时讨论相关理论问题,这是新中国成立以来第一部理论和史实相结合的著作,也标志着 1950 年代初期高校农民战争史研究和课程的最高水平。孙祚民《中国农民战争问题探索》由 8 篇论文组成,涉及农民战争"破坏性"、历史作用、农民政权、农民战争与"种族战争"(笔者按:是"民族战争",当时学界常将种族和民族混用)、农民战争与宗教的关系、农民起义领袖的评价等问题,是对当时农民战争研究中的重要理论问题的分析。孙祚民于 1954 年考入山东大学历史系,其《中国农民战争问题探索》即完成于本科学习期间,有些问题是对赵俪生观点的深化,这是新中国第一部系统研究农民战争史理论问题的著作。

① 《中国农民战争史论文集》,三联书店,1954 年,第 11 页。

1950年代至1960年代中期的农民战争史研究，可以1958年为界，此前研究以历史事件为主，对理论的探讨基本上停留在对毛泽东《中国革命和中国共产党》一文相关论述的学习和阐释阶段。1958年以后则转向对农民战争理论的系统讨论。1957年年初，展开"百花齐放、百家争鸣"，继之以"反右"斗争，"阶级斗争"成为哲学社会科学研究的指导思想；特别是经济生产大跃进以后，学术研究也开始了大跃进。

1958年3月，身为中共中央宣传部副部长的陈伯达在全国哲学社会科学规划会议上，针对哲学社会科学界特别是史学界的现状，提出了学术"大跃进"的问题，提出"厚今薄古，边干边学"的口号。全国哲学社会科学界特别是历史学、中国哲学界和中国文学界迅速展开了学习、落实活动，学术界的"大跃进"迅速展开。1958年4月5日，国务院科学规划委员会历史学科组召开座谈会，史学界各学科著名学者就陈伯达的"厚今薄古，边干边学"的口号谈了各自的体会①，各省市哲学社会科学联合会、各研究机构、大专院校纷纷召开座谈会，就如何落实"厚今薄古，边干边学"问题统一思想、制定措施。

陈伯达所说的"厚今薄古，边干边学"，就是如何加强学术研究，特别是史学研究为现实政治服务。史学界讨论的结果就是加强史学研究目的性的学习和应用，不能沉溺于故纸堆里，不能沉浸于三皇五帝时代，而是要关注现实，加强近现代史研究，要根据现实需要研究古代的历史问题，要站在劳苦大众的立场研究历史上的阶级斗争，用阶级分析的方法分析历史资料，通过历史研究论证现实阶级斗争的合理性和必然性，再用现实的阶级斗争眼光分析历史问题，从而实现史学研究的"大跃进"。

"厚今薄古，边干边学"口号的提出，对农民战争史研究影响最为突出的表现是推动了农民战争史研究由整理历史资料为主转向农民战争理论和研究方法的探讨，讨论最多的问题是农民战争的性质和历史作用的表现。理论争鸣的焦点，一是农民战争是只反对具体封建帝王

① 《为历史科学大跃进而战斗——4月5日在国务院科学规划委员会上的发言》，《光明日报》，1958年4月14日。

和官僚地主,还是反对封建制度;二是农民起义和农民战争能否建立自己的政权;三是阶级分析与历史主义的关系;四是“让步政策论”与“反攻倒算”问题。

农民战争性质的争论源自对农民阶级的革命性和封建性的认识。马克思、恩格斯、列宁、斯大林和毛泽东一方面高度评价农民起义和农民战争,认为农民阶级因为其被压迫、被剥削的地位决定其有着天然的革命性,另一方面又认为农民阶级不是先进生产力和先进生产关系的代表,是小私有者,必须在无产阶级及其政党的领导之下,才能摆脱其受剥削受压迫的历史命运。这样,农民阶级就既有着反封建的革命性又有着附属于封建的落后性的双重性格,既是革命的主力军,又是社会主义革命的改造对象。新中国的成立,是中国共产党领导的新式农民战争的胜利,走的是农村包围城市的革命道路,和苏联道路迥然有别,表明了在广大农民群众中蕴藏着极大的革命热情,共产党点燃了农民群众的革命热情,农民群众的投入是革命胜利的所有基础。所以,人们自然地对农民阶级的革命性持高度赞扬的态度。但是,经典作家们对农民的落后性确实有过深刻的分析,其目的是为了说明社会主义建设过程中改造农民小私有性的必要性。所以,随着生产资料所有制改造的开展,人们自然地批判农民阶级的落后性了。于是发生了封建社会农民起义和农民战争是否反对封建制度的争论,农民起义是否能够建立自己的政权,也是在这个背景之下展开的。

阶级分析与历史主义的争论源于对农民战争性质讨论的方法论的分歧。1958 年,随着“厚今薄古,边干边学”口号的提出,出现了史学“大跃进”,其最突出的表现就是将历史现代化,用分析现实问题的观点、用现实的评价体系去分析判断历史问题。1958 年,“反右”运动结束,在农村全面实行人民公社化,工农业生产的各个领域开始了全面的跃进,接踵而至的是浮夸风导致的巨大灾难。但是,举国上下并没有从思想理论上分析大跃进、浮夸风的根源,而是归因于国际上苏联的“逼债”和国内的阶级斗争新动向,阶级斗争这根弦是越绷越紧。体现在农民战争研究中,按照阶级划线,凡属于农民阶级行列的一切行为都予以肯定，否则予以否定；对农民起义领袖的评价、农民战争历史作用的分析越来越现代化，农民起义领袖和现代革命领袖相差无几，农民起义的作用可以和新民主主义革命相媲美。而反对者则站在社会主义革命的高度，按照经典作家对中世纪农民阶级落后性的分析，严厉批评农民阶级反动性的一面。双方讨论的内容距离历史存在都越来越远。在这一历史背景之下，有的学者提出不能将农民战争史研究现代化，要用历史的眼光看问题，不能用现代的阶级分析代替历史分析，要将农民战争放在当时的历史条件之下研究其性质、作用，从而引发了阶级分析和历史主义的争论。就当时争论各方来说，都没有绝对地否定另一方的意思，属于正常的学术讨论。但是，随着政治形势的发展，阶级斗争是政治话语的主流，这场争论没能深入进行下去，阶级分析继续着农民战争史研究的主流意识，对"让步政策论"的批判就是这一主流意识的逻辑结果。

"让步政策论"是对农民起义、农民战争历史动力作用的具体解释，从语源学上说，来自经典作家对农民战争历史作用的论述。学者们用地主阶级对农民阶级的让步解释农民战争以后建立的新王朝所采取的轻徭薄赋政策，认为这些轻徭薄赋政策是统治阶级对农民阶级让步的体现，这也是建立在阶级分析基础上的结论。但是，现实的主流话语则认为，阶级斗争是你死我活的，历史上的地主阶级和农民阶级是绝对对立的两个阶级，不存在统治阶级对失败了的农民阶级的让步，新王朝的轻徭薄赋政策是将农民阶级重新束缚在地主阶级的统治之下，是对农民阶级的反扑，于是形成了"反攻倒算论"。讨论初起，论辩各方的话语和方法都是学术的，随着政治形势的变迁，学术讨论逐步地染上了政治批判的色彩，史学研究为现实服务逐步演变为史学研究为现实阶级斗争服务。1965 年 12 月 7 日，戚本禹发表《为革命而研究历史》，虽然把历史研究提到新的高度，将历史研究和"革命"紧密地联系在一起，但是提出了"历史是阶级斗争的教科书"的口号，史学研究成为现实阶级斗争的工具，任何不同的学术观点，都被扣上政治帽子，实际上终止了以往农民战争研究的学术讨论。

1966 年 5 月，"文革"开始以后，学术研究完全中断。至 1970 年代初，为了政治的需要，在阶级斗争是历史发展动力，人民、只有人民才是历史的创造者这一准则的指导之下，理论界、史学界重提农民战争的话题：一是继续批判"让步政策论"，强调阶级斗争是历史发展的唯一动力；二是批判儒家学说对农民起义的麻痹性和反动性；三是搜集整理农民起义领袖的"革命事迹"。同时把农民起义和"儒法斗争"相联系，把农民起义的胜败归结于儒家和法家之争，儒家是"复辟派"，法家是"革命派"。农民起义之所以胜利是因为起义领袖执行法家路线，而一旦儒家分子篡夺农民起义的领导权，必然复辟封建主义，起义就走向失败。从 1970 年到 1976 年 10 月"文革"结束，共发表论文、座谈纪要 400 余篇，出版各种描写农民起义领袖的政治读物 90 余种。这时的农民起义话题谈不上学术研究，和学术了无关系，而是因为农民起义和农民战争是中国历史上阶级斗争的最高表现形式，是为了用历史上的阶级斗争歌颂现实的阶级斗争，说明阶级斗争的长期性、复杂性、尖锐性和普遍性，是从历史的角度论证"无产阶级文化大革命"的正确，需要继续深入持久地进行下去。

不过，"文革"十年的农民战争史研究，也并非一无是处，起码在普及历史知识，让群众知道一点历史知识，同时在资料整理方面取得的成就不能忽视。在"评法批儒"的口号下，刚恢复教学活动不久的大专院校、中学师生深入基层，进入农村和厂矿，宣讲历史上的阶级斗争，宣传农民起义，批判儒家学说。尽管其内容是错误的，有的很荒诞离奇，如说历代农民起义都和孔子站在对立面，都是支持法家、反对儒家等等，完全是无稽之谈，但是，其普及历史知识，对农民、工人了解历史上的儒家学说和农民起义的基本知识还是有一定的积极作用的。正是为了适应这一需求，开始标点、注释、整理相关历史文献，农民战争史资料也因此展开了系统的搜集和整理，如中华书局出版于 1976 年的何竹淇的《两宋农民战争史资料汇编》就是完成于"文革"期间。

无论"文革"十年的农民战争史研究如何偏颇，这都是一段不能忘却的历史，它从一个侧面反映了史学研究与政治的关系，反映了在政治高压之下部分史学工作者的思想特点：史学为现实服务在当时的历史背景之下成为史学工作者不自觉的行为,一度成为思维定式,并且深深地影响了"文革"以后的史学研究,特别是农民战争史研究。

三、改革开放30年的农民战争研究

1976年10月,"文革"结束。1978年,随着理论界关于实践是检验真理唯一标准大讨论的展开,史学界开始了对"文革"前一系列讨论的反思和继续,作为五朵金花之首的农民战争史研究自然首当其冲。1978年冬,在上海成立了中国农民战争史研究会,这是"文革"结束以后成立的第一个全国性的学术团体,其余所有专业的史学研究会均成立于农民战争史研究会之后。这不仅是史学界对农民战争研究的重视,也是理论界对农民战争史研究重视的结果和体现,标志着中国农民战争史研究进入一个新的阶段。中国共产党十一届三中全会召开以后,中华大地迎来了真正的思想解放,科学的春天到来了,史学也不例外,农民战争史研究全面展开,各种论著纷纷出版,大量论文发表。

从1978年到2008年的30年农民战争史研究,以1988年为界分为两个时段。1978年到1988年的十年间,是中国农民战争史研究的高潮和深入阶段,取得丰富的成果,出版资料汇编和研究专著80余部,发表论文1100余篇(不含各种论文集论文)。其中资料汇编主要有:安作璋《秦汉农民战争资料汇编》(中华书局,1982年),张泽咸、朱大渭《魏晋南北朝农民战争史料汇编》(中华书局,1980年),王永兴《隋末农民战争史料汇编》(中华书局,1980年),张泽咸《唐五代农民战争史料汇编》(中华书局,1979年),杨讷、陈高华《元代农民战争史料汇编》(上、中、下,中华书局,1985、1986、1985年),袁良义《明末农民战争史料汇编》(中华书局,1987年),谢国桢《明末农民起义史料选编》(中华书局,1978年),人民大学历史系、中国第一历史档案馆《清代农民战争资料选编》第一、三、五、六册(人民大学出版社,1984、1991、1983、1990年),等。

此外,出版了十几种农民战争史地图,主要有地图出版社编《秦末农民战争图》(地图出版社,1978年),中国历史博物馆编《隋末农民战争史图》、《宋代主要农民起义图》、《元末农民战争图》、《明末农民战争图》(地图出版社,1980年)等。

专著主要有:田昌五《中国农民革命斗争史》(第1卷,上海人民出版社,1979年),谢天佑《中国农民战争简史》(上海人民出版社,1981年),孙达人《中国农民战争史》(第1卷,陕西人民出版社,1980年),上海师范大学历史系《中国农民战争简史》(内部印行,1982年),孟祥才《中国农民战争史》(第1卷,湖北人民出版社,1989年),朱大昀主编《中国农民战争史·秦汉卷》(人民出版社,1990年),朱大渭《中国农民战争史·魏晋南北朝卷》(人民大学出版社,1985年),万绳楠《隋末农民战争》(中华书局,1980年),李斌城《中国农民战争史·隋唐五代十国卷》(人民出版社,1988年),胡如雷《唐末农民战争》(中华书局,1979年),诸葛计《唐末农民战争战略初探》(天津人民出版社,1985年),顾诚《明末农民战争史》(中国社会科学出版社,1984年),高言弘《明代广西农民起义史》(广西人民出版社,1984年),胡允恭《明末农民起义和抗清斗争史稿》(南京大学历史系明清史研究室,1979年),云南大学历史系《清末云南哀牢山地区各族人民起义》(云南人民出版社,1979年),袁良义《明末农民战争》(中华书局,1987年),张益桂、徐硕如《明代广西农民起义史稿》(广西人民出版社,1988年),等等。这些著作大都是从历史的层面探讨某一个朝代或者整个封建社会农民战争的原因、过程、成败、作用,试图找出农民战争和社会矛盾之间的逻辑联系和自身发展规律。而李桂海《对农民一个历史侧面的考察》(湖北教育出版社,1988年)则是一部带有综合性质的农民战争史理论论著,涉及了农民战争理论的方方面面。在此期间,出版了两种系列论文集,一是中国农民战争史研究会编辑《中国农民战争史研究集刊》第1辑至第4辑(上海人民出版社,1979、1982、1983、1985年),另一种是中国社会科学院历史研究所中国农民战争史论丛编辑委员会编《中国农民战争史论丛》第1辑至第5辑(山西人民出版社1978年,河南人民出版社1980、1981、1982年,中国社会科学出版社1987年),这两种论文集共刊出9辑,发表论文170余篇。

这一时期农战史研究除了成果丰富、由“文革”以前的分散研究走向系统研究之外,其最大的特点是解放思想、全面讨论建国以来“以阶级斗争为纲”指导之下的农战史研究的指导理论问题,对农民战争和农民政权的性质、农民起义的历史作用、平均主义的历史功能等展开了热烈的争鸣。

“文革”以前的农民战争研究是在肯定农民战争的历史推动作用的前提下展开的,立足于歌颂和肯定农民战争,要把被封建史家颠倒了的历史颠倒过来。虽然有争论,但都局限于毛泽东的《中国革命和中国共产党》的基调,区别在于如何理解、如何把复杂的历史现象和毛泽东的论述统一起来;如何用史实解释毛泽东论断的正确性,同时又要将毛泽东对农民战争的肯定和马克思、恩格斯、斯大林对农民阶级落后性的批评统一起来。即使是针锋相对的论战如“让步政策”和“反攻倒算”之争,也不过是对阶级斗争推动历史前进的表现的不同理解而已。而“文革”以后,随着对“以阶级斗争为纲”的批判,部分学者对农民战争的性质、历史作用的分析提出了实质性的否定,认为农民战争的破坏性巨大,破坏了封建社会生产的正常运转,是封建社会长期延续的原因。“文革”以后十年的农民战争史研究是从对“文革”前阶级斗争为纲时代的研究方式和观点的反思开始的,更包括了对“文革”十年动乱的反思。

“文革”结束后对农民战争史研究的全面反思始于历史发展动力问题大讨论。1979年3月,中国社会科学院在成都召开全国史学规划会议,戴逸在会上做了题为《关于历史研究中阶级斗争理论问题的几点看法》的报告,认为以往把历史发展动力归结为阶级斗争的观点存在问题,认为“推动社会前进的直接的主要的动力是生产斗争”,“从人类社会存在以来,无论何时,生产活动都是首要的活动,生产斗争是推进社会历史的强大动力”。① 这本来是马克思主义最基本的原理,但

① 戴逸:《关于历史研究中阶级斗争理论问题的几点看法》,《社会科学研究》,1979年第2期。

是,长期以来被阶级斗争论所掩盖了。新中国成立以来的经济建设一直都是用阶级斗争手段解决生产问题,“抓革命,促生产”,先抓革命,后促生产。抓革命就是抓阶级斗争。严酷的现实,使人们忘记了思考生产和革命究竟是什么关系,直到“文革”结束。所以,生产力问题一经提出,史学界如大梦方觉,展开了历史发展动力问题大讨论,各种观点,五彩缤纷,总的特点是反对阶级斗争唯一动力论,对农民起义、农民战争历史作用开始重新认识。这首先是对农民平均主义的批判。

平均主义,曾经被看做是农民起义、农民战争革命要求的最高体现,是农民起义、农民战争反对封建压迫、反对封建剥削、动员农民最强有力的思想武器,太平天国的《天朝田亩制度》则是农民平均主义的最高代表。人们一方面出于对人民公社“一平而调”和“大锅饭”的产品分配方式和低效率的劳动组织方式等积弊的批评,另一方面根据经典作家对平均主义不适于社会化大生产的分析,对平均主义提出了系统的批判,全面否定平均主义的意义。董楚平发表系列论文,认为农民平均主义根本不具有革命意义,完全是落后的封建思想,是封建特权主义的基础,是农民起义和农民战争失败的总根源;农民起义多、农民战争规模大破坏了封建社会生产的正常发展,是中国封建社会长期延续的根源之一。① 学界或赞同,或反对,对农民战争史研究中的理论进行了系统全面的检讨。

1989年以后,农民战争研究迅速沉寂。随着改革开放的继续,海外学术观点、方法的传入和消化吸收,学界关注现实的焦点转移,史学研究的目标转向社会史、文化史、思想史、经济史等领域。从1989年到2008年上半年的20年的时间里,在各种学术期刊上发表的农民战争史研究论文不足150篇,专著、资料不足10部,其中真正有深度的只有白钢的《中国农民问题研究》一书(人民出版社,1993年),另有农民起

① 参见董楚平:《生产力是历史发展的根本动力》,《光明日报》,1979年10月23日;《论平均主义功过与农民战争的成败》,《历史研究》,1980年第1期;《农民战争在中国封建社会发展过程中的作用》,《浙江学刊》,1980年第1期;《论农民战争中的平均主义与封建特权主义》,《学术月刊》,1981年第1期。

义史话10余种。出版的论文集有两种:《中国古代民本思想与农民问题》(孟祥才、傅永聚主编,中国农民战争史第十届年会论文选,山东大学出版社,2003年)收录论文18篇;《农村历史发展的历史与未来》(齐秀生主编,山东人民出版社2004年,该文集是中国农民战争史研究会第十一届年会论文集,讨论主题是"中国农村问题历史、现状与未来",讨论重点是现实问题,与会者有历史学者,也有理论工作者和党政干部,全书共收录论文72篇,其中54篇讨论现实"三农"问题)收录农民战争史论文18篇。全部加起来,不足两百篇。研究队伍更是急剧萎缩,研究农战史的老一代学者纷纷转移目标,继续关注古代农民命运的学者成为真正的凤毛麟角,年轻学者绝少关注农民战争问题;高校历史系(或学院)本科教学农民战争的分量迅速下降,保存的也改变了叙事的方法和评价标准,有的以"民变"、"动乱"代替农民起义;在中学的历史教学中,农民起义完全退出了教学的视野。另外,董楚平将早年的农民战争史论文集为《农民战争与平均主义》一书出版(方志出版社,2003年),表现了作者对农民战争的关注。在当代建设"和谐社会"的语境下,传统意义上的农民战争史研究更显得不合时宜,几乎是无人问津了。

但是,1989年以后农民战争史研究成果在数量上虽远远地少于以往,农民战争史研究的队伍虽然萎缩,但是学术界并没有停止对农民战争这一历史存在的思考,专门研究农民战争的论文专著数量虽少,而其学术特点则十分鲜明,对以往农民战争史研究从理论到方法,从具体问题到研究者的立场都进行了深刻的反思,推动了农民战争史研究甚至是整个史学研究如何摆脱传统思维而走向真正意义上的历史科学研究之路。这体现在如下三个方面:

第一,从学术与政治的理论高度,反思农民战争研究的得失成败,开始思考农民战争史研究"热"与"冷"的政治原因。王学典认为,改革开放以前30年农民战争史研究"热"的原因是"革命党"的"革命理论"指导的结果。在革命意识形态主导之下,认为人类历史进入文明时代以后就是一部阶级斗争史,人民是历史的创造者,劳动人民对剥削阶级的任何反抗都是阶级斗争的体现,劳动人民对剥削阶级的武装反抗都是被剥削阶级推翻剥削阶级反动统治的革命实践，都应当肯定和赞扬，都推动了历史的前进。在这一思想指导之下，农民战争逻辑地成为史学研究的最大热点，肯定农民战争的正义性以证明中国共产党领导的中国革命胜利的历史必然性。新中国成立以来农民战争研究的所有理论争论，都是在这个“革命理论”的话语系统中展开的，争论的本身就不是学术问题而是意识形态的延伸，每一个观点的背后都有着相应的政治评判的标准。改革开放初期对农民战争历史作用的重新评判，则是“革命党”的“革命理论”向“执政党”的“建设理论”转变的结果。中国共产党成为执政党了，任务首先是稳定社会秩序，发展经济，巩固政权，不能用打天下的方法和理论治理天下，打天下和坐天下的意识形态是有着本质不同的，不能再肯定暴力革命了，而要强调稳定和发展，要充分揭示暴力、动乱对社会稳定和发展的破坏作用，应该千方百计地维护稳定、避免革命。在这一主流意识的支配之下，人们自然地要重新认识“文革”以前的农民战争史研究的理论，重新讨论历史动力和农民战争的历史作用，否定阶级斗争动力论，批评农民阶级的落后性，批评农民平均主义的反动性等等，都在这一背景之下展开的，依然是学术评判，谈不上学术研究。①

当然，纵观新中国成立以来史学之路，农民战争史研究固然是在革命话语体系之下展开，其他的热点问题无不如此。古史分期、封建社会土地问题、汉民族形成问题、亚细亚社会形态、资本主义萌芽等，任何讨论的背后都是在论证中国共产党领导的新民主主义革命胜利的历史必然性，都是在不同层面和不同角度对经典作家和革命领袖所论述的历史规律的阐释，直接地、间接地论证中国共产党领导的社会主义革命的正确性。对农民战争战争史研究“冷”与“热”的政治思考，实际上也是对新中国建立以来史学之路的政治思考。

第二，转换学术方向，扩大农民战争史研究视野。农民起义和农民

① 王学典：《意识形态与历史：近50年来农战史研究之检讨》，《史学月刊》，2005年第7期。

战争次数多、规模大，周期性的爆发，波浪式的发展，对中国历史影响巨大而深远，是世界上任何一个民族、任何一个国家所无法比拟的。其发生和发展既有内在的共性，又有着具体的历史特点，其原因和作用也各不相同，用任何既定的理论体系作为研究的预设前提都无法得出符合历史实际的认识；就农民战争论农民战争，距离历史真相只会越来越远。针对以往研究的不足，在系统分析的基础上，学者们开始扩大视野，从封建社会结构的不同层面分析农民战争的内在逻辑，由原来的结果分析转向原因分析，从制度设计、意识形态、社会结构及其区域特点等不同层面，用整体史观和长时段分析，用社会冲突和社会分层的理论，结合现代社会变革中出现的社会问题与对策及其效果，探索农民战争的原因、过程和影响，把农民战争史研究扩大为对封建社会整体史而以农民问题为中心的研究。中国农民战争史研究会从 1988 年以后举行的历次年会都针对以往农民战争史研究的缺陷在理论和方法上进行探讨，同时调整讨论内容。2001 年在山东曲阜举行的第十届年会的主题是古代民本思想与农民问题，突出讨论古代思想家对民生问题的思考；2005 年的烟台年会则以“中国农村问题历史、现状与未来”为主题，从现实反观历史，通过历史说明现实问题的传统基因；2008 年青岛年会的主题则是“和谐社会语境下的农民战争研究”，既凸显了史学研究的现实功能，又在昭示人们要辩证分析历史上的思想与现实的关系。①所有这一切，都是农民战争史研究走向新境界的体现。

第三，对农民战争史研究的思想方法进行了具体的探索。破除以往僵化的研究模式是容易的，构建新的研究体系则艰难得多。在 1989 年以后农民战争研究的沉寂时期，学者们正进行深沉的思考和探索。孟祥才系统总结建国以来阶级斗争唯一动力论指导下农民战争史研究种种错误认识，如把农民阶级和地主阶级看作两个绝对对立的阶级，夸

① 第十届年会论文见孟祥才、傅永聚主编，《中国古代民本思想与农民问题》，山东大学出版社，2003 年。第十一届年会论文见齐秀生主编，《农村发展的历史与未来》，山东人民出版社，2004 年。第十二届年会论文集在出版中。

大农民阶级革命性、夸大农民阶级思想的独立性，不分青红皂白地绝对肯定农民阶级的一切，否定地主阶级的一切，无视地主阶级的历史积极作用。事实上，社会生产是在生产者和生产资料相结合的条件下才能进行的，地主和农民谁也离不开谁，只有采取双方都能接受的合作方式才能生存下去，而不是一味地对立和斗争。在中国封建社会里，地主并不占有大部分土地，农民占人口的大多数同时也占有大部分土地，才成为国家赋税徭役的主要承担者。地主和农民之间并没有不可逾越的鸿沟，两个阶级的人员不断地相互交流渗透，土地占有状况更是此消彼长，地主和农民是辩证的统一体。

李振宏则对农民战争史研究的思想方法提出了新的构想。李振宏认为，建国以来的农民战争史研究是把农民起义和农民战争作为一种革命形态看待的，要客观真实地看待历史上的农民问题，必须从思想方法上来一个根本的转变，这就是不要把农民作为一个阶级、也不把农民作为封建政府的对立力量去研究；不要把农民思想作为一种政治思想体系、而是作为农民意识和农民观念问题看待；不要把农民起义和农民战争作为一种革命形态、而是作为一种重要的社会冲突和社会动乱现象研究，重点分析这种冲突和动乱的生成机制，从而将农民战争史作为社会史研究。曾振宇通过封建社会普通民众对孝道的理解和实践，揭示传统伦理观念的存在机制。臧知非则从制度设计和历史实践的层面分析汉唐时代农民田税负担的真实状况，说明封建社会农民负担加重的制度设计因素。这些都是从社会结构的不同层面研究农民战争问题的初步尝试①。当然，这些仅仅是开始，但是，已经说明：学术路径正在转变。

① 孟祥才：《建国以后我国农战史研究的反思》；李振宏：《中国历史上农民问题研究的思想方法问题》；曾振宇：《他律与自律：古代中国平民百姓对“孝”的接受与信仰》；臧知非：《制度设计与农民命运的历史分析——汉唐土地、赋役制度与农民历史命运的变迁》。均载齐秀生主编：《农村发展的历史与未来》，山东人民出版社，2004 年。

第二章 农民战争的性质

农民战争的性质是认识农民战争的历史作用、评价农民阶级历史地位的前提,研究农民战争首先要明确农民战争的性质,这决定于史家的研究立场。新中国的农战史研究在主观上都遵循着历史唯物主义的立场,用马克思主义的观点和方法指导研究,但因为对历史事实和经典理论理解的差异,对这个问题存在诸多争议。

所谓农民战争性质就是农民起义或者农民战争是否具有反对地主阶级和封建制度的性质。毛泽东在《中国革命和中国共产党》中曾经指出“每一次较大的农民起义和农民战争的结果,都打击了当时的封建统治,因而也就多少推动了社会生产力的发展”。毛泽东在这里仅仅说“打击了当时的封建统治”,没有进一步明确“打击封建统治”的具体内容。毛泽东同时指出,“农民革命总是陷于失败”,“在每一次大规模的农民革命斗争停息以后,虽然社会多少有些进步,但是封建的经济关系和封建的政治制度,基本上依然继续下来”。[①] 人们在理解这段话的时候就产生了分歧:农民战争是打击了封建统治制度还是打击了封建统治的某些制度和某些政策?是打击了地主阶级,还是打击了地主阶级的某个阶层、某个集团或某个人物?如此等等,不一而足,人们可以从不同的层面根据不同的资料、援引不同的理论依据,得出不同的看

① 毛泽东:《中国革命和中国共产党》,《毛泽东选集》第2卷,修订2版,第625页。

法。

尽管在逻辑上对毛泽东的上述论述存在着不同理解的可能性,但是建国初期的知识分子忙于学习和社会主义思想改造,在早期的农民战争论著中并没有对这个问题深究。随着农民战争史研究的逐步深入、特别是通过马克思、恩格斯、列宁、斯大林等经典作家关于农民阶级特点论述的学习,人们开始关注这一问题。首先对这个问题明确发表意见的是赵俪生。赵俪生在《试论中国农民战争的特点》一文中认为,"中国的农民起义和农民战争,其基本群众虽然都是农民,但由于革命的对象往往都是专制主义皇朝,革命口号往往是反对暴政,即所谓官逼民反,因此在革命农民的影响下,所发动起来的群众,就不只限于农民,也不只包括手工业者、工人,而且是经常包括了城市贫民,甚至小作坊主、知识分子和中小地主等等,这就形成了以农民阶级为首的中下层社会人民的联合阵线"①。这里,赵俪生说得虽然简单,但是已经表明了自己的观点,第一,农民起义反对的是"专制主义皇朝",第二,起义原因是"官逼民反",第三,农民军队伍的复杂性,是以农民阶级为主体的中下层社会各阶层的联合阵线。

对赵俪生提出而没有展开论证的问题作出系统论述的是孙祚民。孙祚民在《新史学通讯》1955 年第 6 期发表了《关于"农民政权"问题》一文,认为:"农民起义曾顽强地向封建专制主义政权进行了战斗,可是没有、也不可能自觉地同封建制度进行战斗。旧的王朝虽被推翻了,但旧的经济基础、旧的政治制度,基本上仍然保存下来。""所有封建社会农民起义和战争的矛头,自始至终总是指向某些为他们所深恶痛绝的统治阶级的个别人物。他们以为暴君酷吏、恶霸地主是敌人;而剥削较轻和一定程度'同情'农民的'明君'、'好官',对于他们是并无损害的。"②马克思在《路易·波拿巴的雾月十八日》曾对小农的经济政治特

① 赵俪生:《中国农民战争史论文集》,新知识出版社,1954 年。

② 收入孙祚民《中国农民战争问题探索》,新知识出版社,1956 年。修改以后收入氏著《中国农民战争问题论丛》,人民出版社,1982 年。本书引文据 1956 年版《中国农民战争问题探索》,第 22 页。

点有过详细论述，曾说道："数百万家庭的经济条件使他们的生活方式、利益和教育程度与其他阶级的生活方式、利益和教育程度各不相同并互相敌对，就这一点而言，他们是一个阶级。而各个小农彼此间只存在地域的联系，他们利益的同一性并不使他们彼此间形成共同关系，形成全国性的联系，形成政治组织，就这一点而言，他们又不是一个阶级。因此，他们不能以自己的名义来保护自己的阶级利益……他们不能代表自己，一定要别人来代表他们。他们的代表一定要同时是他们的主宰，是高高站在他们上面的权威，是不受限制的政府权力。"①孙祚民据此得出结论说："当农民迫于惨重的盘剥起而暴动时，无疑是反封建压迫的主力军；可是当起义军获得胜利、有可能实现他们自己的政治理想时，他们只能以剥削相对缓和的新的封建统治，代替残暴腐朽的旧的封建统治；而不会、也不可能去触动封建制度之基础的地主土地所有制。""农民的生根于其小私有经济的私有观念，是根深蒂固的；小农经济本身，又在不断分化着。这样，农民头脑中必然滋生着一种强烈的向上爬思想。平常，农民们在贫苦的煎熬中希望着有朝一日能够变成富人、地主、官吏，爬进剥削阶级的圈子里去；当他们参加并领导了农民起义，而且在封建专制政权战争取得胜利、有了向上爬得更高的机会和可能时，逐渐变更其阶级立场，进一步要爬上皇帝的宝座、做起皇帝来，也便是很自然的事了。"②在《中国农民战争和种族战争的关系》一文中，孙祚民做出了这样的表述："封建社会的统治阶级是地主阶级。他们阶级的、从而政治的目的，是凭借占有土地剥削农民，榨取财富，供应豪奢的寄生生活，并维护和巩固对农民这种特殊的权利——封建剥削的秩序。地主阶级平常是通过经济的、法律的、思想的等等方法来实现其政治目的的。但当他们遭到被剥削阶级的反抗，用这些'和平'地方法不能够或不完全能够达到既定的目的时，作为地主阶级集中代表的封

① 《马克思恩格斯选集》，第1卷，修订2版，人民出版社，1995年，第677～678页。

② 孙祚民：《中国农民战争问题探索》，新知识出版社，1956年，第24页。

建专制政权，就会诉诸公开的、暴力的手段，诉诸战争。这就是封建社会里农民战争的实质”①。

1956 年 5 月 24 日《光明日报》发表梁作榦《反对庸俗地理解“阶级斗争是历史发展动力”的原理》一文，批评孙祚民观点，认为封建社会分为不同的历史阶段，在不同的历史阶段农民起义的性质是不同的，不能一概否认农民起义的反封建性质；在封建社会的上行阶段，“农民起义的主观动机首先是反对过重的剥削，其最高目的只求获得土地，决不想根本推翻封建制度”。到了封建社会的下行阶段，农民起义“在主观上有了废除封建制度的意识并在客观上起着打击封建制度的作用”。1958 年，戎笙发表《试论明代后期农民阶级斗争的性质和特点——兼论农民战争发展的阶段性》，明确认为“当封建生产方式还处在自身发展的上升阶段时，农民没有而且也不可能提出具有反对封建制度性质的口号；当封建生产方式已越过它的全盛时期而走向衰落的时候，农民便可能并已在实际上提出这种口号；当封建生产方式发展到它的腐朽阶段时，这种口号就体现得更具体更明确更尖锐了。农民阶级的反对封建制度的斗争是逐渐发展起来而又日益深化的”②。

1959 年，侯外庐发表《中国封建社会前后期农民战争及其纲领口号的发展》，提出“漫长的中世纪，充满着农民反抗压迫和贫困的斗争，贯穿着反对封建主义的阶级起义”。“起义农民在反抗封建主义的斗争口号下，表现出的不同的反抗思想或空想，曾经影响过等级微贱的庶族阶层的‘异端’运动和‘异端’思想。随着历史的发展，农民以及‘异端’的思想也表现出由低级到高级的发展”。③ 也就是说，农民起义自始至终都是反抗封建主义的，只是不同的阶段有不同的特点。1961

① 孙祚民：《中国农民战争问题探索》，新知识出版社，1956 年，第 56 页。

② 戎笙：《试论明代后期农民阶级斗争的性质和特点》，《历史研究》1958 年第 10 期。后收入《新华月报》1961 年第 1 期，题目改为《试论明清间阶级斗争的某些特点》。后收入史绍宾编：《中国封建社会农民战争问题讨论集》，生活·读书·新知三联书店，1962 年。本引文见《中国封建社会农民战争问题讨论集》，第 4 页。

③ 侯外庐：《中国封建社会前后期农民战争及其纲领口号的发展》，《历史研究》1959 年第 4 期。收入史绍宾编：《中国封建社会农民战争问题讨论集》。

年，漆侠发表《关于中国农民战争的性质问题》，提出了和侯外庐相同的观点，认为“农民反对地主阶级的各种形式的斗争，都具有反封建的性质，农民起义和农民战争更加集中地反映了反封建的性质，这是必须明确认识的”。“无论农民起义和农民战争爆发在封建社会前期或后期，上行阶段或下行阶段，都具有反封建的性质；无论农民起义或农民战争提出或者没有提出反封建的口号，亦都具有反封建的性质；无论农民起义或农民战争打击的矛头指向皇帝、贵族、地主老爷等个别的人，或者指向封建国家、封建制度的某些环节，亦都具有反封建性质。总之，在我国封建社会里爆发的农民起义和农民战争自始至终都具有反封建性质，虽然农民起义和农民战争有其阶段性的差别，有这样要求和那样要求的不同”。[①] 方之光、倪景熙、潘凤之、郭省三、刘茂林发表《论中国封建社会农民战争史的几个问题》认为，封建社会的农民战争自始至终都具有反封建性质，但在不同的阶段有着不同的内容特点，在封建社会上行阶段，农民起义没有明确提出反对封建土地所有制的口号，主要是反对封建徭役和争取人身自由，虽然有反对土地兼并的，但不是主要内容，在封建社会下行阶段，则以反对封建土地所有制为主要内容。[②]

从 1960 年起，史学界围绕着农民战争性质问题展开了热烈讨论，全国各地高等院校、研究单位凡是有历史系或者史学研究机构的，大都召开规模不等的讨论会、座谈会。部分省市哲学社会科学联合会纷纷举行座谈会讨论农民战争问题，参加的不仅仅是专门从事农民战争研究人员，还有中国哲学、文学以及世界历史研究人员。1961 年 2 月 23 日，《人民日报》以“关于中国农民战争性质问题”为题，发表了方之光等的《农民战争在封建社会不同的阶段具有不同的性质》、白寿彝的《农民战争必然反对封建制度》、孙祚民的《农民战争不能自觉地反对

① 漆侠：《关于中国农民战争的性质问题》，《光明日报》，1960 年 2 月 18 日。

② 方之光、倪景熙：《论中国封建社会农民战争史的几个问题》，《光明日报》，1960 年 8 月 18 日。

封建制度》三篇文章,把这个问题的讨论推向新的高潮。随后蔡美彪发表《对中国农民战争史讨论中几个问题的商榷》①、翦伯赞发表《对处理若干历史问题的初步意见》②,赞成农民战争不反对封建制度的意见,批评其他观点。翦伯赞说:“农民反对封建压迫、剥削,但没有、也不可能把封建当做一个制度来反对。农民反对地主,但没有、也不可能把地主当做一个阶级来反对。农民反对皇帝,但没有、也不可能把皇权当做一个主义来反对。”这两篇文章的发表,立即在学界引起强烈反响,有赞成,有反对,而以反对者居多,讨论也逐步深入,直到“文革”开始,讨论才中断。“文革”结束以后,围绕上述观点,讨论继续展开。1981 年,董楚平在孙祚民观点的基础上,又向前迈进了一大步,在肯定农民战争不反对封建制度的同时,提出了农民起义和农民战争不仅不反对封建主义,而且是封建制度的“修理工”。

总体来说,关于农民起义和农民战争性质问题有三种观点。

一、农民战争反封建政权不反封建制度

赵俪生最早提出农民“革命的对象往往是专制主义皇朝”。这是一个过于笼统的提法,这个“专制主义皇朝”可以是指某一个朝廷,也可以理解为朝廷所制定的某项政策,也可以说是封建王朝某项制度、某个官僚群体、某个昏庸残暴的皇帝,等等。对此,赵俪生没有作出进一步的论述,但是,从农民起义的“革命口号往往是反对暴政”来看,赵俪生所说的“专制主义皇朝”是指贪官污吏、无道昏君之下的“暴政”。赵俪生倾心于马克思主义理论,马克思主义理论素养极高,是当时系统研究农民起义和农民战争的第一人,之所以没有明确表达自己的主张,说明了当时的他对毛泽东对农民战争性质的论述和马克思、恩格斯关于

① 蔡美彪:《对中国农民战争史讨论中几个问题的商榷》,《历史研究》1961 年第 4 期。

② 翦伯赞:《对处理若干历史问题的初步意见》,《光明日报》,1961 年 12 月 22 日。

农民阶级落后性的论述之间的矛盾之处还在思考。孙祚民当时是山东大学历史系本科生，了解赵俪生观点，遂以赵俪生的观点为起点继续思考，在《关于"农民政权"问题》一文中对此系统展开，明确申明农民战争"没有、也不可能自觉地同封建制度进行战斗"，"所有封建社会农民起义和战争的矛头，自始至终总是指向某些为他们所深恶痛绝的统治阶级的个别人物"。其理由：一是"封建社会的生产力是落后的、分散的个体小农生产。与这种生产力相适应的是封建地主占有主要生产资料——土地，并通过土地剥削农民的生产关系……农民能够起来暴动，推翻地主阶级的统治机关，但不能改变封建的生产关系，因为生产关系的变更，是以生产力的发展变化为前提的"。二是封建社会的农民是自在的阶级，是小私有者，缺乏阶级的自觉性，他们反抗地主阶级的压迫剥削停留在自发的阶段，反对对象始终限于统治阶级的个别人物，而不是封建制度。后来孙祚民在《关于中国农民战争打击封建制度的问题》等论文中补充了上述看法，认为"封建社会一切形式的阶级斗争，都不是发展与巩固，而是打击与削弱了封建制度的"。但是，这种"打击"是不自觉的，只是"在客观上起着打击与削弱封建制度的作用"。①因为"当一个阶级还处在自在的阶段时，它所进行的社会政治斗争，只能是自发性的。其具体表现就是还只能限于从感性上认识其所处社会各个现象的片面及其外部联系，没有，而且也不可能了解到其本身作为一个阶级，以及阶级本身的利益与其他阶级和整个社会制度的关系"。孙祚民认为，"自发性"和"自觉性"有着性质的差异，从自发到自觉是一个阶级在认识上从必然到自由的飞跃，也是从自在阶级到自为阶级的标志，封建社会农民阶级反封建始终停留在"自发"的历史阶段，尽管这种自发性包含这某种程度的"自觉"②。

蔡美彪在《对中国农民战争史讨论中几个问题的商榷》一文中提

① 孙祚民：《关于中国农民战争打击封建制度的问题——兼答吴示模先生》，《光明日报》，1960年8月4日。

② 孙祚民：《关于中国农民战争史研究几个问题的意见分歧》，《文史哲》1979年第1期。

出了两种性质不同的革命：封建社会的农民战争和社会革命。中国农民战争虽然也是革命，但是农民战争是封建社会内部的阶级斗争的最高表现，“是在没有新的生产力和生产关系的条件下，是在封建社会的生产力还有其发展余地条件下爆发的”革命斗争，“它是不同于社会革命的另一种性质的革命”。“社会革命是在旧的社会制度已然走向瓦解、新的生产力、新的生产关系已然在这个母胎中发生和发展起来的条件下，是在旧的生产关系已经成为生产力发展的桎梏的条件下爆发的”，“社会革命的对象是整个旧的剥削阶级，整个旧的社会制度”，任务是“解决新的生产力和旧的生产关系的矛盾，是要推翻旧的社会制度建立新的社会制度，推翻旧的统治阶级代之以新的统治阶级”。而农民战争的“革命对象则是地主贵族的黑暗势力的统治，封建王朝的腐朽统治”，“只在封建社会内打击地主阶级的封建统治，至多是推翻旧的王朝建立新的王朝，推翻旧的统治集团代之以新的统治集团。每次大规模的农民战争，都促使当时的经济关系政治制度多少有一些改进，即社会多少有一些进步，但始终不曾超越封建制度的范围”。“两种革命的不同是由不同的社会经济条件所决定的”。中国的农民是小生产者和小私有者，“正是这个特点，使他们的政治眼光不能不受到限制，使他们的活动往往局限于狭隘的利益范围，而不能产生出如同无产阶级那样的阶级的觉悟，达到阶级的团结”。所以，“起义农民反抗地主阶级的封建剥削和压迫，却不曾自觉到作为一种社会制度来反抗，作为一整个的地主阶级来反抗”。“他们总是把自己的指责归之于个别官吏、个别皇帝以至个别王朝，却不曾指向那个制度、那个阶级；起义者也往往借助于地主阶级的王朝的名义、皇帝的名义，而不是以自己的阶级的名义，来表达自己的向往和自己的利益”。“秦朝以来的历次农民起义，各有其不同的具体的特点，却同样地从这一方面或那一方面表现出他们只是以封建的纲纪、封建的伦理来反抗封建统治，只是意识到反对个别的王朝、个别的皇帝和个别的官吏，而始终不曾自觉地反抗整个的封建制度和整个的地主阶级”。和欧洲相比，蔡美彪注意到了中国农民战争始终具有反官府的特点，从经济形态上做出了自己的解释，认为是因为中西方经济结构不同，中国自战国以后就不同于俄国的农奴制、份地制，而是地主经济的地租剥削制。在地主经济的地租制之下，农民和农奴相比有了“自由人”的身份，“作为‘天子’的臣民，直接地遭受着王朝官府的剥夺，并且是比地租剥削更为残酷的剥夺”。而地主的地租剥削“是通过表面看来较为‘缓和’的经济形式”实现的，地主的地租剥削虽然“是生产力发展的严重障碍，但要保证地租的收入就要使农民有一定的生产条件，而并不是直接地破坏生产。官府的繁重徭役和兵役则迫使农民中断了耕作，无以求活”。“地租的剥削表面上看是比较有限额的。官府的贡税，可以任意增添名目，贪官污吏，层层中饱，诛求不已，几乎是无限的”。所以，中国历史上的农民起义就表现为“官逼民反”，并且总是一开始就和王朝官府作斗争。虽然在农民战争过程中，起义军曾提出过“均平”、“平均”、“等贵贱”的口号，但是在历史上从来没有实行过，“在历史上始终不曾成为现实”，因为“当时的经济条件中并没有供其实现的客观基础。那些动人的口号、天真的幻想也就不能不在现实的面前化作浮云的消逝”。①

在《再谈中国农民战争史的几个问题》一文中，针对学界的质疑，蔡美彪重申了他的上述观点，并对“自发起义的农民觉悟性”问题作了补充说明：“我们说起义农民还是不觉悟的，当然并不是说他们没有自发的革命要求、反抗意识，假使是这样，农民战争也就根本不存在了。这如果简括地称为‘革命思想’，那就是说：一，他们从自己的实际处境中自发地感到地主、官府和他们之间的利益冲突，对黑暗王朝、贪官污吏、地主豪强的残酷剥削和压迫，满怀着强烈的憎恨。这就是列宁说的‘原始的农民民主情绪’。二，他们认识到依靠自己的斗争力量去反抗和打击地主贵族的黑暗封建统治，以至推翻腐朽的王朝。就是说，他们从自己身受的重压中认识到去反抗封建统治的这个或那个个别的方面，这个或那个地主、官吏或王朝。三，他们渴望争求美好的生活、改善

① 蔡美彪：《对中国农民战争史讨论中几个问题的商榷》，《历史研究》1961年第4期。

自己的处境。认识到依靠自己的斗争来创建‘好王朝’拥立好皇帝。封建的小农经济也可以使他们产生平均财富的自发的要求。平均主义当然不是一种社会制度,也不能说农民具有平均主义觉悟。”①孙祚民发表了《中国农民战争史研究中运用历史主义和阶级观点》一文对蔡美彪的观点进行了细化和补充。②

蔡美彪的“两种革命论”提出以后,立即引起激烈讨论,支持者有之,反对者更多。支持者主要是吉敦谕和沙健孙。吉敦谕认为蔡美彪的观点符合经典作家的论断,经典作家对两种革命有着明确的论述,二者的性质和目的不容混淆。“小自耕农的两面性,就决定了他在农民战争中的动向,一方面他们是自发的封建残暴法制的叛逆者,在暴风雨般的阶级大搏斗时期,他们是革命的主要力量之一,具有冲击王朝官府和地主坞堡的革命精神,尤其对贪官污吏、恶豪劣绅仇恨痛绝。但是他们的小私有者的地位还决定着他们不会认识到造成自己妻离子散的悲惨结局是根源于封建制度的存在,相反,一旦大规模的阶级斗争暂告沉寂,当他们仰望着官府地主的殿堂在熊熊烈火之中倒坍下去的时候,其喜悦的心胸,便开始萦绕着一个‘圣君贤相’政局下的小康世界,幻想自己的小块土地根深叶茂,永世长存,而在阶级矛盾较为缓和的短暂期间,他们也不免会产生‘发财观念’,对‘赵公元帅’叩头膜拜,‘总想爬上中产阶级地位’,‘看见那受人尊敬的小财东,往往垂着一尺长的涎水’。”③

沙健孙认为,封建社会的农民战争“作为这两个阶级(引者按:指农民阶级和地主阶级)之间的对抗的最尖锐形式,自然是农民阶级反对地主阶级的阶级斗争”。但是,“在单纯农民战争的时代,新的生产

① 蔡美彪:《再谈中国农民战争史的几个问题》,《新建设》1962年第11期。

② 孙祚民:《中国农民战争史研究中运用历史主义和阶级观点》,《人民日报》,1964年2月27日。

③ 吉敦谕:《“两种革命论”是“经济宿命论”吗——关于农民战争史讨论问题的商榷之一》,《哲学研究》1964年第5期。引文中单引号内文字是作者引述毛泽东《中国社会各阶级分析》相关论述。

方式和新的阶级力量还没有产生，而农民的个体经济，不仅同封建的生产关系和上层建筑不是不相容的，而且相反，它正‘是封建统治的经济基础’。在这种情况下，起义农民提不出任何的完整的社会理想同整个封建制度相对抗，他们往往把斗争的矛头指向封建制度的某种特定形式或方面，如王朝官府的苛重的赋税、无尽的徭役兵役，豪强地主的土地兼并或无度的租额等等。毋庸置疑，农民遭受封建的经济剥削和政治压迫这一基本事实，是农民有可能形成反对地主阶级的封建制度的自觉意识的客观基础。但是，小农经济的分散性以及与之相联系的农民的分散性，却又决定了他们不可能独立地形成"这种意识。正因为如此，"没有先进阶级领导的农民战争，就只能是封建制度范围内的战斗"。至于封建社会农民起义军提出的"均田"、"平均"、"均贫富、等贵贱"的口号，沙健孙认为，"农民战争揭出均田的旗帜，只是封建社会后期的个别情况"。就以李自成起义而论，均田也不是人们认为是平均地主土地，更没有成为农民起义的纲领。即使均田口号实施了，也不可能超出封建社会的范畴。"在封建时代单纯的农民中，为均田而斗争并不意味着越出封建制度的范围。这不仅在于它不可能实现。假定他能够实现的话，一方面由于个体经济的再生产必然要再产生出地主和农民来，一方面由于独立的小生产者需要强有力的行政机构的‘保护’，从而也就必然要向这个机构继续负担封建的义务，它就只能是封建制度在新形态的继续而已"。① 王守义则认为，明末清初之际的"均田"并不是人们理解的均分地主的土地，而是"平均赋役负担而言"，"是地主阶级知识分子要缓和矛盾的想法"，明末"农民军既没有宣布过均田政策，也未曾实行过均田"。② 而董楚平则认为，"当革命初起，平均主义用来对付旧的封建统治秩序，他有‘破’的功用，可以得到人民的拥护；当革命进入高潮，平均主义用于人民内部矛盾，解决社会

① 沙健孙：《是历史唯物论，还是经济宿命论读后》，《光明日报》，1964 年 7 月 15 日。

② 王守义：《明末农民军"均田"口号质疑》，《历史研究》1962 年第 2 期。

生产时，他就比封建主义为害更甚”。“因为平均主义违反生产力发展的要求，违背经济规律，只能给人民带来更大的痛苦”。①

和这一观点本质相同而有所区别的则是周良霄。周良霄承认“封建社会里的农民战争具有反封建的性质”。但是，这是“从封建社会内农民与地主间对抗性矛盾双方互相排斥、互相斗争引申出来的”。处于统治地位的地主阶级和农民阶级是封建社会两个对抗阶级，地主阶级处于矛盾的主要方面，受压迫受剥削的农民阶级是次要方面，“封建的经济剥削和政治压迫在根本上是由封建的生产关系所决定的，一旦农民从这种被剥削、被压迫的境况下解脱出来，矛盾的另一方——封建地主阶级也就不存在，封建制度也就完全崩溃。从这个意义上来说，作为农民与地主之间阶级斗争的最高形式的农民战争具有反封建的性质，是完全可以理解的”。但是，单纯的农民战争“只是封建经济中农民与地主间阶级利益根本对立在政治斗争中的反映。它是立足在封建经济基础之上，是由封建生产关系所制约的”，“单纯的农民战争本身是封建经济下的产物，是一种封建范畴的历史现象。在还没有出现新的生产力和生产关系的情况下，单纯的农民战争本身，既不可能导致什么本质上不同于封建制的新的社会因素，更不会出现什么新制度来代替封建制度”。②

孙祚民、蔡美彪等是在承认农民战争推动了封建社会历史前进的基础上认为农民限于农民阶级的历史“自在性”而不能自觉地把地主当做一个阶级来反对，意识不到自身受压怕的根源是封建制度体系而不能反对封建制度。但是，他们认为，在客观上，农民战争还是打击了封建制度和地主阶级的。而董楚平则明确认为，农民战争的任务就不是反对封建制度，也没有反对过封建制度和地主阶级。但是，董楚平认为，尽管农民战争没有反封建的任务，仍然可以将农民战争称为农民革

① 董楚平：《论平均主义的功过与农民战争的成败》，《历史研究》1980 年第 1 期。

② 周良宵：《对农民战争反封建性质的理解》，《新建设》1964 年第 4 期。

命。董楚平说:“对于革命可以有广义与狭义两种理解。狭义的革命仅指社会形态的变革,例如资产阶级革命,无产阶级革命。在这个意义上农民战争的确不是革命。但我们通常说的革命,不完全限于社会形态的根本变革。”董楚平重复了蔡美彪的两种革命论,主张对农民革命要有“科学的认识”。董楚平说,“不论从总体上看,或从全过程来看,农民战争都未曾反对过封建制度和地主阶级”。“从陈胜到洪秀全,千百次农民起义都不是由于整个封建制度已经不适应生产力发展的需要,而是由于封建制度的正常机能未能发挥而爆发。就是说,封建制度这部机器还未到使用期限,只是由于发生某些故障而无法运转,或由于时代水平的提高使它的某些部件需要更换。农民战争的任务不是把这部机器拿去报废,而是加以修理或改装。不管农民起义当时是如何想法,客观规律性的作用使农民战争只能起封建制度修理工的作用。在封建制度还未到报废的时候,做它的修理工并不是屈辱的角色。只要修理的好,也就完成了自己的任务”。对于农民战争中起义农民提出的“等贵贱,均贫富”的主张,也就是人们所高度赞扬的平等观念、平均主义,董楚平认为,这些口号和主张在农民战争的准备和爆发阶段,起过很大的组织和动员作用,“但是它不是夺取政权、最后打天下、定天下的思想武器。随着革命的深入发展,它就越来越成为累赘,摈弃越快越好。中国历史上没有一次农民起义,能以平均主义或以平均主义为主要内容的宗教异端思想武器而取得胜利决不是偶然的”。董楚平以太平天国为例说:“当革命初起,平均主义用来对付旧的封建统治秩序,它有‘破’的功用,可以得到人民的拥护;当革命进入高潮,平均主义用于人民内部矛盾,解决社会生产时,他就比封建主义为害更甚。太平天国的实践证明,人民群众宁肯受比较正常的封建剥削和资本主义剥削而不要平均主义。因为平均主义违反生产力发展的要求,违背经济规律,只能给人民带来更大的痛苦。这就是为什么人类历史上有‘罪恶’的奴隶社会、封建社会、资本主义社会,而没有‘理想’的平均主义社会的道理”。农民战争的最高任务就是“推翻旧王朝,建立开明的新王朝,为生产力的发展,为社会进步,扫除一些障碍。刘邦、朱元璋都出色地完成了这一任务,李自成和洪秀全没有完成自己可以完成的任务”。原因就在于刘邦、朱元璋按照客观规律办事,不搞平均主义。而李自成没能“像朱元璋那样建立一个重视农业、手工业、商业的,比较开明的封建王朝,促进经济发展,为资本主义的萌芽的进一步成长提供比较肥沃的土壤,那就是对历史的杰出贡献。这是单纯的农民战争可能做到的。根据当时的农民起义军力量来说,也是应该做到的。但李自成由于犯了平均主义以及一些其他方面的错误,而没有完成这个任务,这不能不说是一大憾事”。董楚平认为太平天国的任务是推翻“闭关锁国、落后腐朽的清王朝,建立一个面向世界、要求革新的封建王朝”。“但洪秀全违背经济规律,大搞平均主义,又犯了其他错误,以致未能推翻清朝政府,使中国失去了一次摆脱半殖民地半封建境地、走上资本主义的大好机会,这更是一大憾事”。①

李振宏认为,人们在讨论农民战争是否反对封建制度的时候,都是以毛泽东在《中国革命和中国共产党》一文中关于农民战争与历史发展的论述为理论前提的,农民战争推动了历史前进,但是并没有完成其历史使命,或者被当做改朝换代的工具,或者被镇压,都失败了,封建的经济关系和政治关系依然延续下来。这就在逻辑上赋予了农民战争以反对封建制度的使命。但是,这个出发点是错误的。农民阶级是自在的阶级,成百上千次的农民起义或农民战争是自发的求生存的反抗斗争,除了自然灾害的因素之外,都是因为统治者昏庸无道、吏治败坏、剥削惨重,农民流离失所、丧失基本的生存条件才铤而走险,而不是根源于对封建制度和封建剥削的认识。“既然农民起义或农民战争不是根源于农民对封建社会的自觉认识,不具有推翻封建社会的明确目的,而仅是出于求生本能的自发反抗,那么农民起义或农民战争的主观目的,当然也就不可是推翻封建制度;农民起义或农民战争在客观上所肩负

① 董楚平:《生产力是历史发展的根本动力》,《光明日报》,1979 年 10 月 23 日;《论平均主义功过与农民战争成败》,《历史研究》1980 年第 1 期;《封建社会中农民的平均主义究竟包含哪些内容》,《史学月刊》1981 年第 2 期;《农民战争特殊规律浅探》,《求是学刊》1981 年第 2 期。

的历史使命,也就不应该是推翻或改造封建的经济关系或封建的政治制度。它的客观的历史使命只是通过自身的造反行动,改变封建王朝的统治政策,使其统治秩序由无序变有序,从混乱走向正常,实现劳动者与生产资料的结合,以促进封建社会的正常发展"。"可以说,中国封建社会的农民起义或农民战争的历史使命,对于封建制度来说,不是推翻而是改善;对于封建秩序来说,不是破坏而是理顺;对于封建经济关系来说,不是改造而是发展;对于封建社会历史的发展来说,不是打断而是推进。农民阶级在中国两千多年的封建社会中,不仅以主要生产者、建设者的作用推动着封建历史的发展,而且由于它的存在方式和封建社会历史进步的一致性,从而在危机自身生存的社会黑暗时期,以自己求生的本能反抗,来矫正社会发展航向,从政治上起到推动封建社会历史发展的作用"。①

二、农民战争在封建社会上行阶段不反封建,在下行阶段反封建

新中国成立以来,史学界普遍接受了原始社会、奴隶社会、封建社会、资本主义社会、共产主义社会的依次演进是人类社会发展的基本模式这样一个理论框架,也就是五种生产方式说。在以往所经历的原始社会、奴隶社会、封建社会和还在继续的资本主义社会都有一个上升和下降时期。中国的封建社会同样有一个上升和下降时期,或者说是上行阶段和下行阶段。所谓上行阶段,即生产关系和生产力、上层建筑和经济基础之间的矛盾冲突还不激烈,也就是说,上层建筑和生产关系能够适应或者基本适应生产力和经济基础的发展需求。反之,当生产关系和上层建筑不能适应生产力和经济基础的需求的时候,生产力和生产关系、经济基础和上层建筑的矛盾就处于对抗状态而日益激烈,封建

① 李振宏:《论中国历史上农民战争的历史结局》,《史学月刊》1999 年第 5 期。

生产关系和上层建筑走向腐朽，其集中表现就是农民起义的大爆发。部分学者认为，在中国封建社会前期，农民战争是不反封建的，只在封建社会后期反封建，其体现就是封建社会前期的农民起义从来没有提出反对封建土地所有制的问题；到了封建社会后期的农民起义才提出等贵贱、均田产的口号，把斗争的矛头指向了封建社会经济基础的核心——土地制度。

首先系统论述这一观点的是戎笙，郭沫若也发表赞同文章。戎笙主张“当封建生产方式还处在自身发展阶段上升时期时，农民没有而且不可能提出具有反对封建制度性质的口号；当封建生产方式已越过它的全盛期而走向衰落的时候，农民便可能并已在实际上提出这种口号；当封建生产方式发展到它的腐朽阶段时，这种口号就提得更明确更具体更尖锐了”。在中国农民战争史上，农民起义、农民战争开始反对封建制度的体现就是平均主义思想的产生，这始于唐朝末年的黄巢大起义，发展于两宋，到明清时期达到顶峰。其体现就是“朝着封建生产关系的各个方面，发动了冲击”，具体表现为“反对封建土地所有制——封建生产关系的决定性环节；反对封建主义的分配关系，进行减租和抗租的斗争；反对封建主义的人身占有关系，要求人身解放”。[①]

郭沫若认为，在封建制度的上行阶段，农民起义都不曾提出过土地问题，他们都是“取而代之”主义者，是学“统治者的办法打统治者的。即是以其人之道还治其人之身。他们受着历史条件的限制，不能超出封建时代的意识”。到了封建制度的下行阶段，自北宋以后的情况就有所不同了。农民起义提出了“均贫富”、“均田”、“均产”等号召，而且有的还见诸实施。这在事实上是反映了农民的平均主义。中国历代的农民起义有它一定的历史发展过程，我们应该明确地掌握，然后才能

① 戎笙：《试论明代后期农民阶级斗争的性质和特点》，《历史研究》1958 年第 10 期。《新华月报》1961 年第 1 期转载，题目改为《论明清间农民阶级斗争的某些特点——兼论中国农民战争发展的阶段性》。

对历史事实和人物给予正确的评价。①

持这一观点的学者既不同意农民战争自始至终都不反对封建制度的看法，也不同意农民战争自始至终都反对封建制度的看法。戎笙认为，说农民起义自始至终不曾反对封建制度，显然是把农民起义是否曾经反对过封建制度和农民起义是否能够独立推翻封建制度两个问题混淆了，而且又没有提供任何史料作为依据，因而是难以令人信服的。戎笙进一步指出，无论在封建社会哪个时期的农民起义都要求推翻封建制度的说法，本身包含着这样的矛盾：当封建社会的早期，即封建生产关系还在起进步作用的时候，农民起义竟然要反对这种制度，那么在逻辑上不可避免地要得出这样的结论：封建社会早期的农民起义不是进步的而是反动的。戎笙认为“当封建主义生产方式处在自身发展的上升阶段时，生产关系与生产力虽然是有矛盾的，但就其主要方面来说，生产关系基本上适合于生产力的性质和水平，因而也就起着促进生产力发展的作用。所以当封建主义生产方式正在显示其优越性，或者说还没有充分暴露其腐朽性的时候，生活在这种生产方式下的农民，受着地主阶级残酷的政治压迫和经济剥削，虽然感到浑身都是痛苦，但觉察不出这种痛苦的病根何在。因此，农民起义的矛头还没有直接指向封建主义生产方式本身。封建社会早期的农民，曾和皇族、地主、官僚、贵族老爷进行了英勇的斗争，给当时的封建统治者以沉重的打击，迫使他们在不改变封建主义生产关系的情况下，在法律、税收、吏治等方面进行某些改革，以缓和这种矛盾。这种改革，在我们今天看起来，可以是说对于上层建筑、生产关系某些环节的调整。但是，这个时候的农民并没有直接地向封建主义生产方式进行斗争，也没有打中封建主义生产关系的决定性环节”。但是，随着封建主义生产方式的演进，地租形态由劳役向实物、货币形态的发展，人身依附关系的松弛，农民独立自主地经营自己经济的可能性的增长等等因素的成长，“于是在阶级斗争

---

① 郭沫若：《中国农民起义的历史发展过程》，《人民日报》，1959 年 5 月 16 日。

的旗帜上便鲜明地写下了要求平分土地、要求废除封建地租、要求自由平等、要求人身解放等等口号”。明清时期的农民反对封建制度的斗争就明显地表现为争取土地、减租抗租、要求人身解放。①

三、农民战争自始至终都反封建制度和地主阶级

持这一观点的学者最多。

侯外庐认为,“漫长的中世纪,充满着农民反抗压迫和贫困的斗争,贯穿着反对封建主义的阶级起义”。中国封建社会是个漫长的发展过程,分为不同的历史阶段,在不同的历史阶段,农民起义的纲领口号的内容和表现方式也各不相同,以唐朝中叶为界限,分为前后两大阶段。“一般说来,中国封建制社会的阶级斗争和对抗形式,在唐中叶以前和以后,有着鲜明的不同点。前一时期农民起义之后要在反徭役并争取人身权方面,因而其口号所包含的主要思想是一种狂暴式的‘财产共有’或‘共同劳动’的教义,后一时期的农民起义主要表现为分产均产方面,因而其口号所包含的思想主要是一种更现实的财产平均的教义,这种教义,特别是16世纪以后,如马克思所说‘是私有权的普遍化’。”前期农民起义的纲领口号的历史特点可以东汉末年的黄巾军的“太平”口号为代表。黄巾军以太平道为组织手段,其“太平”口号“即来自太平世的共有财产的幻想”。黄巾起义失败以后,太平道、五斗米道一直影响着农民起义,贯穿着魏晋南北朝。“在这一时期的农民战争中,农民争取生存权的同时,要求财产共有,要求撤除那些直接压在他们头上的官厅的特权,要求废除特权阶级的靡费;在争取人身权的同时要求人与人之间的平等,要求人人同等地劳动”。唐朝末年农民起义开始提出均平思想,到宋朝王小波、李顺起义提出均贫富、等贵贱,再

① 戎笙:《试论明代后期农民阶级斗争的性质和特点》,《历史研究》1958年第10期。

到明末李自成起义的均田、免粮，直到太平天国提出的《天朝田亩制度》，反映了农民对土地要求的具体化和农民“民主”要求的发展。①

白寿彝首先从封建社会生产力和生产关系的矛盾上说明农民战争反对封建制度的必然性。白寿彝指出，封建社会的生产关系包含着三个方面的内容：“封建的所有制、各阶级集团之间的关系，以及以此为基础的各阶级间的分配关系。封建的大土地独占跟农民个体生产的矛盾，地主阶级跟农民阶级的矛盾，以及由地主阶级的特权地位和农民的附庸身份而来的剥削跟被剥削、压迫跟被压迫的矛盾，也是从封建社会一开始就存在的，并不是封建社会出现了一千年或两千年以后才开始发生的。”“封建社会的生产关系跟生产力的矛盾，地主阶级跟农民阶级矛盾是对抗性的矛盾。这种对抗性的矛盾以及农民在这种矛盾中的地位决定了农民战争的性质必然是反对封建制度的，因为封建制度是矛盾的主要方面，是斗争的焦点。”尽管封建社会的生产关系和生产力也有相适应的一面，如在封建社会上升时期就有这种情况。“但是，封建社会生产力跟生产关系相适应的同时，就存在着它们之间的矛盾。并且它们的相适应的一面是相对的，它们矛盾的一面是绝对的，是无条件的。”针对封建社会上行阶段农民战争不反对封建制度的观点，白寿彝反问说，“如果认为封建社会初期农民战争不反对封建主义，岂不也是说矛盾在一开始是不存在的，而在一定阶段才出现了吗？”随后从农民的社会地位和农民战争的历史作用说明其反封建性质。即农民是被剥削被压迫阶级，他们是在走投无路的情况下才举行起义的，封建制度的剥削和压迫是农民走投无路的根本原因，农民战争的烽火之所以呈现燎原之势，是因为农民的走投无路不是个别现象，也不是某一个地区的现象，而是普遍的，共同的命运使农民作为阶级“起来跟地主阶级及其代表的封建制度拼命。如果农民不是作为一个被剥削被压迫阶级的出现，农民战争就不会起来了”。针对农民尽管是小私有者、阶级局限

① 侯外庐：《关于封建主义生产关系的一些普遍原理》，《新建设》1959 年第 4 期。

性决定农民不会反对封建制度的观点,白寿彝指出,农民小私有的阶级局限性是农民战争不能彻底取得胜利的原因,“但作为农民战争的革命动力来看,起义的农民决不是以小所有者的身份出现,而是以被剥削被压迫的阶级出现的。我们不能说农民战争是为了争取作为封建附庸的‘小所有者’,正如不能说他们是为了大同理想的乌托邦。如果说农民战争的目的,只是小所有者‘维持他们的小经济’,那就是说,农民只是在进行着要求‘维持’现状的斗争,而不是需要一个‘变更现状的革命’,只是‘小经济’对‘大经济’的斗争,而不是被剥削被压迫的阶级反抗剥削阶级压迫阶级的斗争了”。①

魏晨旭和陈慧生认为,研究农民战争必须运用阶级分析方法和历史主义的观点。否认中国历史上农民阶级具有反封建的要求,认为农民阶级只是反对封建统治而不反对封建制度,是低估了农民阶级的革命性。他们认为,农民阶级的革命性主要是指农民反对封建制度的斗争性。农民阶级对于地主阶级的政治压迫和经济剥削的对立是不可调和的,在两千多年的封建社会中充满了农民阶级反对地主阶级政治压迫和经济剥削的斗争。作为一个历史范畴的农民阶级天生地同地主阶级是对立的,是一个天然的反封建制度的阶级。但是,如果否认农民阶级的历史局限性也是不对的。②

何兹全则从政权和纲领两个方面主张农民战争反对封建制度。何兹全指出,在中国农民战争史上,有两种情况:一是农民战争要打倒地主阶级政权,建立自己的政权,二是农民起义时提出自己的纲领,要求推翻压迫农民的封建社会,建立一个理性的、对他们有利的无压迫、无剥削的社会,农民政权是为农民利益服务的,他们常常提出为自己利益服务的鲜明的口号,均贫富、不纳粮就是例子。农民要建立的理想社会则是集体的、公有的形式,带有公社的形式。由于历史条件的限制,农

---

① 白寿彝:《关于中国封建社会农民战争性质的商榷》,《历史研究》1961 年第 1 期。

② 《新建设》编辑部:《中国历史上农民战争的性质、作用和特点问题》,《新建设》1960 年第 12 期。

民所设想的社会不是新的生产关系，而是历史上有过的原始公社，但无论如何，农民提出了一个新图样，他们要用这个新图样来代替封建社会的旧图样，这就使农民战争有了鲜明的反封建性质。①

吕振羽认为，农民战争的全部过程都是反封建的，表现为反对各种特征和特权的封建剥削和压迫。在历次农民战争中，在一定条件下的社会矛盾突出某一方面，农民所提出的要求也突出相应的问题，只有对每一次农民战争及其历史条件作出具体分析，才能作出确切的结论。如果把有机构成的封建性的各种特征和特权加以割裂，抓住一点作为农民战争分期的标志是不恰当的。如农民对土地的要求，就不能认为秦汉及其前后的一定历史时期内农民完全没有土地要求。董仲舒、师丹等人提出的"限民名田"或者"限田"之类的主张，刘邦、刘秀等人实施的给予一部分人民田宅的改良政策，说明上述问题已经成为尖锐问题，所以不能设想当时农民战争没有土地要求，只是历史久远，资料缺乏而已。②

胡一雅、宋家钰认为，尽管农民是在被贪官污吏、黑暗的官府压迫剥削得走投无路的情况下而发动起义，但是不能据此得出农民起义只反对王朝和官府而不反对封建制度和地主阶级的结论。因为"王朝官府的压迫、奴役正是地主阶级压迫、奴役农民的集中表现；农民反抗王朝官府，也正是反抗地主阶级的压迫、奴役的集中表现"。在中国历史上，每一次农民起义前夕，总是土地兼并异常严重，官府和地主的剥削空前残酷，封建统治极为黑暗腐朽，农民阶级和地主阶级的矛盾大大激化。"因此，农民战争只能看做是封建制度的必然产物，是封建地主阶级对农民的惨酷剥削、压迫的结果"。从一种社会形态向另一种社会形态的过渡，固然是新生产力和旧的生产关系的矛盾以及表现这一矛盾的社会革命所推动，但是，"同一社会形态的发展，在阶级社会里，也是社会中生产力和生产关系的矛盾以及表现这个矛盾的阶级斗争所推

①② 《新建设》编辑部：《中国历史上农民战争的性质、作用和特点问题》，《新建设》1960 年第 12 期。

动的。在同一社会形态里，即使生产力和生产关基本上相适应，仍然存在着矛盾，只不过这种矛盾还处在量化阶段，还不能引出生产关系的根本变革。而在社会主义社会以前，一切阶级社会的生产力和生产关系的矛盾，都是对抗性矛盾，都只有经过阶级斗争、阶级革命才能解决。因此，阶级斗争的历史作用，就不仅突出表现在阶级社会的质变过程中促进社会形态的更替，而且也表现在同一社会形态的量变过程中起推动社会新陈代谢的动力作用。封建社会的发展也是如此。”在封建社会里，“生产关系即使在和生产力基本相适应的情况下，也有不相适应的某些环节和方面，随着生产力的发展，生产关系的某些方面也会落后于生产力。而且，生产方式的矛盾是对抗性的。这些不相适应的一些环节和方面的发展，必然引起对抗性矛盾的爆发。所以，一般说来，封建社会的农民战争虽然是在社会生产力还有发展余地的情况下爆发的，因此它不会引起生产关系的根本变革，但是，每次农民战争又都是在社会生产力的发展受到严重阻碍的情况下爆发的，只有农民的阶级斗争、农民的起义和农民战争才能克服这种严重的障碍，使社会生产力得以继续向前发展”。至于说中国“地主经济的地租制”决定了农民战争只能反对王朝官府，更是不能成立。因为封建的土地占有关系和封建小生产特点决定了农民和地主之间必然是直接的统治和服从的关系，并由此产生人身依附关系，“决定封建地租必然是剩余的强制劳动，尽管在封建地租的各种形态下，农民对地主的人身依附关系在程度和形式上是不同的，但封建地租是‘强制的剩余劳动’这个基本特点不会改变”。无数事实证明，中国封建社会农民所受到的统治和奴役，虽然在形式和程度上不像欧洲农奴所受到的那样野蛮，可是决谈不到什么“‘有了自由人的身份’”。封建官府对农民的榨取固然是用政治暴力、高压手段强制执行，地主对农民的剥削和压迫也是如此。封建王朝、官府是保护地主阶级的权力机关，地主阶级对农民的统治是通过王朝、官府来实现的，讨论地主阶级对农民的剥削压迫是不能将地主、王朝分开的。①

田昌五针对蔡美彪的“两种革命论”，认为说农民战争只是“反对地主贵族的黑暗势力的统治，封建王朝的腐朽统治”的农民革命，不是反对地主阶级和封建制度的社会革命的观点，是离开了封建社会生产关系和生产力的矛盾去找农民战争的原因。“把封建社会的主要矛盾归结为一部分‘无以求活’的想‘升官发财’、当地主、当官吏、当皇帝的农民和坏官吏、坏皇帝、坏王朝的矛盾。离开了农民阶级和地主阶级的矛盾去找农民反对王朝官府的缘由，从而抽掉了农民战争的阶级实质”。田昌五认为，在封建社会里地主对农民的剥削并不比封建官府“缓和”、“有限度”，农民也没有什么“身份性的自由”。王朝官府是封建经济基础派生的上层建筑，代表的是地主阶级的利益，“王朝官府对农民的剥削是封建剥削的一个组成部分，是迫使农民起义的一个因素，但不是基本的部分和唯一的因素。地主对农民的剥削才是封建剥削的基本构成部分，是迫使农民起义的主要因素。王朝官府对农民的剥削也是以地主对农民的剥削为基础并由后者派生的，目的在于支付地主阶级的国家经费，即他们的共同政治支出”。“农民战争是封建社会中生产关系和生产力的矛盾、经济基础和上层建筑的矛盾的集中表现，是阶级斗争的最高形式，它必然反抗整个地主阶级和整个封建制度，并把矛头指向王朝官府”。② 田昌五在《怎样分析中国历史上的农民战争》一文中对上述观点作了进一步的阐发，认为，农民确实没有对封建制度做过科学分析，也没有划分过阶级，这是农民的历史局限性所决定的认识问题，但是并不能据此认为农民虽然反对封建剥削和封建压迫而没有也不可能反对封建制度，农民反对地主而没有也不可能反对地主阶级。因为“在阶级社会中，每一个人都必然归属于一定的社会集团——阶级，这是不以人们的认识为转移的。”中国历史上每一次农民战

① 胡一雅、宋家钰：《中国历史上农民战争的性质问题》，《新建设》1962 年第 3 期。

② 田昌五：《是历史唯物论，还是经济宿命论？》，《光明日报》，1964 年 5 月 14 日。

争中,“农民反对的都是现实的、具体的、一个一个的地主,都是现实的、具体的、一件一件的封建剥削和压迫。农民军所到之处,地主或死或逃,再不然向农民军告饶。封建剥削和压迫一件一件地被冲垮。地主的威风扫地以尽,农民群众报了仇、雪了恨,扬眉吐气。这些现实的、具体的、一个一个的地主,现实的、具体的、一件一件的封建剥削和压迫,就构成了地主阶级和封建制度。反过来说,每一个地主都是地主阶级的一份子,都带有这个阶级的本性,每一样封建剥削和压迫都是封建制度的一部分”。所以,不能离开地主阶级来谈地主、离开封建制度来谈封建剥削压迫。田昌五说,在中国封建社会,封建政府对农民的剥削和地主对农民的剥削是分离的,有区别的。“前者表现为赋税、丁税、徭役和兵役,后者表现为地租、无偿劳役和贡纳,伴以商业剥削和高利贷剥削。但是,二者最后都要浇注到农民身上,都是农民的剩余劳动、乃至一部分必要劳动产品。地主阶级把从农民那里榨取来的东西,在其内部加以分配,就表现为两种不同的剥削形式。这两种剥削是二而一、一而二的,怎能说一个是‘无限的’、另一个是‘有限的’呢”。[①]

针对封建社会上行阶段农民战争不反对封建制度的观点,田昌五认为,“封建社会的生产力和生产关系,同任何一个剥削社会一样,总是处于经常的既相适应又不相适应的矛盾中,不可能有一个只相适应的上行阶段和完全不相适应的下行阶段。农民战争,不管发生在封建社会的什么阶段,都是那时的生产力和生产关系不相适应的表现”。“如果说,封建社会上行阶段的社会生产力和生产关系只有相适应的一面,或者说主要是适应的一面,那么,封建生产方式就不是以对抗为基础,阶级对抗就不存在,也就不会发生农民战争了”。[②] 田昌五分析说,封建社会的基本矛盾是生产力和生产关系的矛盾,这是人们都承认的事实,人们之所以主张农民战争不反对封建制度和地主阶级,是因为没有认识到封建社会的生产力和生产关系的矛盾性质是对抗性的;体

① 田昌五:《怎样分析中国历史上的农民战争》,《新建设》1964 年第 4 期。

② 田昌五:《中国古代农民革命史·后记》,上海人民出版社,1979 年。

现在人际关系上则是农民阶级和地主阶级的矛盾,封建制度是地主阶级剥削农民阶级的制度,农民反对封建剥削和压迫,自然是反对封建制度。判断农民战争是否具有反封建的性质,不能根据农民的主观意识。历史唯物主义"反对用一个时代的思想或思想家们的思想作为分析判断该时代的阶级斗争的标准","要知道,封建制度和地主阶级是社会的客观存在,不是由人们的主观认识所决定的。农民战争是不是反对地主阶级和封建制度,也不取决于他们的认识,用农民的认识判断农民战争的性质,即使对这种认识的分析是正确的,也会陷入历史唯心主义。因为,这样就不是社会存在决定社会意识,而是社会意识决定社会存在了"①。

林杰认为,封建制度主要是指以封建土地占有制为基础的等级特权制度;而封建政权,则是封建的经济制度的集中反映,是封建社会的上层建筑。革命的根本问题是政权问题。同封建政权战斗,也就是同封建制度战斗,说农民军反对封建政权不反对封建制度是把封建政权和封建制度割裂开来、对立起来。农民能否自觉地反对封建制度和地主阶级与农民是否反对封建制度和地主阶级是两个问题,前者是"起义农民对同地主斗争的认识程度问题",后者是起义农民"有没有同地主阶级和封建制度进行斗争问题",二者不能混淆。②

王思治、庞朴都从理论上批评两种革命论缺少依据。庞朴认为,在经典作家那里,"革命"和"社会革命"是同义语。马克思主义者的"革命"概念是有着专门的含义的,"只有那些有阶级对立引起的、破坏旧社会的、千百万人民的政治行动,马克思主义者才称之为革命;至于那些上层人物的政变、军阀集团的更替,即那些常被资产阶级历史学家誉为'革命'的政治活动,在唯物史观看来,是戴不上革命桂冠的。所以,马克思主义者所说的'革命',就是'社会革命'"。农民革命的任务是

① 田昌五:《关于农民战争研究中的几个理论问题》,《中国农民战争史研究论丛》第3辑。

② 林杰:《用什么观点和方法来研究农民战争》,《新建设》1964年第4期。

推翻封建制度而不是什么建立好王朝。① 王思治除了指出将革命划分为“农民革命”和“社会革命”缺少理论依据、违背经典作家观点以外，同时指出:封建社会的农民固然是小私有者，有着这样那样的局限性，他们革命的目的是为了得到土地，但是绝不能因此否定农民战争的反封建性质，因为农民的土地要求就是对封建制度的反抗，就是要通过革命手段实现贵贱平等、土地平均的理想;等贵贱、均贫富、均田等纲领正是对封建制度的否定。能否实现是一回事，是否提出要求并为之奋斗是另一回事，不能根据后者否定农民革命反封建的性质。② 王思治指出，农民由于其小私有者的经济地位，不可避免地存在不少弱点，诸如狭隘、自私、保守等等，“然而，农民由于被压迫被剥削，他们最根本的主导的一面是革命的一面，他们是无产阶级出现前最革命的阶级(当然，不是代表先进生产方式的阶级)”。如果说农民起义、农民战争的目的是为了升官发财、爬进统治阶级的行列、或者是为了当皇帝，“实质上把农民起义描写的是非不分，成为封建社会中一场争权夺利的混战”。③

漆侠认为，农民起义和农民战争是封建社会生产力和生产关系矛盾冲突的表现，农民反对地主的各种形式的斗争都是反封建的表现。在封建社会里农民没有或者占有很少的生产资料，处于被奴役、被剥削的屈辱地位。花样翻新、敲骨吸髓的封建剥削，不仅榨取了农民全部的剩余劳动，而且榨取农民的部分必要劳动，经济的和经济外的强制，使农民不是从属于地主阶级就是被束缚在土地上，为地主提供劳动力。代表封建生产关系的地主阶级占有绝大多数的生产资料，为了维护其既得利益，总是极力维护现状、阻碍经济关系的变革;国家政权就是地

① 庞朴:《试论农民战争的革命性质》,《文史哲》1964 年第 5 期。

② 王思治:《“两种革命论”是“无可非议”的吗——与吉敦谕同志商榷》,《哲学研究》1964 年第 6 期;《农民战争是封建社会生产关系和生产力矛盾的集中表现——再与主张“两种革命论”的同志商榷》,《哲学研究》1965 年第 3 期。

③ 王思治:《关于农民战争的性质问题——兼与孙祚民先生商榷》,《光明日报》,1960 年 11 月 10 日。

主阶级意志的体现、实现地主阶级意志的工具，从而造成了封建生产关不断落后于生产力的发展，从而引发农民起义和农民战争。“每当农民采用暴动的时候，总是地主阶级对农民进行经济剥削和政治压迫最为惨酷的时候”。所以，“无论农民起义和农民战争爆发在封建社会前期或后期，上行阶段或下行阶段，都具有反封建的性质；无论农民起义或农民战争提出或者没有提出反封建的口号，亦都具有反封建的性质；无论农民起义和农民战争打击的矛头指向皇帝、贵族、地主老爷等个别的人，或者指向封建国家、封建制度的某些环节，亦都具有反封建的性质”。当然，不能因此得出结论说封建生产关系就完全腐朽而对生产力不再发生任何积极作用，但是，“封建社会生产关系能够对生产力起着一定的积极作用，则是由于农民的革命斗争造成的”。① 而农民被奴役、被剥削的地位，在艰难困苦的生活面前，农民首先想到的不是如何变成地主，而是改变屈辱悲惨的生活，反抗和抵制封建剥削；而农民是小生产者和小私有者，有落后的一面，但是不能把这两重性平均对待，更不能把封建的落后性放在前面。“对于一个被剥削、被压迫的阶级来说，不是它的落后方面决定它的阶级面貌，而是它的先进的、革命的方面决定它的阶级面貌”。农民并不是以“封建的伦理、封建的思想”作为自己行动的指南，否则就会乖乖地服从地主阶级的统治剥削。农民在长期的反剥削反压迫的斗争实践中，逐步提炼出了自己的斗争口号和革命思想，这就是以“等贵贱，均贫富”为核心的思想体系，这是农民革命的民主主义思想，在农民起义和农民战争中起着主导的、决定性的作用。②

吴示模认为，不能将历史上不能实现的思想要求都看做是不可能也不会存在的，不能因为农民是自在的阶级、是分散的小私有者、无法理解本阶级利益的一致性，就不可能产生任何建立新制度的要求。农

---

① 漆侠：《关于中国农民战争的性质》，《光明日报》，1960 年 2 月 18 日。

② 漆侠：《农民是地主阶级的对立面，还是地主阶级的后备军——与蔡美彪、孙祚民同志商榷》，《哲学研究》1964 年第 3 期。

民被压迫被剥削的地位决定了他们是革命者而不是改良者。农民反对封建制度的要求体现在三个方面:第一,要求改变封建社会的根本制度——地主阶级的土地所有制,从“等贵贱,均贫富”到《天朝田亩制度》,体现了这一要求。第二,要求推翻封建社会的上层建筑——地主阶级的反动政权,农民起义、农民战争向封建政权展开进攻,是推翻封建政权的标志。第三,要求取消封建社会等级制度,历次农民起义提出的原始的平等思想,在当时来说是反对封建等级制度最革命的思想,不仅说明了农民要求取消封建等级制度,也说明了农民具有比较彻底的反对封建制度的革命性。经典作家关于农民种种历史局限性的描述,说明的是农民反对封建制度的自发性,不能用来说明农民没有同封建制度进行战斗、没有推翻封建制度建立新的社会制度的要求。①

韩国磐则采用叙述的方法说明农民战争反封建的性质。韩国磐认为,首先,农民起义口号本身大多数都提出了反对当时地主政权、推翻当时封建王朝的要求。尽管农民起义所建立的政权在形式上采取了封建政权的形式,但并不能将其所建立的政权看做是封建政权,否则,“如果说农民起义所要建立的政权仍然是封建政权,而所要推翻的当然是当时存在的某个封建王朝的政权,这样,用一个封建政权来代替另一个封建政权,那就成为封建政权间的相互厮杀,那就使黄巢起义和安禄山起兵夺权之间、邓茂七起义和宁王宸濠起兵之间没有本质的区别,哪里还有什么农民起义、农民反抗地主阶级的阶级斗争呢?”其次,农民起义口号绝大部分提出了反对封建徭役和赋税剥削的口号,赋役“是封建政府机器的经济基础,当然是封建制度的组成部分;农民起义反对这种残酷的赋役剥削,自然也就是反对封建制度”。其三,农民起义的口号,反映出反对封建统治中的各种制度的要求。“曾经提出了反对封建的等级制度、反对封建的残酷法律,反对封建的选举办法等为封建经济服务的上层建筑”。这在客观上就是反对封建制度。其四,

① 吴示模:《农民阶级是否没有推翻封建制度和建立新的社会制度的要求?》,《光明日报》,1960年3月3日。

反对封建官吏的贪残,反对地主过重的剥削。"封建统治阶级——地主、贵族和皇室强迫征收农民繁重的地租;封建官吏则是他们阶级利益的代理人,农民反对他们,就是反对残酷的封建剥削和政治压迫,就是反对封建制度,反对地主阶级"。其五,提出了均田均产的口号。随着封建社会的发展,农民起义的均田均产的内容越来越清楚,说明农民的认识越来越提高,说明农民起义自始至终都反对封建制度。①

辽宁大学历史系中国古代史中世纪史教研组认为,农民起义只反对封建专制政权而不反对封建制度的观点是错误的。因为:首先"应看到封建国家政权及其政治制度和农民战争的关系,决不能脱离决定农民起义、阶级关系的社会生产方式的性质,把封建政权和封建制度孤立起来。封建国家政权是封建经济基础的上层建筑,它是反映基础的,而且是为这个基础服务的,是积极维护与巩固封建制度的"。"反对封建政权实质上就是反对封建制度,因为政权是维护基础的,不摧毁政权,就无法改变和打击封建制度。中国历史上许多农民战争的矛头,都是指向封建国家,在形式上看来是只反对皇帝、官僚、地主阶级及其政权,实际上农民之所以要向他们进攻,就是因为它们是代表地主阶级利益的,代表封建制度的"。农民战争尽管没有能够改变封建制度,封建制度依然延续下来了,但是不能以此作为农民战争不反对封建制度的依据,否则就把"农民阶级反对封建制度、要求建立新的制度和农民不能推翻封建制度、建立新社会制度两个问题混淆起来了"。那种以在封建社会早期、封建生产关系还在起进步作用为理论依据,认为农民战争不反封建的观点,也是不成立的。因为"不能把农民起义的进步作用和反封建性质对立起来。农民起义只有在反封建的前提之下,才会起进步作用,不然的话农民起义的进步性表现在哪里呢?"其次,持这种看法者"把封建生产方式所固有的生产个体性质和大封建所有制之间的矛盾同生产关系和生产力不相适应的这两个问题混淆起来了"。

---

① 韩国磐:《中国历史上农民起义口号的反封建实质》,《历史教学》,1964年第7期。

因为“旧的生产关系和新生产力性质不相适应，和在一种生产方式内部的生产关系落后于生产力的发展，这是两件事，应当区别开来。旧的生产关系同新生产力性质的矛盾只有在一种社会形态向另一种社会形态转化的过程中才会存在。这种矛盾的解决，在阶级社会里，是要通过阶级斗争来达到的”。“至于一种生产方式内部生产关系落后于生产力的发展，这是一种生产方式所固有的矛盾，这个矛盾是由私有制所有的对抗性所决定，在一种社会形态里时常会出现，它的解决也是靠对立的阶级斗争来实现的。在封建社会里，在封建土地所有制下，地主阶级用超经济强制的办法，攫取农民的剩余劳动，当这种榨取妨碍了农民生产和再生产的可能性时，生产力的发展受到了阻碍，于是要求生产关系得到调整。但是地主阶级为了维护其既得利益，总是企图保持这种经济关系，这就产生了生产关系落后于生产力发展的矛盾，结果只有在农民起义的斗争下给地主阶级以打击，取得他们对农民阶级的让步，这种矛盾冲突才会暂时或局部地得到解决”。那种以封建社会前期农民起义没有提出土地问题为依据而否认封建社会前期农民战争不反对封建制度的看法也是不能成立的。因为“任何一种生产关系都包括生产资料所有制形式，生产中各阶级地位和关系及基于以上二者而产生的产品分配形式这三个部分。封建社会初期，封建生产关系在起进步作用时，农民没有认识到土地问题是这种不合理制度的核心，没有提出土地要求，但是从其斗争过程中看，他们却有要求，这就是反徭役，反封建依附关系，反奴役，反土地兼并，争生存权等。这些要求总的说来，都是反对当时农民所处的被奴役地位，反对当时土地不合理的占有关系以及不合理的分配关系”。这正是反封建、反封建制度的体现。①

谢天佑认为：“农民革命实践是反对封建制度的，由于农民没有科学的理论认识，不能科学理解自己的革命实践，这是很自然的。但是，绝不能因为革命农民不能理解自己的革命实践而否认农民革命的反封

① 崔春华执笔，辽宁大学历史系中国古代史中世纪史教研组：《中国农民战争的性质和特点》，《光明日报》，1960 年 4 月 14 日。

建性。客观存在是不以人的意志为转移的。”不理解的不等于不存在。讨论农民战争是否反封建问题关键不在于自发还是自觉，不存在自发革命就不反对封建制度的必然逻辑。一般寓于个别，无个别则无一般。封建制度寓于个别王朝之中，无个别王朝也就无一般的封建制度，农民战争反对个别王朝正体现了农民战争反对封建制度的性质。有的农民战争从反对个别官吏地主开始，但是个别地主、官吏不是孤立的存在，他们的利益与整个地主阶级、封建制度结成一体，农民起义、农民战争为整个地主阶级所不容。最先镇压农民起义的总是某一个地方政府的军队，而后才是几个地方政府的军队，最后是中央王朝直接派兵，农民起义规模逐步扩大，发展为农民战争。农民阶级在阶级本能上也不是将地主和官吏看成是个别的孤立的存在，所谓贫与富、贵与贱、天下乌鸦一般黑等等都是对地主阶级共性的认识；所谓“官官相护”就是对地主阶级利益一致性的认识。所以，无论是封建社会的上行阶段还是下行阶段，农民革命都是反对封建制度和地主阶级的。①

针对董楚平提出的农民起义是封建制度修理工的论点，段景轩批评说，董楚平看到的是封建制度的正当性、必然性，忽视了它的历史性、暂时性和被新制度代替的必然性；看不到封建制度的矛盾性和对抗性，而只有“美妙的协调”——两个阶级合作修理一部机器，那么，怎样理解经典作家关于农民战争是“反对这一制度”、“反对这个阶级”的国内战争的大量论断？怎样理解农民战争使封建制度“纲常法纪，扫地无余”，使地主阶级“凡有身家，莫不破碎”的大量事实？而且，革命与社会革命是不能截然分开的，将二者分开缺乏基本的理论依据。如果把农民战争和各种低级形式的反抗斗争相提并论，认为只有在这个意义上才能把它称为革命，这既降低了革命标准，又贬低了农民革命战争。至于把革命与改良相提并论，认为封建改良主义也是农民起义的思想武器之一，这种农民战争就的确不是革命了。如果仅仅为了对封建制

---

① 谢天佑：《论农民战争的自发性》，《中国农民战争史研究集刊》第1辑，上海人民出版社，1979年。

度进行这种改良、就能做到“局部修缮”，那么农民何必起义？①

白钢从理论上系统反驳董楚平的观点。白钢认为，董楚平把农民战争作为封建制度修理工，否定了农民阶级和地主阶级对立，否定了地主同农民的阶级斗争，将二者变成了同一战壕的战友，既违背历史事实，又违背了马克思主义的基本原理。因为“在封建社会里，农民阶级同地主阶级的矛盾，是最经常的、最基本的矛盾，社会生产力的发展，社会的进步，都是在这种矛盾斗争中实现的。因此，撇开农民所进行的阶级斗争，侈谈所谓封建社会生产力的发展，是不现实的”。把建立开明的封建王朝作为农民战争的最高任务，“实质上把农民反抗封建地主阶级剥削和压迫的斗争歪曲成为农民阶级与地主阶级争当开明帝王的斗争。旧王朝被推翻了，新王朝又建立了，历史就前进了”。同时将“‘和平安定的社会环境’的出现，归功于封建地主阶级的政治代表——封建帝王；把破坏这种所谓‘和平安定的社会环境’的罪责，推到农民战争头上，无疑颠倒了客观的历史关系”。将中国封建社会长期延续、资本主义经济因素生长缓慢的原因归结为农民战争过于频繁所造成的破坏性更是错误，仅仅根据“战争的破坏性”这个结果而不去辨别战争的原因、确定战争的正义性和非正义性而否定农民战争，违背了科学常识；中国封建社会长期延续的原因并不在于农民战争频繁，而在于由经济结构、政治制度所决定的封建社会的“顽固性”。白钢认为，董楚平对农民战争性质的认定和对平均主义的批判，是对1958年以后的共产风和“文革”以来阶级斗争为纲所造成的破坏作用的反思，转而批判农民战争和平均主义的破坏性，但是，犯了非历史主义的错误。②周良霄、张德信认为董楚平的“旧式农民战争的最高任务是推翻腐朽的旧王朝，建立开明的新王朝”是“令人难以索解的议论，农民战争在

① 段景轩：《关于农民战争规律若干问题的商榷》，《求是学刊》1982年第1期。

② 白钢：《当前农民战争史研究一种应予注意的倾向——评董楚平同志在农民战争问题上的基本观点》，《中国农民战争史研究集刊》第3辑，上海人民出版社，1983年。

本质上是反对封建制度，而新王朝的建立却是重建封建制度，这是性质完全相反的两回事。历史的限制决定了农民在反封建的殊死斗争中，虽然能够推倒旧王朝，但又不可能建立另一种新制度终于导致在新情况下封建制度的重建，使农民阶级又重陷于封建的桎梏之中。但是怎么能够说，农民战争反封建的任务就是在挣脱旧王朝的脚镣之后，而又争取带上新王朝（哪怕是比较‘开明’）的手铐呢？”①

关锋、林聿时认为，“追求和向往发家致富，使自己成为地主等等，这根本不是劳动农民的思想，尤其不是贫农的思想，而是富农的思想。无衣无食的贫苦农民，在饥饿线上挣扎，在他们谈不到追求和向往使自己成为地主。说到发家致富，在中农，也只是它的一个方面。至于使自己成为地主云云，也不是中农的思想，他们所追求向往的，是牢固地占有一小块土地，自己不剥削别人，也不受别人剥削，而靠自己的劳动发家致富。中农是私有者又是劳动者，应该对他进行两方面的分析。在封建制度遭到严重危机、爆发农民战争的时候，客观事实使他们向往用自己的劳动来发家致富的幻想破灭了”，他们才踊跃地参加农民革命战争。如果说农民所追求和向往的是发家致富、使自己成为地主，“那么，在新的历史条件下，农民也就不可能同无产阶级结成联盟、接受无产阶级的领导了”②。

谢天佑指出，农民战争讨论的许多争论都是因为对农民阶级性认识不同导致的。要正确认识农民阶级性，必须对农民阶级作阶层分析。农民阶级有劳动和私有两重性，不承认其劳动性就会混淆与剥削阶级的区别，不承认其私有性就会混淆与无产阶级的区别，“但是，应该在承认农民阶级两重性的同时，还应该区别两重性在农民阶级各个阶层中所表现的差异”。否则，就难以正确估计农民阶级性，“对农民阶级的革命性过分夸大固然不对，对农民阶级的落后性过分夸大就更不

① 周良霄、张德信：《关于农民战争任务和作用问题的商榷》，《历史研究》1980 年第 4 期。

② 关锋、林聿时：《在历史研究中运用阶级观点和历史主义问题》，《历史研究》1963 年第 6 期。

对”。作为小私有者的农民，是分为上、中、下三个阶层的，阶层不同，思想意识也不同。“上层有余钱剩米，发财的观念极重，当然倾向于封建地主阶级。平时追求和向往的是当官发财，切望爬进剥削阶级的圈子里去。在革命高涨时期，为潮流所迫，也只得附和革命，但是一有不利就退出，即使不退出，也是按照自己的愿望去要求革命。这种人掌握了领导革命的大权，最容易与封建地主阶级妥协，他们有自发的封建主义的倾向，把革命引向封建主义的道路，他自己可以直接的由农民起义领袖转变为封建皇帝”。中农是处于不受人剥削或者多少剥削一点别人的经济地位，他们自发地倾向于封建主义，想当官吏和地主，主要的不是反封建剥削的问题。贫农“在死亡线上挣扎，胸中燃烧着万丈的怒火，恨现实社会，恨地主，恨官吏，具有自发的革命斗争性，有与旧社会拼命的精神。一旦接受了革命的思想，他们就会奋不顾身地为革命而斗争。这种人本来就有自发的抵抗封建剥削阶级思想的本能，自发的倾向革命，因而受统治阶级统治思想的影响最少，即使受了影响也容易摆脱”。在中国封建社会，贫农是反封建势力的主力军，是封建地主阶级的死对头，所谓的“向上爬”思想不是贫苦大众的而是中农的。①

在农民起义是否反封建和对反封建内容的理解的争论中，主张农民起义和农民战争不反对封建制度的立论前提是农民是小私有者，小农的个体经济是封建专制制度的经济基础，所以农民不可能反对封建制度。邵达生认为，这个立论前提是错误的。邵达生指出，经济基础是与一定的物质生产力相适应的生产关系的总和，决定上层建筑性质的“是指一定社会占主导地位的生产关系内涵的三要素的总和”。封建生产关系各因素的核心是土地所有制形式，中国封建社会占主导地位的是地主土地所有制，地主制生产关系是封建社会占主导地位的生产关系。国家代表的是经济上处于优势的阶级利益，封建政权代表的就是地主阶级利益。而小农经济曾经存在于不同的社会形态，在奴隶社

① 谢天佑：《对历史上农民阶级必须做阶层分析》，《学术月刊》1964 年第 1 期。

会和资本主义社会的某个历史阶段还占有优势，中华人民共和国成立以后所进行的土地改革就是发展小农经济，可是其上层建筑各不相同，所以不能从形式逻辑上把经典作家在特定条件下的论断当作普遍的理论依据。在封建经济结构中，农民个体经济分为自耕农经济和地主土地所有制下的佃农经济，他们是封建政权剥削的基础或曰剥削对象。剥削基础或剥削对象和经济基础是性质不同的两个概念，不可混淆。"个体小农经济既是封建专制制度的剥削基础，那么农民阶级是封建制度最深、最直接的受害者。个体经济在封建经济结构中的受压抑、受摧残的地位决定了农民阶级势必客观地具有反封建的性质。说农民拥护封建专制主义，如同说工人拥护资本主义一样，是不可思议的。"①

四、农民战争的自发性与自觉性问题

农民起义和农民战争的自发性和自觉性问题，也就是农民是否将自身和地主作为一个阶级看待，是否认识到自身受压迫的根源是代表地主阶级利益的封建制度。这是认识农民起义性质的前提。对这个问题的讨论源于对经典作家关于农民阶级属性的理解，即农民是小私有者，不代表先进的生产力和生产关系，农民起义和农民战争没有先进的政党的领导，结局不是被镇压就是被利用做改朝换代的工具。在具体研究中如何理解经典作家的论断，认识农民阶级的落后性和农民战争的推动历史前进的作用，将二者统一起来，就引发了农民战争的自发性和自觉性的争论。概括说来，大多数学者都承认农民战争是自发的革命行为，但是，这种自发性中有没有自觉性因素，在漫长的封建社会农民革命是否自始至终都没有自觉性，如果没有的话，又如何解释封建社会农民起义和农民战争的不同时期的历史特点？对这些问题的不同回答，就引起了农民战争自觉性与自发性的争论。

---

① 邵达生：《是经济基础，还是剥削基础》，《中国农民战争史研究集刊》第3辑，上海人民出版社，1983年。

翦伯赞认为，“农民反对封建压迫、剥削，但没有、也不可能把封建当做一个制度来反对。农民反对地主，但没有、也不可能把地主当做一个阶级来反对。农民反对皇帝，但没有、也不可能把皇权当做一个主义来反对”，暗含了农民起义和农民战争都是自发性的论断在内。[①] 蔡美彪根据马克思的《路易·波拿巴的雾月十八日》中关于法国农民特点的论述，认为中国农民和法国农民特点差不多，“除了小私有者的特点，还有小生产者这个重要特点。正是这个特点使他们的政治眼光不能不受到限制，使他们的活动往往局限于狭隘的利益范围，而不能产生出如同无产阶级那样的阶级觉悟，达到阶级的团结。从而他们也就不能了解贫困与饥饿的根源来自于历史产生的社会制度”。“起义农民反抗地主阶级的封建剥削和压迫，却不能自觉到作为一种制度来反抗，作为整个的地主阶级来反抗。或者，从另一方面说，起义者并不会自觉到他们的斗争是为了农民阶级的整个阶级利益”。[②] 孙祚民认为，“当一个阶级还处在自在的阶段时，他所进行的社会政治斗争，只能是自发性的。其具体表现就是还只能限于从感性上认识其所处社会各个现象的片面及其外部联系，没有，而且也不可能了解到其本身作为一个阶级，以及其阶级本身的利益与其他阶级和整个社会制度的关系。与此相反，当一个阶级已处在自为的阶段，它所进行的社会政治斗争，便成为自觉性的了。其具体表现就是它能够理解社会制度的本质，能够理解社会阶级的剥削关系，能够理解本阶级的历史任务了。而要达到这一点，有一个不可缺少的前提，那就是不仅要有长期斗争的经验，而且还要有马克思主义理论的教育”。“自发与自觉，是一个阶级在对社会经济、政治现象认识上的两个性质绝然不同的阶段；从自发到自觉，正是这个阶级从‘自在’飞跃到‘自为’的标志”，是“认识从‘必然王国’到‘自由王国’的飞跃”。如果认为农民战争“可能具备自觉性”，就

---

① 翦伯赞：《对处理若干历史问题的初步意见》，《光明日报》，1961年12月22日。

② 蔡美彪：《对中国农民战争史讨论中几个问题的商榷》，《历史研究》1960年第4期。

“是脱离历史、阶级条件的说法”。“自发性一般来说尽管属于认识的低级阶段，然而它并不排斥一定程度的觉悟性以及这种觉悟性的不断增长。”针对宁可对蔡美彪的批评（详下），孙祚民特别指出了“觉悟性是区别于自觉性的”，“主张单纯农民战争自始至终都是自发的，所否定的只是自觉性，而并没有任何否定‘觉悟性’的意思”。①

白寿彝认为，“如果有目的有计划的行动就可以说是自觉的，那么，某些农民战争是已经具备了这样的条件的。如果说，能看到历史的必然前途能掌握革命的命运才算是自觉的，这在中世纪是不能出现的”。按照毛泽东在《实践论》中对无产阶级从自在到自为的论述，去衡量农民阶级的自发性和自觉性，封建社会农民阶级是没有这个自觉性的。② 谢天佑认为，任何一种革命都包含着自发性与自觉性这一对矛盾，偶发性与自觉性相互依存互为条件，没有一种革命只有自发性没有自觉性，或者只有自觉性没有自发性。不同的是何者占主导地位。在科学世界观马克思主义指导下的无产阶级革命，从总体上说是自觉的革命。封建社会的农民战争，相对马克思列宁主义指导下的无产阶级革命而言，则是自发的革命。③ 何竹淇认为，区分农民战争自觉性与自发性的主要标准是看农民起义军有没有提出土地要求、是否触及封建土地所有制问题。按照这个标准，中国封建社会农民战争在宋朝以前是自发的，宋朝以后是自觉的。④

宁可认为，封建社会农民战争在总体上是自发的革命斗争，但是，“这并不等于说农民自发的斗争中不存在某种程度的觉悟性，也不等于说两千年间农民斗争的觉悟程度没有任何增长”。“农民长期面对

---

① 孙祚民：《有关中国古代农民战争自发性与自觉性的几个问题》，《江海学刊》1963 年第 11 期；《关于中国农民战争研究中几个问题的意见分歧》，《文史哲》1979 年第 1 期。

② 白寿彝：《关于中国封建社会农民政权性质的商榷》，《历史研究》1961 年第 1 期。

③ 谢天佑：《论农民战争的自发性》，《中国农民战争史研究集刊》第 1 辑，上海人民出版社 1979 年。

④ 《光明日报》，1961 年 12 月 31 日，《学术简报》。

着自己悲惨的生活与地主阶级的惨酷剥削压迫,必然对封建制度和自己的命运产生一定的认识(尽管是模糊的、表面的甚至是歪曲的认识),产生自己的阶级认识。这一方面表现为对地主阶级与封建制度的憎恨,另一方面表现为对自己的解放与对美好生活的渴望。农民由此而产生强烈的革命要求,并从他们的阶级地位和历史地位出发行形成朴素的平等思想"。宁可认为,农民战争在总体上虽然没有超越自发性的范围,但是必须看到在当时的历史条件下,农民的思想觉悟在斗争中逐步增长,终究是十分可贵的。研究封建社会农民战争更应该注意农民战争的这个方面,才能解释农民在新民主主义革命斗争中接受马克思主义教育的历史基础,否则,一味强调农民战争的自发性,实际上是"脱离了当时的具体历史条件,用今天无产阶级的觉悟水平去苛求封建社会的农民,从而片面夸大农民革命的自发性,甚至否认农民有任何革命思想与阶级觉悟,以致混淆了农民与地主的阶级界限"。不免走到另一个极端,成为另一种非历史主义观点。①

肖振常认为,自发与自觉是对立统一的关系,从不同方面说明人的活动对客观世界认识和改造的程度,存在于人们所有活动之中和所有的社会形态。"社会实践是认识的基础和发展源泉。因此每一个阶级在其社会实践所能达到的范围内,都会产生对社会现象的认识,根据这个认识提出一定的纲领、计划和目的,并为他们的实现而进行斗争。这不论哪一个阶级的,都是自觉的活动。"但是,任何一个阶级对社会的认识都是相对的,自觉性中包含着一定的自发性,"这就是说,自发性与自觉性是人们或一个阶级和客观世界所结成的关系的两个方面,这是不能分割的"。经典作家所说的"自在的"阶级和"自为的"阶级是针对无产阶级觉悟程度而言的,绝不能泛化,不能主观地应用到别的阶级身上。更不能把自觉性看做是对社会本质有了理性认识和接受马克思主义教育以后的结果,否则的话,资产阶级革命是自发还是自觉?正因为自发性与自觉性是对立统一的关系,在人类历史上,不存在只有自发

① 宁可:《中国农民战争的自发性和觉悟性问题》,《红旗》1962年第7期。

性没有自觉性、或者只有自觉性没有自发性的阶级或阶级活动，自发性和自觉性根本不存在绝然的鸿沟。农民阶级、资产阶级、无产阶级都有过由自发到自觉的飞跃，只有无产阶级的这个飞跃才能称之为由自在到自为的飞跃，其他阶级都不适用。在经典作家那里，觉悟性和自觉性的含义是相同的。①

吴传启认为："作为科学的、自觉的革命意识，是在马克思主义产生以后、而且只有无产阶级和站稳无产阶级立场代表无产阶级利益的人才可能有的。马克思主义的这种自觉的革命意识，是一种科学的意识，是对于社会发展规律的科学的反映。"在无产阶级和社会主义革命以前，所有历史上的革命都是自发的过程，所有那些阶级的意识都是自发的意识，难道说，只有有了马克思主义的自觉认识以后才能同封建制度进行战斗吗？如资产阶级革命也是一个自发的过程，以所谓的自由、平等、博爱和封建特权相对抗。按照孙祚民、蔡美彪的逻辑，必然要引出如下结果："或者是把资产阶级反对封建制度的认识同马克思主义对封建制度的认识混为一谈；或者是认为资产阶级也没有同封建制度进行战斗，也是以封建的纲纪、伦理、思想等等作为自己行动的指南。不是前者就是后者，二者必居其一。"②

五、结束语

综上所述，对农民战争性质的认识主要有三种观点。一是认为农民战争不反对封建制度，其理论依据是，封建社会的农民阶级是自在的阶级，根本意识不到自己被压迫被剥削的阶级根源和制度根源，更不知道掌握自己的命运，总是把自己的幸福寄托在清官明君身上，因此既不存在反对封建制度的认识基础，也不存在反封建的历史基础。二是与

① 肖振常：《也谈中国古代农民战争的自发性与自觉性问题》，《史学月刊》1964年第6期。

② 吴传启：《不能把农民战争说成封建地主阶级"政策的继续"——与孙祚民、蔡美彪同志商榷》，《光明日报》，1964年4月3日。

上述看法相反，认为封建制度的本质特征是封建剥削和封建压迫，赋税徭役是封建剥削的基本内容，其基础是封建的人身控制和封建土地所有制，农民起义和农民战争反对赋税徭役，争取人身自由，均分地主官僚的土地财产，摧毁代表地主阶级利益的国家机器，当然是反对封建制度。三是折中的意见，认为封建社会上行阶段不反封建，下行阶段反封建，因为在封建社会上行阶段，上层建筑和生产关系是适应经济基础和生产力发展的，到了封建社会下行阶段，上层建筑和生产关系成为经济基础和生产力发展的桎梏，农民战争就将斗争的矛头指向了封建制度，以解放生产力。

上述三种观点，看上去泾渭分明，而在方法论上则有着共同的缺点，这就是把历史研究现代化、政治化、革命化，不是按历史发生的顺序考察分析农民起义和农民战争的原因和历史目的，而是从是否反封建的层面考察农民战争的性质。从世界史范围看，反封建是资产阶级民主革命的任务，在中国则是由中国共产党领导的新民主主义革命来担当的。地主和农民是封建社会两个基本阶段，相互对立而又互为存在条件，共同点都是私有者，构成了封建社会阶级关系的双翼，无论是说农民反对封建制度还是说地主反对封建制度都是违背历史逻辑的。同样道理，笼统地说农民起义和农民战争不反对封建制度甚至是维护封建制度，在逻辑上也是不能成立的。因为反对封建制度、维护封建制度，都是以对封建制度的自觉认识为前提的。农民阶级既然是自在的阶级，意识不到自己受压迫受剥削的制度和阶级根源，当然谈不上反对和维护封建制度和地主阶级问题。但是，主观上是否意识到、是否反对是一回事，客观上是否打击封建制度、是否打击地主阶级又是一回事。历史是常常使人走错房间的，农民不是天生的好战分子，更不是战争狂人，农民是在走投无路、死中求生的情况下才走上暴动之路的，是为了活命，为了争得基本的生存条件，而农民基本的生存条件是因为封建制度的剥削压迫而丧失的，农民反对压迫与剥削自然要触及现实制度，不仅仅是反对个别的贪官污吏。所以，尽管农民主观上并没有反封建制度的自觉，但在客观上是起到了反对封建制度的作用的，封建社会各项制度的变迁、生产资料占有形式的变化、剥削方式的改变，与农民起义和农民战争都有着直接的或间接的联系。夸大农民反封建的意义固然有违科学，否认农民起义对封建制度的打击同样违背了科学原则。至于农民战争在封建社会上行阶段不反封建、下行阶段反封建的看法，是按照五种生产方式下的封建社会形态（其他社会形态也是如此）有一个发生、发展、衰亡的历史过程所进行的逻辑推论而已。

无论分歧如何，上述各派的共同目的都是为了说明中国共产党领导的新民主主义革命的正义性和胜利的历史必然性。众所周知，进入近代社会以后，封建主义、帝国主义、官僚资本主义是压在中国人民身上的三座大山，中国共产党领导的新民主主义革命的目的就是推翻这三座大山。中国共产党领导的新民主主义革命走的是农村包围城市的道路，依靠的是广大农民的力量；中国共产党运用马克思主义、毛泽东思想，克服了农民阶级的历史局限性，最终推翻三座大山的压迫，取得新民主主义革命的胜利。新民主主义革命是中国共产党领导的，以马克思主义、毛泽东思想指导的新式农民战争，而新式农民战争是传统农民战争的发展，新式农民战争的任务是推翻三座大山，那么长期处于封建主义压迫下的农民所举行的一切反抗斗争，自然也是反封建的革命斗争，中国共产党领导的新民主主义革命的胜利，使农民阶级千百年来摆脱封建剥削和封建压迫的理想变成了现实，这是历史规律使然。

按照经典作家的理论，千百年来农民阶级反对封建压迫、封建剥削的斗争都没有成功的原因是农民的阶级局限和历史局限所决定的。农民的阶级局限性是指农民的私有性，农民不是先进生产力的代表，无法突破封建的藩篱；其历史局限性则是因为没有先进的阶级、先进的理论、先进的政党领导，农民自己无法意识到生产资料私有制才是自己受苦受难的根本原因，也就无法脱离被剥削被压迫的苦海。只有在无产阶级及其政党的领导下，消灭生产资料私有制才能彻底摆脱封建剥削和压迫。农民本身又是小私有者，这就要教育和改造农民，把农民由小私有者变成无产阶级的组成部分。这个理论是为现实革命服务的，其目的是说明无产阶级革命的正确性。如果以此作为评价古代农民起义和农民战争的理论前提，距离历史真相只会渐行渐远。因为既然历史上不存在先进的阶级和政党，就不能用先进的阶级和政党及其理论之有无说明农民阶级的历史局限和阶级局限，也不能据以说明农民起义性质及其成败得失。

然而，在农民战争性质讨论中，学者们大都没有从学理上分析所谓农民阶级局限性和历史局限性的科学性，而是直接用做研究的指导。强调农民阶级的自私与落后者，目的是说明改造农民私有性的必要和正确，说明社会主义公有制的科学性和优越性。强调农民反封建者，旨在说明在农民阶级中蕴藏着巨大的革命性，在党的领导下，就能克服自身弱点，以冲天干劲建设社会主义新中国，这是历史的必然。显然，只强调农民阶级的革命性，忽视农民自身的弱点固然不对，但是，以经典作家论述为依据，一味强调农民阶级的落后性，说农民是落后生产力的代表，距离学术研究更远，完全是以经典作家论述为前提的形式逻辑的推论。因为一味强调农民的落后，说农民不能代表自己，一定要高高在上的专制君主来代表他们，而无视农民落后的原因，更不考虑所谓的农民的落后性与中国历史实际是否符合，就将农民定为落后愚昧的阶级，等于说农民的任何反抗和不满都是对历史发展的反动，都是用落后反对先进，这在逻辑上是错误的，更不符合中国历史实际，不能不说是对农民的偏见。

第三章　农民政权的性质问题

列宁曾经指出:“一切革命的根本问题是国家政权问题。”①农民起义是中国封建社会阶级斗争的最高形式,“都是农民的革命战争”,其核心当然是国家政权问题。而这个问题和农民起义的性质密不可分。在历次农民起义过程中,无一例外地有其相应的组织,以领导、指挥起义军的军事活动、政治活动、经济活动,和封建官府、王朝相对抗,并且随着起义规模的扩大、农民战争的发展,其组织形式、权力运作发生相应的变化而走向系统化。新中国成立以后,史学工作者都把历史上农民战争中建立的这些政治组织或者军事组织称之为农民政权,认为这些农民政权的阶级属性和当时并存的封建官府、王朝有着本质的差别。至于这些差别何以成立、有哪些差别,均没有深入论述。这似乎是一个不成其为问题的问题——农民起义反对封建统治和地主阶级的剥削,其建立的组织当然是反封建的农民政权。而“反封建”是一个比较模糊的概念,内涵和外延都有一定的不确定性,反对地主和反对地主阶级、反对某一个王朝或某一个皇帝、反对某一个贪官污吏或者封建政府的某一项政策、反对封建的政治经济制度等,都可以笼统地称为反封建。然而,反对贪官污吏、反对某一个王朝,和反对封建制度,彼此之间不仅存在着量的不同,而且存在着质的差异,农民战争性质的争论因此

① 列宁:《论两个政权》,《列宁全集》第 29 卷,第 2 版,人民出版社,1985 年,第 131 页。

而起,对农民政权的认识也就必然地产生分歧。

1953年,赵俪生在山东大学历史系首先开设中国农民战争史课程,按照毛泽东的《中国革命和中国共产党》提出的观点以及马克思、恩格斯、列宁、斯大林的相关论述为指导,首次对中国农民战争史做出系统的讲授,首先要对理论问题作出具体说明,农民政权的性质就要明晰化。赵俪生认为:"农民不是新生产方式的代表者,农民自己不能改变封建的经济关系——我们就绝对不能承认所谓'农民政权'只是采用了地主阶级政权的组织形式。我们应该承认,任何所谓'农民政权',就其本质说,无论如何也摆脱不开封建政权这一总的范畴的。"① 赵俪生这一观点的理论前提是农民不是先进生产力和先进生产关系的代表,身处封建社会被压迫被剥削的地位,发动起义所建立的政权,无论是指导思想还是组织形式都只能仿照地主阶级。1955年,孙祚民在《关于"农民政权"问题》一文进一步提出,"农民起义和农民战争不可能组织农民政权",历史上起义军所建立的"农民政权"尽管有时候推翻了某些封建王朝,但也是封建政权,而不是什么农民政权。② 1958年,章彬在和孙祚民讨论过程中认为,农民战争所建立的不是封建政权,因为农民就不能建立自己的阶级政权,他们在战争中建立的政治组织只是一种"为战争服务的组织机构"。③ 1959年,李天佑在《中国农民战争的特点问题》中认为,"中国农民在革命斗争过程中,依照自己的理想和愿望建立起革命政权,以和地主阶级的封建政权直接对立起来,作为鼓舞和组织农民进行斗争的工具,作为保卫革命胜利果实和镇压反革命的工具。这些,一方面说明了中国人民伟大的革命创造性,另一方面也说明了中国人民革命斗争的无比英勇和坚决"。"农民革命

① 赵俪生:《中国农民战争史讲义》第一章第二节《与研究农民战争有关的两个理论问题》,山东大学历史系讲义。

② 孙祚民:《关于"农民政权"问题》,原刊于《新史学通讯》1955年第8期。修改后收入氏著《中国农民战争问题探索》,新知识出版社,1956年。

③ 章彬:《对〈中国农民战争问题探索〉一书的几点意见》,《光明日报》,1958年3月17日;《黄巢、李自成"政权"是封建政权吗》,《光明日报》,1958年6月23日。

政权的建立,更使我们深刻地认识到:中国农民的阶级斗争不只善于运用武装斗争这一高级形式,沉重地打击封建统治阶级,而且更主要的是要推翻封建统治,要建立维护自己利益、镇压压迫者和剥削者的革命政权。这种政权实质上绝不同于封建政权。它集中地体现了农民的创造性理想,对于分化敌人、鼓舞士气、团结广大群众、镇压反动阶级……都起了极其重要的作用。它成为世界农民战争史上一种光辉的存在"。[①]

1960 年 1 月,天津师范大学历史系举行首届学术讨论会,专题讨论农民战争问题,出席会议的除了天津师范大学历史系相关教师以外,还有南开大学、北京师范大学等单位的部分学者,会上漆侠宣读了《中国农民战争发展规律的问题》的论文草稿,也认为农民战争不能建立自己的政权,起义者所建立的机构如太平天国只是一种斗争形式。此论一出,立即成为会议讨论的焦点。段景轩、薄恒秀认为,在中国农民战争中,农民不但能够而且已经建立过短期的农民革命政权,太平天国就是农民革命政权。[②] 随后,宁可发表《中国农民战争史上的农民政权问题》、《有关中国历史上农民政权的几个问题》,系统论述了农民战争可以建立自己的政权的观点。[③] 讨论在史学界全面展开。1966 年下半年以后因为"文革"的全面开展,讨论中断。"文革"结束以后,讨论继续进行,讨论各方的观点和论据基本上是"文革"前的继续,并没有取得一致意见,随着农民战争研究的趋冷,而不了了之。

关于农民政权的性质的讨论,集中在两个方面:一是封建社会的农民起义能否建立自己的政权?二是起义农民建立的政权的性质是什么?综述如下。

---

① 李天佑:《中国农民战争的特点问题——兼评赵俪生的一些荒谬观点》,《山东师范学院学报》1959 年第 5 期。

② 《关于中国农民战争发展规律问题的一场热烈争论》,《历史研究》1960 年第 1、2 期合刊。

③ 分别见《新建设》1960 年第 10、11 期合刊,《文汇报》,1960 年 12 月 27 日。

一、农民起义只能建立封建性政权

这一观点,赵俪生首开其端,认为“任何所谓‘农民政权’,就其本质说,无论如何也摆脱不开封建政权这一总的范畴的”。孙祚民在《关于“农民政权”问题》对赵俪生的观点展开论证。孙祚民认为,由于农民阶级的历史落后性,即使在起义过程中建立过短期的政权,如黄巢、李自成“以及封建社会历史上所有农民领袖在起义过程中所建立起来的短期性政权,显然都没有、也不可能变广大农民为统治阶级,即没有,也不可能使广大农民在经济、政治上获得解放”。把这些短期政权称之为“农民政权”当然是不恰当的。当然,这些农民起义领袖所建立的“短期政权”与腐朽的旧政权还是有区别的,“由于农民是劳动阶级,平日参加生产劳动,生活艰苦朴素,更多地知道人民的痛苦,所以‘新政权’往往能保持役轻赋薄,就是说,‘新政权’的性质,基本上还是封建的政治,能够更大程度地满足农民的要求,这便具有了鲜明的‘人民性’。但不论怎样,他们(引者按:指在农民起义过程中建立短期政权的农民起义的领袖们)在农民的心目中和事实上,只能是好皇帝,而不能是别的。就是说,‘新政权’的性质,基本上还是封建的、专制的,它与‘旧政权’之间,只是存在着差别,而没有实质上的不同”。孙祚民以李自成的大顺政权为例,从政权的组织形式、政权成员的阶级阶层分析、政权的政治经济纲领及其实施情况三个方面进行分析以后,得出结论:大顺政权的性质只能是封建的,而不是所谓“农民阶级专政”的“农民政权”。因为其组织形式是封建王朝的翻版;其中央和地方的权力掌握在封建士大夫手中;其经济政治纲领对明王朝的揭露和批判仅仅是明王朝的黑暗腐朽而不是皇权制度,仅仅是对封建政治的刷新而不是封建生产关系的变革;其具体的政治经济措施的实施仅仅减轻农民负担而不是根本改变农民的经济政治地位。从此出发,孙祚民进一步论定:中国历史上所有单纯农民起义的战争所建成的短期政权和李自成的大顺政权一样，其性质也基本上是封建的。①。翦伯赞简明扼要而旗帜鲜明地支持这一观点，认为："农民能够建立自己的政权，这是不成问题的，问题在于这种政权的性质。在我看来，在同样的封建经济基础之上，不可能建立两种性质不同的政权。农民建立的政权，只能是封建性的政权。"②

蔡美彪则进一步展开论证。蔡美彪认为，经济基础决定上层建筑，国家从来都是那些最强大的经济上居于统治地位的阶级的国家。在封建社会里，农民不是经济上居于统治地位的阶级而是被剥削阶级，是不可能建立自己的政权的。在主观上，农民阶级不是自觉的阶级，不会产生出建立阶级政权的愿望。中国封建社会确实存在过起义农民建立的"政权"，但是，这些"农民政权"控制地区有限，仅仅局限于某一个地区。即使在农民政权控制的"一定地区"内，"也从来没有实现过农民阶级对地主阶级的专政。地主阶级依然是剥削阶级，农民阶级依然是被剥削阶级。这也就是说，社会经济关系依然是封建的经济关系。起义领袖们称帝称王，设官分职，封建的政治制度也重建了起来"。这些政权不是农民阶级建立的本阶级的政权，而是起义领袖、起义英雄们建立的封建性政权。即使在农民战争胜利发展的年代里，起义农民领袖所追求向往的，就是推翻旧的腐朽的旧王朝，推翻地主贵族的黑暗势力，而由自己去充当好皇帝、建立好皇朝、实行好政治。每次较大的农民起义的领袖们总是使用从三老直到将军、王侯、皇帝的称号，或者径直提出建立新王朝代替旧王朝的战斗目标。而起义群众也完全拥护领袖们的这些称号、这些目标。因为他们所要争取的就只是一些较好的官吏、较好的皇帝、较好的王朝。也就是说，农民领袖只能依样画葫芦，

---

① 孙祚民：《关于"农民政权"问题》，原刊于《新史学通讯》1955 年第 8 期，见氏著《中国农民战争问题探索》，新知识出版社，1956 年；《试论李自成大顺政权的性质——再论关于"农民政权"问题》，《新建设》1962 年第 3 期。以上两文均收入氏著《中国农民战争史论丛》，人民出版社，1982 年。

② 翦伯赞：《对处理若干历史问题的初步意见》，《光明日报》，1961 年 12 月 22 日。

从思想到实践都只能仿照封建王朝建立政权,其性质只能是封建政权。针对历史上短期存在的农民政权的作用,蔡美彪也作了分析,主要是为农民起义明确了斗争目标,加强了农民军的领导,成为各地农民军的核心,在其统治区内建立一定的社会秩序,采取有利于生产发展的新措施,变原来的“杀人劫财”为“秋毫无犯”,有利于分化瓦解敌人,有利于农民军的胜利前进。但是,这个过程也是不自觉地走向重建封建经济关系的过程。“称帝称王,设官分职,任用旧官员,采用旧体制,又逐渐走向承袭封建的政治制度。这样,这些政权及其制度的建立,一方面推动着农民革命战争的胜利发展,另一方面也就预示着它如果不是被消灭,便只能逐步转化为封建王朝。”①

“文革”结束以后,孙祚民对原来的观点做了进一步的论证。孙祚民认为,政权是阶级专政的工具,说封建政权是封建地主阶级专政的政权,是因为在这个政权之下,即整个地主阶级,都在经济上和政治上居于统治地位;所有的农民,即整个农民阶级,在经济上和政治上都居于被统治地位。“判断封建社会某一个政权的性质,就只能根据整个地主阶级和整个农民阶级的经济、政治地位,而不是仅仅去考察几个剥削者和被剥削者少数的人。农民起义和农民战争中建成的政权,尽管其中不少政权的领袖大都出身于劳动者,掌握着革命的领导权,甚至主观上他们也想拯救劳动人民于水深火热”,但仍不能据此认定这些政权是农民政权。因为,这些农民领袖的立场是会转变的;即使没有转变也仅仅是农民领袖掌权,这和农民阶级专政是两回事。“因为,在那些农民领袖掌权的所谓农民政权里,虽然表面看来,是由农民领袖掌握着革命领导权,但实际上国家管理工作,往往是掌握在一支庞大的封建官僚、地主分子队伍里”。无论是李自成的大顺政权,还是洪秀全的太平天国,无论是从他们的政权组织形式、各级政权官员的阶级成分包括基层乡官的构成、采取的经济政策,都是封建政权,表明他们都完成了向

① 蔡美彪:《对中国农民战争史讨论中几个问题的商榷》,《历史研究》1961年第4期。《再谈中国农民战争史的几个问题》,《新建设》1962年第11期。

封建政权的转化。在组织形式上照搬封建王朝,各级官员来自地主阶级,照常征收租税,继续封建等级制度,无论在政体还是国体以及土地政策等方面,都说明大顺政权、太平天国按照历史规律完成了向封建政权的转化。通过大顺政权和太平天国政权性质的分析,孙祚民进一步强调,农民没有阶级自觉、没有革命理论,不可能有建立农民政权的主张和要求;而在旧的封建的经济基础上更不可能建立新的农民政权,所谓农民起义和农民战争建立农民政权的观点,“同所有重要的马克思主义基本原理,都是不相符合的”。①

周良霄认为,农民经济不是独立的经济结构,农民的个体所有制是依附于封建制度的,是当时封建制度的从属部分。所以历史上曾经出现过的农民政权,“确切地说应该是封建农民的政权,它丝毫也不含有非封建的意思”②。孙叔平认为,集权的专制制度是建立在分散的小农基础上的。生活决定意识,专制制度依然无可替代的时候,小农不可能想到废除专制制度。假如驰骋一点幻想的话,也只能想出一个《天朝田亩制度》。但是,幻想一经接触现实就要破灭,结果只能是新王朝代替旧王朝,在封建时代,所谓“农民政权”根本不可能存在,也没有存在过。③

陈守实认为,在历史上根本就不存在什么农民政权向封建政权转化的问题,因为在自然经济主宰的封建社会里,既没有资产阶级,也没有无产阶级,在封建生产方式下爆发的农民起义所建立的政权根本就

① 孙祚民:《关于中国农民战争史研究中几个理论问题的意见分歧》,《文史哲》1979 年第 1 期;《试论太平天国政权的性质——三论关于农民政权问题》,《学术月刊》1979 年第 8 期;《关于太平天国政权研究中的几个问题——四论关于农民政权问题》,《北方论丛》1980 年第 4 期;《关于判断太平天国政权性质的标准问题——五论关于农民政权问题》,《学术研究》1981 年第 5 期。后来作者将《关于太平天国政权研究中的几个问题——四论关于农民政权问题》并入《试论太平天国政权的性质——三论关于农民政权问题》,连同以上诸文一并收入《中国农民战争问题论丛》,人民出版社,1982 年。

② 周良霄:《对农民战争反封建性质的理解》,《新建设》1964 年第 4 期。

③ 孙叔平:《谈谈农民的历史作用》,《群众论丛》1981 年第 1 期。

无法摆脱封建生产方式的制约。农民起义推翻了旧的封建王朝,如果取而代之,当然要建立一个比旧王朝更加具有统治力的新王朝来压制被统治者。农民起义领袖既然是农民代表者,假定即使走近代资产阶级的道路,他也不能保持原来起义时的贫雇农的本色;如果他是浸透了封建气息的农民领袖,他也只能在被自己推翻了的封建王朝的旧地基上建立一个新的封建王朝。"所以,史学界论及农民政权、农民起义领袖时的所谓向地主阶级转化说,是不好理解的。应当说,是发展——具有必然性的发展,而不是什么转化"。①

王春瑜认为,封建社会农民阶级和地主阶级对抗的基础是地主土地所有制。而地主土地所有制既包括地主贵族的大土地所有制,也包括"始终是以一家一户为单位的个体生产,是自给自足的自然经济占主要地位。这就是封建统治的经济基础"。封建社会的政权就是为这个经济基础服务的上层建筑。农民起义打击了地主贵族的大土地所有制,并且建立了与地主阶级政权相对抗的革命政权,但是,所有农民没有也无法认识到产生封建生产关系的另一个根源是地主土地所有制的另一个方面——以一家一户为单位的个体生产、自给自足的自然经济占主导地位的经济关系。这是封建剥削与压迫的社会基础,农民战争从未触动。"正是在这个以一家一户为单位的自然经济基础上,不仅不断孳生出新的封建剥削关系,而且革命农民在这个基础上建立的政权,无法摆脱与这个经济基础相适应的、以家长制为其重要内容的封建等级制的制约"。王春瑜以李自成大顺政权礼仪制度的等级为例,说明农民政权发展为封建政权的必然性。王春瑜认为,在阶级社会里,礼仪总是阶级的礼仪,没有超阶级的礼仪;封建社会的礼仪是封建等级的产物,是对地主阶级确立的尊卑等级的规范;李自成大顺政权采用了封建礼仪也就采用了封建等级。小生产是封建家长制的基础,李自成是小生产者的代表,随着手中权力扩大,就沿着家长制的道路由一家一户

① 陈守实:《中国农民战争史散论》,《中国农民战争史研究集刊》第1辑,上海人民出版社,1979年。

的家长变成皇帝，也就是全国最大的家长。所以，农民政权的必然趋势就是封建政权。①

孟祥才认为，中国封建社会农民起义所建立的所有政权都是封建政权，"这不仅因为农民见到的所有政权都是封建政权，他们在起义中建立的政权只能模仿封建政权的组织形式和运作模式，而且更因为农民建立的政权只不过更换了统治集团却不能改变政权的性质，不能改变封建的经济基础和生产关系。所以他们取而代之并不改变封建统治的本质。事实上起义军的领袖建立他们自己政权的目的并不是解放农民，而是使自己成为昔日'阶级兄弟'的统治者"。针对农民起义军等贵贱、均贫富等平均、均平的口号，孟祥才认为，"农民举行起义以铁血手段推翻坏皇帝、坏官府，目的并不是永远废除赋役负担和封建剥削，而是恢复可以忍受的赋役负担和剥削。彻底废除剥削的思想并不是从农民中自发产生的，而是由某些知识分子依据一些传统的思想构成的乌托邦，废除剥削的空想在如火如荼的年代能够鼓舞农民的斗志，起到动员和组织群众参加起义军的作用。但是，由于废除剥削的思想是超前的，没有事实的条件和环境，它就不具备实施的品格，不可能变成政策加以实行，其积极作用是十分有限的"。②

二、农民起义不可能建立政权

持这一观点的学者甚少，其中有的学者后来改变了自己的看法，但是，曾经引起强烈的反响。这一观点认为，起义农民不能也不可能建立政权，他们在战争中建立的政治组织不是政权，只能是临时为战争服务的军事机构，是一种斗争形式。起义农民不能建立自己阶级政权的理论依据和上一种观点基本一致。漆侠在《中国农民战争发展规律的问

① 王春瑜：《论"四权"与明末农民战争的关系》，《中国农民战争史论丛》第2辑。

② 孟祥才：《重新审视中国封建社会的农民、农民起义和农民战争》，《山东大学学报》2003年第6期。

题》的论文草稿中曾说，一方面由于农民小私有制和小生产者的阶级局限性，农民斗争是自发的，农民不能理解封建制度，他们的斗争只能动摇而不能消灭封建制度，不能改变封建社会经济形态的实质。另一方面，与此相联系的是，农民在政治上全然无法理解封建的上层建筑，没有改变国家制度的要求。因此，他们的斗争，只能推翻和改造封建统治，而不能亦不可能建立政权。耿夫孟也说，第一，一定形态的政治是一定形态的经济表现，上层建筑是为经济基础服务的。农民如果能建立政权，那就是为了维护小私有的个体农民经济。但是作为个体小私有者，不管在什么条件下都会发生分化，因而就决定了不可能建立并长期维持农民的政权。第二，农民是个体小私有者，是分散的，而且流动性很大。起义军在取得一定胜利之后，某些满足了自己愿望的农民就退出了斗争。因此，要长期保留一支政治大军，建立农民自己的政权，是不可能的。①

章彬认为，把农民看做是皇权主义者，所谓农民没有自己的思想、看不出封建统治有什么不合理，所以只能建立封建政权，这样的看法是错误的。因为这从思想上找原因而忽略了经济基础和上层建筑的关系问题。在封建社会里不可能出现代表农民的政权，其原因不是因为农民永远认不清封建剥削的不合理，更不是农民的思想有问题，而是根本不存在一个建立农民政权的经济基础。政权是在一定经济基础上建立起来的上层建筑，它是为经济基础服务的，它总是代表一定生产体系中占统治地位的阶级利益，是阶级压迫的工具。农民的小私有制在封建社会从属于地主经济，在资本主义从属于资本主义。所以，在封建社会中，新的生产关系还没有成熟的时候，农民起义可以推翻封建政府，但不可能建立非封建的政权，代之而起的只能是一个封建政权。但是，不能因为农民起义不能建立农民阶级利益的政权，就把起义农民所建立的政治组织不分青红皂白都称为封建政权，而应该具体分析。“假如

---

① 《关于中国农民战争发展规律问题的一场热烈争论》，《历史研究》1960年第1、2期合刊。

说，这些‘政权’如果能够稳定下来，能够战胜腐朽的旧政权，那么，它们迟早总会变成与旧政权没有区别的封建政权，如像朱元璋那样，是完全正确的。但是，当这些‘政权’，还没有发生质的变化，还仍然为农民战争服务，仍然在和统治阶级进行殊死搏斗的时候，就宣称它们是与旧政权无本质区别的封建的、专制的‘政权’，那就是犯了原则性的错误。政权是阶级压迫的工具，判断一个政权的性质，主要是看它为谁服务，即为那一个阶级服务。当黄巢、李自成、太平天国，到处打击地主阶级的权威，到处破坏旧秩序而遭到地主阶级反抗的时候；当这些政权集中农民的力量和地主阶级进行残酷斗争的时候，它仍然是农民的代表，这不是很清楚吗？”所以说，“不可能出现‘农民政权’并不排斥农民战争过程中农民军可以建立必要的为战争服务的‘政权’（打上括号的政权）。当然，这些‘政权’是不能不变的，如果不被消灭，就一定要变质。”这些在战争中建立起来的政权“并不是正常状态下的政权，而是在战争中建立起来的、为战争服务的组织机构”。① 原来持这一观点的漆侠，后来改变了看法，认为农民起义可以在反封建战斗中建立不稳固的政权。②

三、农民起义可以建立短期的农民政权

大多数学者主张，封建社会的农民能够建立本阶级的短期政权，历次农民起义过程中建立的政治组织就是农民革命政权。段景轩、薄恒秀认为，在中国封建社会里，农民革命战争是阶级斗争的最高形式，因此农民的斗争，决不限于经济斗争；农民的要求，决不限于经济要求。农民的革命斗争，是为了反抗和改变封建剥削制度的。所以，历史上较大的农民战争，都把斗争的矛头指向封建国家。他们要求改变自己的

---

① 章彬：《对中国农民战争探索一书的几点意见》，《光明日报》，1958 年 3 月 17 日；《黄巢、李自成的“政权”是封建政权吗——再论孙祚民〈中国农民战争问题探索〉一书的几个重大错误之一》，《光明日报》，1958 年 6 月 23 日。

② 漆侠：《关于中国农民战争性质问题》，《光明日报》，1960 年 2 月 18 日。

经济地位、政治地位，推翻地主阶级的统治，建立起自己的政权，实行自己的统治。衡量政权的标准，要看政权掌握在哪一个阶级手里，为哪一个阶级服务。中国历代农民战争，特别是封建社会后期较为成熟的农民战争，有许多次都建立了自己的短期政权和局部统治。①

宁可认为，判断政权性质的标准不是政权的组织形式即政体。能否建立政权，不决定于农民理解封建制度与否，不理解不等于不能建立政权；也不能机械地认为缺少经济基础就不能建立农民政权，“如果说这是指必须先有新的生产关系才能建立相应的政权，那社会主义生产关系却是在无产阶级夺取政权之后才建立起来而且必须靠无产阶级才能建立起来的。如果说封建社会里只有封建政权赖以建立的封建所有制而没有农民政权赖以建立的生产关系，那事实上封建社会中除去封建所有制以外还有农民的个体所有制，这就是农民的政权基础”。农民的经济地位决定农民革命的反封建性质。农民起义推翻封建政权之后，斗争还没有完结，建立政权也就成了客观的需要与必然的趋势。而且，农民的经济地位与阶级斗争的实际必然要反映到农民的意识里来，使农民对封建制度与自己的斗争有一定的理解，尽管是不彻底的理解。农民有推翻封建政权和建立农民政权的要求正是这种理解的表现。判断政权性质的标准，是看权力掌握在哪个阶级手里，“由哪个阶级来领导，看它的历史任务是保护哪些制度和哪些阶级，反对哪些制度和哪些阶级”。政权的阶级本质与基本历史任务主要反映为这个政权的根本政策及其实施，因此根本政策及其实施情况也就成为判断政权性质的主要依据。政权的组织是动态的，在战争时代，尽管起义农民建立的政权形式不完整，但是，战争时代的革命政权的任务不是“秩序的组织，而是战争的组织”，他的基本任务是进行战争，对敌人进行镇压，所以，“只要农民在一定地区通过军队及其他组织建立起自己的政治统治，尽管这种统治为期甚短，又不巩固，只能是不完整的或萌芽的政权，但

① 段景轩：《在〈中国农民战争发展规律的问题〉上我们与漆侠先生的几点意见分歧》；薄恒秀：《三点意见》，均见《天津师大学报》1960 年第 2 期。

终究应当承认这是农民政权,而且是国内战争条件下最正常的农民政权”。把它仅仅看做是为战争服务的“组织机构”,是对农民战争的贬低。因为农民阶级属性的两重性,决定了农民政权只能是不彻底的、不完全的、不巩固的专政。体现在政权形式上,表现为用宗教外衣掩盖下的原始公社组织和效法封建官僚组织;在政策制定和执行方面,不能完整、充分地执行专政的职能,阶级色彩不鲜明。但绝不能据此否定农民政权的存在与革命性。①

针对孙祚民的观点,王思治认为,判断一个政权性质的标准,“最根本的应该是看它是哪一个阶级专政的工具。如果是地主阶级对农民阶级的专政,那就是地主阶级的反动政权;如果是农民阶级对地主阶级的专政,那就是农民的革命政权。而判断是哪一个阶级专政的根本标志,决定政权性质的,则是看它根本方针政策是代表哪一个阶级的利益,是维护哪一个阶级、反对哪一个阶级的”。李自成的大顺政权尽管有这样那样的缺点和错误,但所采取的各项政策充分说明了它的维护农民阶级利益、打击地主阶级的革命性质。② 和王思治观点一致的还有史维国。史维国认为,“判断一个政权的阶级性质,绝对不能单纯地根据它的成员的阶级出身成分来确定,而必须看所执行的政策是为哪个阶级利益服务的,是反对和镇压哪个阶级的”。孙祚民对李自成大顺政权的性质分析,犯了唯成分论的错误。③

针对孙祚民对大顺政权性质的分析,蒋祖缘认为,根据马克思列宁主义的国家学说,封建国家具备四个特征:第一,封建国家的经济基础是封建地主土地所有制,保护剥削制度的权力机关是地主阶级的国家。第二,向农民征调赋税徭役以维持官僚机构和军队。第三,政治上依靠地主阶级作为全部封建统治的基础。第四,其军队、监狱……首先是对

---

① 宁可:《中国农民战争史上的农民政权问题》,《新建设》1960 年第 10、11 期合刊。《有关中国历史上农民政权的几个问题》,《文汇报》,1960 年 12 月 27 日。

② 王思治:《“两种革命论”是无可非议的吗——与吉敦谕同志商榷》,《哲学研究》1964 年第 6 期。

③ 史维国:《是阶级分析,还是唯成分论》,《哲学研究》1963 年第 6 期。

内的，即镇压农民阶级的反抗、保护地主阶级对农民的统治。大顺政权建立以后执行的主要政策措施是，第一，组织了更大的军事力量，对明王朝展开更大规模的军事进攻。第二，继续支持农民剥夺地主土地的斗争。第三，普遍执行了没收地主浮财的政策。第四，执行三年不征、平买平卖政策。第五，李自成不仅保持革命本色，而且继续声讨明王朝的黑暗，反映出反封建的正义战争的性质。在这里，大顺政权的军队没有变成镇压人民的军队，大顺政权也没有变成保护封建剥削制度的权力机关，也不是依靠地主阶级作为封建统治的基础。说大顺政权是封建政权显然错误。正因为大顺政权的非封建性，那些明朝官僚在崇祯自缢以后，为了共同的阶级利益，才联合起来，进攻农民军。①

顾诚从大顺政权的建立过程入手分析其性质，说明革命形势的发展对政权建立的完善和影响，而后重点从大顺政权实行的政策上论证大顺政权在它存在的整个期间始终坚定不移地保卫贫苦农民的利益，它的锋芒所向一直针对地主阶级的封建统治。大顺政权的地方官员虽然差不多全部是地主阶级知识分子，但在当时来说，他们执行的是农民起义领袖所制定的政策，原因在于大顺政权的领导权一直掌握在贫苦出身的起义军领袖人物手中，它的宗旨是保护人民而且号令严切。大顺政权是农民革命政权。②

关锋、林聿时认为，封建社会尽管不存在农民政权的经济基础，但不能据此得出农民政权是封建政权的结论。“经济基础决定上层建筑的原理，并不排除这样一种可能：革命的阶级在没有自己的经济基础、在经济上没有成为统治阶级的条件下，可以建立与现存经济基础相对立的国家政权。不仅是可能性，而且也是历史的现实，巴黎公社是这样的，各国无产阶级革命也都是这样的。这个历史事实表明：经济基础同上层建筑的关系，并不是机械的，在一定条件下，他们的地位是可以转

① 蒋祖缘：《用什么观点研究农民起义的政权性质问题——与孙祚民同志商榷》，《学术研究》1964 年第 4 期。

② 顾诚：《论大顺农民革命政权》，《中国农民战争史研究集刊》第 1 辑，上海人民出版社，1979 年。

化的，在一定条件下上层建筑可以对经济基础起决定作用。国家政权是上层建筑中最主要的东西，改变经济制度的斗争必然要集中地表现为夺取国家政权的斗争。被压迫被剥削阶级，首先必须夺得政治上的统治权力，才能成为经济上的统治阶级”。由于历史的局限性，农民可以建立自己的革命政权，但是不能为这个政权创立经济基础。因此之故，它的结局总是被地主阶级消灭或者它自身转化为封建政权。“这里必须把两个问题分开：一个是农民战争中建立了代表农民利益的短期政权；一个是它不能够为自己创立经济基础，而终于被消灭或转化为封建政权。”不能用后者否定前者。① 白钢、陈智超、郭松义认为，无论在理论上还是在实践上，农民都可以建立短期的反封建的革命政权，因为上层建筑在一定条件下可以起决定作用。“农民一旦被迫起义，被迫拿起武器，用暴力摧毁当时压在他们头上的具体的阶级压迫，在军事行动的同时必然有他们的权力机构，那就是政权。这样的政权，就必然推行暴力调整生产关系的具体任务，就是说以革命的手法调整土地关系”。②

漆侠最初认为农民起义不能建立自己的政权，随后改变了原来的看法，认为农民可以建立自己的政权。漆侠认为在农民战争中尽管存在着皇权主义，但是皇权主义是“封建经济制度和封建专制主义的产物”。农民的皇权主义是统治阶级思想控制和宣传教育的结果，农民阶级的思想本质是追求平等的革命民主主义。起义农民在战争过程中建立的农民政权在形式上是君主政体，本质上是为了实现起义农民之间平等的革命民主主义，简单地说是“君主政体和革命民主主义的独特结合”。③ “以君主为核心内容的皇权主义和革命民主主义相结合，构成了农民政权的特点。前者是它的外形，是来自封建地主阶级的外

① 关锋、林聿时：《在历史研究中运用阶级观点和历史主义问题》，《历史研究》1963 年第 6 期。

② 白钢、陈智超、郭松义：《关于农民战争反封建的性质问题》，《新建设》1965 年第 11、12 期合刊。

③ 漆侠：《关于皇权主义问题》，《天津日报》，1962 年 1 月 3 日。

部影响，尽管这个外部影响极为严重，但只能居于次要地位。后者是它的本质，集中地表现了农民反封建剥削、压迫的革命本性，因而起着决定性的主导的作用”。如果说农民战争的要求是建立新王朝，起义领袖目的是成为新皇帝，就等于说“农民成为天生的保皇党，皇权主义成为农民内在的本质。这就无法解释：为什么在资产阶级革命和资产阶级民主革命时期，农民能够成为反封建的主力军或同盟军”。把建立新王朝作为斗争目标，等于说起义农民是“自觉自愿地建立一个剥削自己、奴役自己的封建政权”。农民战争不过是新老封建主争夺统治权的战争，抹杀了封建社会的阶级斗争的存在，农民、农民战争成为封建制度的维护者。①

田昌五认为，政权是指国体而言，是阶级对阶级的专政；政权的组织机构和职官名称是对政体而言，不能将国体和政体混淆。国体相同而政体可以有不同的形式，就以历史上存在过的无产阶级专政而言，可以是巴黎公社的形式，也可以是十月革命的苏维埃形式，也可以有吸收资产阶级政权的组织形式。相反，政权性质发生质变，不一定变更政权形式，甚至不改变所有制形式。所以不能用政府的组织机构和职官名称、组织形式判断农民政权的性质，而应“用社会各阶级在国家中的地位。具体地讲，则是看一个政权执行什么政策，保护什么阶级，反对什么阶级。在农民战争中，尽管农民起义领袖有用帝王将相称号，但他们在一个时期内发动农民起来，反对封建朝廷和官府，打击土豪劣绅和贪官污吏，没收并分配地主阶级及其政府的武器、钱粮、衣物以至土地。这样的政权，即使没有提出明确的政策，也应称之为农民政权。农民政权实质上是农民革命军事政权，一般只存在于农民战争过程中。可以说，农民政权是农民革命军队和革命政权的结合体，实际上是一个东西”。②

① 漆侠：《农民是地主阶级的对立面，还是地主阶级的后备军——与蔡美彪、孙祚民同志商榷》，《哲学研究》1964 年第 3 期。

② 田昌五：《关于农民战争研究中的几个理论问题》，《中国农民战争史论丛》第 3 辑。

叶孝信认为，将农民政权定性为封建政权，既在理论上违背历史唯物主义，又缺少必要的事实支持。叶孝信说，“农民政权是起义农民在农民战争中取得局部胜利的地区内建立起来的政治组织。有由起义领袖组成的政府和由武装农民组成的军队，它不根据任何封建法律，恰恰相反，直接触犯封建刑律，至少犯下了十恶不赦的两项（谋反、谋大逆）大罪，仅仅依靠反对封建剥削和压迫的革命的暴力创建和发展起来”。尽管起义农民缺少明确的阶级意识，对封建制度无法彻底清除，在阶级分野上不能彻底地划清敌我界限，在农民政权控制的地区还存在着封建的剥削关系，但是封建剥削“至少受到了限制，不能像在封建政权下那么恣肆了”。从文献记载上看，农民剥夺的对象大都是“豪右”、“大姓”、“富家”，但不能就此得出结论说农民政权只打击个别地主官吏而不打击地主阶级。因为文献上记载的“富家”、“豪右”、“大姓”就是地主阶级的代称而不是指地主阶级中的张三、李四等个别成员，“至于起义农民没有能够把所有的剥削者都纳入这个集团内，提到整个阶级来对待，这只能说明他们阶级意识还不明确：在他们心目中，社会成员只有笼统的贫与富的不同，而没有也不可能有一条科学的划分地主阶级成分的标准”。说农民政权具有不稳定性、不彻底性是正确的，但不能以此否定农民政权的革命性质。①

郑昌淦批评农民起义军没有自己经济基础所以不能建立自己的政权观点说：“作为上层建筑的政权，固然是由基础所决定并为基础服务的；但首先却是阶级的关系。政权总是为一定阶级的利益服务，是阶级斗争的工具。在平时国家（政权）是一个阶级压迫一个阶级的机关，是统治阶级为了剥夺被压迫阶级用来推翻压迫者的一定的斗争工具和手段。而被压迫的农民在革命战争中所建立的政权，为什么不可以作为他们反抗封建压迫者推翻封建压迫者的阶级斗争工具呢？”中国农民起义军建立的政权都只在起义战争激烈进行、封建王朝尚未推翻的时

① 叶孝信：《对中国封建社会“农民政权”性质问题的商榷》，《历史研究》1962 年第 1 期。

候，这个时候决定这些政权性质的不是其组织形式和名号，也不在于将来会有什么结果，而是取决于“在两个阶级对抗的战争中，它们是为哪一个阶级的利益服务，成为哪一个阶级的斗争工具”。反之，如果说农民政权是封建政权，“那么起义领袖一旦开始建立政权，就是封建性政权。那么这些政权就将反过来成为地主阶级压迫农民的工具，反过来成为绞杀农民革命战争的手段。农民革命战争也将随着这一政权的建立而立即变质，转变为两个封建政权之间或几个地主阶级集团之间争夺权利的战争了。如是，当起义军领袖建立政权之日，便是农民战争变质和失败之时”。这在理论上说不通，更不符合历代农民政权的所作所为，事实上，农民政权是农民反对封建地主剥削和压迫的工具。①

关履权认为，研究一个政权的性质当然要用阶级分析的方法，看政权掌握在哪个阶级手里，但是，更重要的是应该考察这个政权领导人物的所作所为，代表了哪个阶级、阶层或社会集团的利益，以及这个政权的实际大权掌握在什么人手里。领导集团人物的出身，固然可以反映一定的阶级内容，但不能决定政权的性质。因为人们的思想意识行为是随着他们的生活条件、社会关系和社会存在的改变而改变的。李自成建立的大顺政权虽然保留了一些地主阶级知识分子和旧官吏，但是这些并非大顺政权掌权人物的主体，更没有证据证明大顺政权执行了维护地主阶级利益的措施。农民政权曾经沿用了旧政权的形式，不能据此否定这些农民政权与封建政权的区别。②

郑铭认为，农民政权掌握在农民阶级手里，在政权建设上采取了和地主政权完全对立的形式，有自己的国都、年号和政治纲领；这些政权代表的是农民阶级的利益，斗争对象始终是地主阶级及其政权，在力所能及的范围内满足农民要求；而构成农民政权的最主要成分是农民的武装部队。农民起义都是从武装暴动开始的，农民武装的强弱直接影

① 郑昌淦：《中国古代农民在革命战争中所建立的政权的性质问题》，《历史研究》1962 年第 1 期。

② 关履权：《略论农民起义的政权问题》，《学术研究》1964 年第 3 期。

响着农民政权的巩固与否。因此封建社会内,货真价实的农民政权确实存在,但纯而又纯的农民政权则是根本不存在的。但不能因其不纯而否定农民政权的非封建性质,也不能根据经济基础决定上层建筑的观点否定农民政权的革命性质。农民起义和农民政权固然没有从根本上改变封建生产关系和封建制度,但是并不排斥在起义过程中不同程度、在一定时间和地区内调整或解决封建经济关系。事实上,农民政权是有其深厚物质基础的:有固定的财政收入、剥夺地主官府财物维持财政支出、屯田垦荒发展生产。尽管农民领袖称王称帝,但并不能说明农民政权的封建性。称王称帝只是组织形式,不涉及政权性质,正像资本主义国家无论采取总统制或总理制都不改变政权性质一样。当农民政权还没有完成自己的历史任务,继续向封建政权进攻时,其性质只能是农民政权。①

彭年认为,历史上的农民战争建立了自己的革命政权。农民政权建立后,一方面团结农民和其他劳动者,镇压地主阶级的反抗;另一方面是组织发展经济,废除封建剥削,实现农民阶级的经济解放。尽管没有先进阶级领导的农民革命不可能推翻封建制度,消灭地主阶级;但农民政权能够在一定程度上执行反封建的革命任务,冲击封建制度,在政治上、经济上打击地主阶级,维护农民阶级的利益。这说明历史上的农民政权根本不同于任何封建政权,是一种"多数人统治少数人,劳动人民统治剥削者的政权"。②

王宏志认为,农民战争不仅能够建立政权,而且一般来说都起过巨大作用。体现在:它使农民有了明确的奋斗目标,增长了推翻封建王朝的勇气。在封建社会里,统治者总是把现存统治说成神圣不可侵犯的,农民受封建思想的束缚,也把王朝看成一家一姓的天下。他们只希望王朝能派个清官来解救他们的苦难,一般并不敢设想去推翻王朝。农

① 郑铭:《农民战争几个理论问题的商榷》,《学术研究丛刊》1980 年第 2 期。

② 彭年:《试论中国历史上农民政权的性质》,《社会科学研究》1980 年第 6 期。

民起义爆发以后，冲破了这种思想的束缚；而农民政权的建立，则更使广大农民抛却了对旧王朝的幻想，树立起新的奋斗目标，有可能更加勇敢地投入新的战斗。而封建王朝的统治，也只有在农民起义建立政权以后，才真正感到自己统治有可能被取代。其次，农民政权组织人力、物力向封建统治猛烈冲击，打击了地主阶级。①

白钢认为，农民领袖称王称帝是普遍现象，是封建专制主义影响的结果，但不能据此认为农民战争不能建立自己的政权。"在存在阶级和阶级斗争的社会里，特别是阶级大搏战的过程中，任何一个阶级，都需要有代表本阶级利益的政治权威。至于这个政治权威叫什么，以什么样的形式出现，确实与他所处的历史条件分不开的，关键在于看它的阶级内容。只要它是代表起义农民的利益，坚持起义农民的革命方向，不管它叫某某王也好，还是叫某某皇帝也好，就只能说它是农民阶级竖立起来的政治权威。绝不能因为名号形式上与封建帝王的相似或雷同，而抹杀它们之间的阶级界限"。"那种借口农民阶级不能为建立自己的政权建立起相应的经济基础，从而断然否定农民政权客观存在的观点，实际上是一种机械唯物论"。上层建筑在一定条件下可以起决定作用，"农民群众一旦揭竿而起，用革命暴力来摧毁当时压在他们头上的具体的阶级压迫和剥削的时候，在军事行动的同时，必然有行使他们权力的机构，那就是政权。这样的政权带有军政府的色彩。它是以反对地主政府、保护农民阶级利益为己任的"。针对封建社会不存在农民政权的经济基础、因而也不可能存在农民政权的观点，白钢认为，第一，存在决定意识当然是正确的，但是不能把地主阶级的社会存在和农民阶级的社会存在混为一谈。农民阶级和地主阶级处于封建社会对立双方，"这种客观的社会存在，决定了农民阶级可以产生与封建专制主义思想相对立的朴素的农民民主主义的社会政治思想。正如列宁所说：'农民需要土地，他的革命情感，他的本能的、原始的民主主义不可

① 王宏志：《农民战争和封建主义》，《中国农民战争史论丛》第2辑，河南人民出版社，1980年。

能不表现为向地主的土地伸手。'"第二，不能把农民阶级在战争过程中建立过代表自己阶级利益的革命政权和这个政权能否巩固混为一谈。列宁说过，"历次革命的一般进程表明了这一点，在这些革命中，往往有过短时间的、暂时得到农村支持的劳动者专政，但是却没有过劳动者的巩固政权"。中国的历史也是这样。农民阶级不能为自己的政权建立起相应的经济基础，所以最终不免失败，所以是不巩固的，但不能因此否定农民起义建立过自己的革命政权。①

童超认为，农民阶级能够在革命战争进程中建立农民革命政权，却没有也不可能长久地巩固这个政权，这是农民阶级历史和阶级局限性所决定的悲剧结局。但是，农民革命过程中所建立的政权的性质和地主阶级政权是对抗性的，这是中国农民革命战争区别于其他国家农民革命战争十分突出的特点。虽然农民政权最终结局是悲剧性的，但是，农民政权所实行的革命政策和措施，对于冲击和改造封建上层建筑仍然产生了重大作用，这除了指挥战争、推翻封建王朝、镇压地主阶级等政治军事职能之外，还具有打击封建生产关系、发展社会生产、改善人民生活的经济职能。如：发动和组织群众剥夺地主土地、解除农民人身依附关系，开垦荒地、发展生产，开仓济贫、改善人民生活等等。农民革命政权是在和地主阶级及其国家进行殊死搏斗的环境中建立起来的，主要任务是武装打击地主阶级的反革命武装，斗争环境极其恶劣，但是即使在这样的情况下，农民军所进行的上述一系列措施有力地激发了暂时摆脱封建剥削压迫的农民群众以极大的热情积极投入生产活动，使战云笼罩下的农民军占领区出现了"田蚕兴旺，生理丰富"的兴旺景象。②

持这种意见的学者，对农民政权的基础问题，则有不同的看法。部分学者认为，农民政权的经济基础是小农经济。宁可说，封建社会中除

① 白钢：《论封建专制主义与农民战争的关系》，《中国农民战争史论丛》第5辑，中国社会科学出版社，1987年。

② 童超：《从中国封建社会基本矛盾的变化看农民战争的历史作用》，《中国农民战争史论丛》第1辑，山西人民出版社，1978年。

去封建所有制以外还有农民的个体所有制，这就是农民政权的经济基础，农民政权的任务之一也就是为了保护农民的小经济。[①] 田昌五认为，农民所要求的是摆脱封建剥削和压迫的自由小农经济，而且能够通过斗争暂时地局部地实现这样的小农经济，这就是短暂的农民政权赖以存在的基础。[②] 傅玉璋认为，农民政权的经济基础是摆脱了封建体系的独立的小农经济。傅玉璋说，在封建社会，农民和地主的矛盾是主要矛盾，封建地主是矛盾的主要方面，而农民是非主要方面，这种矛盾贯串在整个封建社会，是封建社会的一般规律，但必须承认，这种情况不是固定不变的，在特定历史条件下，会出现特殊情况。由于矛盾双方斗争的力量的增减，在一定条件下，矛盾的双方会互易其位。当农民阶级起来反抗地主阶级时，在一定时期，在局部地区，取得胜利，农民阶级的力量取得了支配的地位。在这种情况下，矛盾的双方起了变化，农民由被统治的地位而居于统治地位，地主就由统治地位而居于被统治地位，农民由矛盾的非主要方面而转变为矛盾的主要方面，地主由矛盾的主要方面而转变为矛盾的非主要方面，这是新生力量战胜腐朽势力的表现。在这种形势下，农民与地主的关系发生了根本变化，农民的个体经济必然摆脱了封建经济，并取得了独立的统治地位，小农经济就成为农民政权的经济基础。[③]

另一些学者认为，农民政权没有自己的经济基础。叶孝信说，按照通常的情况，一定阶级的政治统治，一般总有与其相适应的经济统治为基础。然而，不论什么阶级，要做到这点，又必须依靠国家政权的力量。但夺取政权——特别是仅仅夺取局部政权的阶级，虽已获得了政治上的统治，其经济基础则不能如影随形地建立起来；更不是事先完全确立自己的经济基础，巩固了自己在经济上的统治地位，然后才获得政治上的统治地位。一切农民政权既然都在摇篮之中被扼杀了，当然就没有

---

① 宁可：《中国农民战争史上的农民政权问题》。《新建设》1960 年第 10、11 期合刊。

② 《中国古代农民革命史》第、册《后记》，上海人民出版社，1979 年。

③ 傅玉璋：《试论农民政权的经济基础》，《史学月刊》1965 年第 7 期。

利用这个政权来确立和发展自己经济基础的任何前提。① 谢天佑、简修炜等说，在革命战争时期，农民军是用暴力剥夺的方针来解决农民政权的物质基础问题，属于权宜之计。从长远的观点来看，农民军既不能彻底打破封建国家机器，也不能创造自己的经济基础，所以农民政权不可能长期地稳固下来。②

有的学者认为，农民政权可以建立在封建经济的基础之上。马庆忠说，国家和革命政权的区别在于：国家是"秩序"的组织，革命政权则是战争的组织；国家是依靠集中的国家政权颁布法律的政权，革命政权则是依靠武装的民众力量的政权；国家依靠常备军来执行现行的法律，革命政权则废除现行的法律，依靠起义农民把革命意志变为法律；任何国家都有经济基础，而革命政权则没有自己的经济基础，或者虽有其经济基础，但在整个经济体系中并不居统治地位。历史上没有自己经济基础的革命政权不乏其例。法国的巴黎公社、俄国的苏维埃、中国现代史上的革命政权都是如此。在阶级社会中的革命时期里，革命阶级在没有自己的经济基础或自己的经济基础不占统治地位的条件下，可以建立与现存经济基础相对立的革命政权。因此，不能因为起义农民建立的政权没有自己的经济基础就否认其短期的农民政权的性质。当然，这种农民政权是不巩固的。③ 谢天佑认为，农民政权存在着向封建政权转化的可能性，但是，可能性不等于现实性。从中国农民战争史来看，农民政权转化为封建政权是极少数的，绝大部分是被镇压下去的。这种事实说明了农民政权向封建政权的转化不是轻而易举的、无条件的，而是存在着斗争的、有条件的。④

---

① 《对中国封建社会"农民政权"性质问题的商榷》，《历史研究》1962 年第 1 期。

② 《中国农民战争简史 · 写在前面》，上海人民出版社，1981 年。

③ 马庆忠：《在封建社会的经济基础上不可能建立起农民政权吗?》，《学术研究》1979 年第 5 期。

④ 谢天佑：《评建国以来中国农民战争史的研究》，《学术月刊》1979 年第 9 期。

四、农民政权的两重性问题

所谓两重性即革命性和封建性，也就是农民政权同时有着革命性和封建性的双重品格。论战各方在讨论农民的革命性和小私有者的阶级属性时，已经多少在逻辑上暗含了这种双重品格，但都没有深入讨论，而是由戚立煌首先明确提出的。

戚立煌在对历史上农民政权进行分类，总结农民政权的基本特征时说：首先，它是不稳定的政权，不是被消灭，就是被用来作为改朝换代的工具，“农民起义、农民战争不可能建立真正的农民政权是不容置疑的”。其次，每一个旧王朝末期、社会危机严重的情况下，总是爆发大规模农民起义并建立农民政权。再次，凡是社会阶级矛盾和民族矛盾交织在一起的时候，在反对民族统治阶级的残酷奴役和压迫下的旗帜下爆发的农民战争，“它所建立起来的‘农民政权’就比较容易蜕化为封建政权。从农民战争的发展看，唐宋以前农民战争所建立的‘农民政权’，形式比较简单，而且也比较容易蜕变，成为建立新王朝的工具。唐宋以后，‘农民政权’的组织比较完善，和封建势力的斗争也比较坚决”。戚立煌得出结论说：把农民战争中出现的“短期农民政权”和封建政权画一等号显然是错误的。但是，不可否认，这种农民政权在它诞生的那时候起，就包含着革命的和封建的两重性质，而它的发展趋势是逐渐蜕变为封建性政权，除非外力（如被统治阶级镇压、消灭）终止这一转化过程。戚立煌从政策、组织形式、皇权主义三个方面进行了论证。认为，无论是王小波、李顺的等贵贱、均贫富，李自成的均田免粮，都没有触动地主土地所有制，“农民政权”在相当范围内确立起来，“形势要求‘农民政权’必须建立一套从政治到经济界的统治制度、政策，这时‘农民政权’从原来旧秩序的反抗者、破坏者，变为新秩序的建立者、维护者，它本身所具有的封建性质的一面就开始表露出来”。在组织形式上农民政权不仅“因袭封建政权的一套政治机构形式”，在内容上也沿袭了旧的一套，原来的革命性内容逐渐消失。“农民政权的两重性的互相消长，不管起义领袖和农民群众的主观愿望怎样，它总是执拗地把‘政权’推向封建化的道路上去”。之所以如此，因为农民受阶级意识、生产地位诸条件的限制；而农民本身是天生的皇权主义者，封建主义思想是他们生活、行动的主宰力量。所以，这种短期的农民政权，从它诞生那时起，就具有革命和封建两重性质。而且每当革命战争趋向缓和时，那封建的一方就会逐渐显露出来，而且使整个政权迅速转化为封建性政权。“农民政权之所以总是采取旧的、封建政权的形式，绝不是偶然的，而是历史规律所限定的。称帝称王、封官分职的形式和农民政权本身具有的封建性因素互相促进，结果不是革命内容战胜了旧形式，而是相反。”①

关履权认为，农民起义有夺取政权的要求，而且也有建立政权的可能，但由于这种政权是产生于封建时代的，基础是封建经济，建立政权的阶级又不是新的生产方式的代表者，因此农民政权便具有两重性的特点。它的具体措施和政策是革命的，但却沿袭了封建政权的组织形式，这种革命内容和封建形式的矛盾正是两重性的具体反映。此外，农民政权还有着短暂性和军事色彩浓厚的特点。农民起义所建立的政权不是随着农民革命的失败而失败，而且是随着农民政权的被消灭或转化变质，一般是限于农民革命斗争的最后失败。农民政权建立于革命斗争时期，它在组织武装斗争方面发挥的作用往往超过它在政治和经济方面的成就，从这方面说，农民革命政权又可称为农民军政权。②

扬善群则以太平天国为例论证农民政权的两重性。太平天国的某些纲领代表了农民的愿望，具有农民政权的特点；另一方面，它的领导集团和基层组织又迅速地蜕化，已经开始变为一个新的剥削压迫农民的封建政权。农民政权的这种两重性，根源于农民阶级的两重性。当农民处于被压迫被剥削的地位时，他们追求民主平等；而一旦登上统治

---

①　戚立煌：《中国封建社会“农民政权”的两重性及其向封建政权转化的必然性》，《历史研究》1962 年第 3 期；《论农民政权的性质及其转化问题》，《史学月刊》1962 年第 3 期。

②　关履权：《略论农民起义的政权问题》，《学术研究》1964 年第 3 期。

者的宝座以后，便会追求荣华富贵，演变为新的剥削者和压迫者。针对史学界对农民政权两重性提法不科学的批评，即农民阶级和农民政权是两个概念，一个政权不可能同时代表两个处于对抗地位的阶级的利益，扬善群认为，科学与否要从历史实际出发。农民政权和农民阶级在概念上固然不同，但政权是由阶级掌握的，阶级是由人构成的，既然农民阶级具有两重性，那么有基本成分是农民掌握的政权，怎么能没有两重性呢？①

和农民政权两重性的观点比较接近的是王守义的农民政权“转化变质论”。王守义认为农民起义建立过自己的革命政权，但是这个政权如果不被地主阶级镇压，迟早都要转向它的对立面，其表现形式则因为历史条件而有所不同。判断农民政权是否转化为封建政权的标志是“它的阶级路线，以及代表这一阶级路线的政策和措施。拥护谁、打击谁，是判别革命和反革命的标志。固然不能拿称帝拜相，任用地主分子，以及一些农民军将领斗志松懈等枝节问题作为依据断定其转变；也不能因为在革命高涨时期内，农民军内部保存着封建生产关系，而判断农民政权从建立时起就是和地主政权一样”②。

师农不同意农民政权同时具有封建性和革命性的观点，“不能认为农民政权内部有封建因素存在，就说农民政权有革命的和封建的两重性。如果说农民政权有革命的和封建的两重性，就等于说农民政权性质，既是革命的，又是反革命的。这在逻辑上也是说不通的”。师农承认农民阶级有两重性，“它既是受压迫受剥削的劳动者，又是小生产和小私有者”，反映在农民政权上，也体现出两重性。但是这个两重性不是革命性和封建性，而是“它既是反封建的革命政权，又是不能稳固和持久的革命政权”。③ 沈渭滨、章培昌认为，师农的“既是反封建的革命政权，又是不能稳固和持久的革命政权”还没有揭示农民政权两重

① 扬善群：《太平天国政权的两重性》，《北方论丛》1980年第6期。

② 王守义：《论农民政权转化变质的过程》，《文汇报》，1965年7月22日。

③ 师农：《关于农民政权是否必然转化变质的几个问题——和王守义同志商榷》，《文汇报》，1965年8月26日。

性的本质,还没有从本质上抓住农民的革命性和历史局限性,“如果要说农民政权有什么两重性的话,只能是一方面它具有反封建的革命性和另一方面由于它的历史和阶级局限性而造成的革命不彻底性。即既有革命性,又有革命不彻底性,这就是农民政权的两重性”①。

五、结束语

所谓农民政权,即起义农民建立的代表农民阶级利益的权力机构。因为对农民起义和农民战争性质理解的不同,对起义农民是否可以建立自己的政权产生了分歧。要而言之,关于农民政权性质的争论主要有两种观点:即起义农民不能建立自己的政权,因为农民是落后生产力的代表,他们只能用封建伦理、封建思想反对现实的压迫和剥削,起义农民虽然建立了自己的政权,但是没有自己的经济基础,只能模仿封建官府的组织形式和政权结构,其性质只能是封建政权。第二种观点认为农民军可以建立短期的反封建的农民政权,因为农民建立的政权是反对封建压迫和封建剥削的,其组织形式虽然模仿封建国家机器,但是其执行的政策表达了劳苦大众的心声,满足了农民阶级的利益需求,代表的是农民阶级的利益。至于因为农民起义军建立的组织不够完善而认为农民不可能建立政权的观点是因为对“政权”概念的理解不同导致的,在农战史研究中影响较小。所谓农民政权的两重性则是从动态层面讨论农民政权性质的演变。

在封建社会,在新的生产力、新的生产关系、新的思想观念以及其代表产生以前,起义农民只能用已有的思想武器和组织武器谋求自身的生存,这是一个历史常识。说农民阶级本身就是封建社会基本阶级构成,农民阶级建立的政权无法超越封建社会的历史限制,自然有其成立的理由。但是,因此否定农民政权和农民军反对的封建政权之间的

① 沈渭滨、章培昌:《论农民政权的两重性及其转化变质问题》,《文汇报》,1965 年 12 月 3 日。

区别，笼而统之地称农民军建立的政权是“封建政权”，显然是有问题的。因为此时国家机器掌握在地主官僚手中，完全蜕变为剥削压迫农民、镇压农民不满与反抗的工具，而农民军建立的政权组织是封建国家的对抗力量，在尽可能的程度上满足了劳苦大众的生存需求，减轻了农民的负担，给农民带来了希望。尽管随着时间的推移，社会秩序的重建，农民仍然要承担起维持新政权财政支出的徭役赋税，农民政权必然演变为封建国家机器，但不能据此否定农民政权在一定历史条件下的革命性质，因为只有这样才能科学地认识农民战争的历史作用。至于以农民军没有自己的经济基础为由否认农民政权的存在，这种观点也是不能成立的，犯了形而上学的机械唯物主义的毛病。经济基础决定上层建筑虽然是历史唯物主义的基本原理，但并不是说只有在经济基础已经形成的条件下才能建立相应的上层建筑，否则就成为了经济决定论，否定了做为历史主体的人的主观创造性。历史反复表明，诸多新政权、新制度的创立，并不是因为有了相应的经济基础，而是为了解决社会矛盾，是社会冲突导致的社会危机催生了新的社会政权和社会制度，中国共产党领导建立的社会主义制度就是典型的证明。历代起义农民建立的各种形式政权组织都是社会矛盾激化和农民起义发展的产物，是军政合一的政权组织，虽然不完善，不能长久存在，但是其性质与反抗打击的对象——封建王朝、官府还是有区别的。

研究农民政权问题的目的不是为这些组织贴上一个什么标签，而是要探寻其产生的原因和历史使命与归宿，不能从既定的理论公式出发，做个价值判断完事，而应本着历史主义的原则科学分析，从而把握历史变迁的内在逻辑。

第四章　农民战争中的皇权主义

思想指挥行动，有什么样的思想就会有什么样的行动。在农民战争史讨论中，自然要讨论农民阶级的思想问题，皇权主义就成为讨论的热点。半个多世纪以来，对农民战争、农民政权性质的种种争论，大都源于对农民战争与皇权主义关系的不同认识。因而，皇权主义问题，是农民战争研究中的重点之一。

皇权主义概念，首次为斯大林使用。斯大林在《和德国作家艾米尔·路德维希的谈话》中评价俄国的农民起义领袖拉辛和普加乔夫时说："我们布尔什维克对包洛特尼科夫、拉辛、普加乔夫以及其他这样的历史人物向来是感兴趣的。我们认为这些人的发动是被压迫阶级自发暴动的反映，是农民反对封建压迫的自发起义的反映。对我们来说，研究这种农民起义的最初尝试的历史总是有兴趣的。但是，这里当然不能拿他们和布尔什维克做任何的比拟。个别的农民起义，即使不像斯杰潘·拉辛的起义那样带有'强盗性'和无组织性，也不能得到任何重大的结果。农民起义只有在和工人起义结合起来并有工人阶级领导的时候，才能取得胜利。只有以工人阶级为首的联合起义，才能达到目的。除此之外，在说到拉辛和普加乔夫的时候，请不要忘记，他们都是皇权主义者：他们反对地主，但是拥护'好皇帝'。要知道这就是他们的口号。"①这是人们将农民起义和皇权主义联系在一起的理论来源，

① 《斯大林全集》第13卷，人民出版社，1956年，第100页。

也是皇权主义概念的首次提出。

马克思在《路易·波拿巴的雾月十八日》中曾经对法国农民的落后性进行过详细的叙述，指出农民分散、狭隘、闭塞，不可能有阶级自觉，不能联合行动去争取自身利益。马克思指出："他们不能代表自己，一定要别人来代表他们。他们的代表一定要同时是他们的主宰，是高高站在他们上面的权威，是不受限制的政府权力，这种权力保护他们不受其他阶级侵犯，并从上面赐给他们雨水和阳光。所以，归根到底，小农的政治影响表现为行政权支配社会。"①这段话是人们论述农民阶级局限性和皇权主义产生根源的理论根据。人们对其内容理解产生分歧，成为中国农民战争史研究中皇权主义讨论分歧的理论根源。

中国农民阶级是否是皇权主义者，是由孙祚民首先明确提出来的。孙祚民在《关于"农民政权"问题》一文中按照马克思、斯大林的相关论述，说农民是自在的阶级，他们无法理解阶级利益的一致性，不能代表自己，一定要有高高站在他们上面的权威、不受限制的政府权力来代表他们，这种不受限制的政府权力的集中表现就是至高无上的皇帝。西汉末年农民起义拥立宗室当皇帝，"完全证明了农民的'皇权主义'思想"。1960 年，白寿彝在《中国历史上农民战争的特点》一文中，提出了相反的看法，认为中国农民不只反对地主、贵族、官吏，而且反对过封建皇帝及封建朝廷。这说明，"在历史上，中国农民战争是跟俄国农民战争不同的，并没有表现出皇权主义的性质"。② 接着，宁可又提出另一种见解，他说："应当承认农民有皇权主义思想，中国农民战争带有皇权主义性质。但是它和地主阶级的皇权主义有本质的区别，并且不是农民思想和农民战争性质的主要方面。"③争论便围绕着这三种不同的看法展开。讨论的范围涉及皇权主义的含义、性质和阶级根源等各个方面，核心则是中国农民战争是否带有皇权主义性质的问题。

---

① 《马克思恩格斯选集》第 1 卷，修订 2 版，第 678 页。

② 白寿彝：《中国历史上农民战争的特点》，《新建设》1960 年第 8、9 期合刊。

③ 宁可：《关于中国封建社会农民战争中的皇权主义问题》，《光明日报》，1960 年 12 月 13 日。

一、对皇权主义概念的理解

斯大林对皇权主义的内涵和外延并没有给出详细的解释，仅仅是在和路德维希的谈话中说了这么一句："他们都是皇权主义者：他们反对地主，可是拥护好皇帝。"那么皇权主义的含义究竟是什么？主要有四种意见。

一种意见主张，皇权主义就是拥护好皇帝的思想。翦伯赞认为，"皇权主义是一种肯定皇帝制度的思想，是皇帝制度的升华"①。漆侠赞成翦伯赞的观点，认为"皇权主义是对皇帝制度的确认"②。孙祚民认为，斯大林的皇权主义起码包括以下三层含义：其一，拥护好皇帝；其二，反对坏皇帝；其三，信奉皇权制度。农民在反抗地主的斗争中，对"好皇帝"心存幻想，误认为他确实是超阶级的，可以代表一切阶级的利益，从而认为皇权制度是神圣不可侵犯的。或者说，皇权主义是拥护"帝制"的思想。"具体说来，就是相信皇权可以代表一切阶级的利益，从而皇权统治是神圣不可侵犯的一种传统思想，是不可见的、抽象的一种观念形态。"这是封建社会农民战争的特点。③ 周作明认为，皇权思想是地主阶级的思想，有三项内容：首先是承认皇权的合理性，表现为执行皇帝的命令和接受皇帝的赏赐；其次是承认皇权的直接代表——皇帝在现实生活中至高无上的主宰，具体表现是拥护好皇帝；再次是承认封建皇权的世袭性。皇权思想是封建社会的统治思想，自然地反映在农民阶级意识之中，成为农民的思想。④

第二种意见主张，皇权主义实质上就是封建专制主义。田昌五说：

---

① 《翦伯赞谈中国农民战争问题》，《人民日报》，1961 年 11 月 18 日。

② 漆侠：《关于皇权主义问题》，《天津日报》，1962 年 1 月 3 日。

③ 孙祚民：《关于皇权主义的几个问题——兼与谢天佑同志商榷》，《文汇报》，1979 年 4 月 13 日。《关于中国农民战争史研究中几个问题的意见分歧》，《文史哲》1979 年第 1 期。

④ 周作明：《论秦末农民起义中的皇权思想》，《广西师范大学学报》1986 年第 1 期。

“皇权主义是帝制思想在农民起义中的反映,实质上就是封建专制主义。”①王思治认为,皇权主义实质上就是封建制度的法典化、人格化,实质上就是封建专制主义。因为封建皇帝作为人的本质并不是单个人所固有的抽象物,而是现实社会关系的总和,“作为地主阶级最高政治代表的封建皇帝,实质就是封建制度的人格化”②。靳实认为,“所谓皇权主义,实质上就是封建专制主义。农民战争所表现的皇权主义就是对封建制度的迷信和幻想,不能同封建专制主义决裂”③。

第三种意见主张,皇权主义就是反对地主,拥护“好皇帝”。董家遵认为,皇权主义的含义应以斯大林的话为依据,“反对地主和拥护好皇帝。它包括农民对某些皇帝的幻想,也包括农民拥立自己的皇帝——或者拥立皇家后裔为帝,或者拥立自己的领袖为帝”④。孙文良认为,对皇权主义的理解必须严格按照马克思主义经典作家的定义,不能离开经典作家论述另辟新解,按照斯大林的论述,皇权主义就是“农民起义中的反对地主,拥护‘好皇帝’。简单可以说它是拥护‘好皇帝’。皇权主义者就是拥护‘好皇帝’的人。它可以把别人当做‘好皇帝’加以拥护,也可以自己当个皇帝让别人拥护。农民把地主和好皇帝分开,拥护一个反对一个;也可以把‘好皇帝’和坏皇帝分开,拥护一个反对一个。这就是他们缺乏阶级觉悟的表现”。孙文良反对把皇权主义理解为封建专制主义。认为把皇权主义理解为封建专制主义缺乏理论依据,农民更不会拥护一个封建专制主义者作为自己的领袖。⑤ 谢天佑认为,“反对地主,可是拥护‘好皇帝’才能称为皇权主义”。如果“起义农民既不是打着拥护前朝皇帝的旗号反对当朝皇帝,也不是打着拥护

① 田昌五:《论“皇权主义”的一些问题》,《农民战争史研究集刊》第1辑,上海人民出版社,1979年。

② 王思治:《略论“皇权主义”》,《农民战争史研究集刊》第1辑,上海人民出版社,1979年。

③ 靳实:《浅谈中国农民战争的皇权主义》,《辽宁大学学报》1979年第2期。

④ 董家遵:《谈谈“皇权主义”问题——与白寿彝同志商榷》,《新建设》1961年第6期。

⑤ 孙文良:《皇权主义商榷》,《辽宁大学学报》1979年第3期。

当朝皇帝的旗号反对地主官吏，就不属于皇权主义之列"。至于起义农民拥护自己领袖当皇帝，也不属于皇权主义之列。因为皇帝的称号只是一种形式。旧的形式加入新的内容，在历史上是经常出现的。在中国历史上，皇权主义与封建道德是紧密相连的，封建地主阶级将君权与神权相结合，宣扬皇权神圣不可侵犯，对它不能说半个"不"字。只能无限忠诚，而中国的农民起义都是以不同方式打击皇权，大多数农民起义都直接把矛头指向皇帝，更是冲击封建伦理道德、君权神圣、臣民必忠的观念，既不拥戴前朝皇帝，也不拥戴当朝皇帝，只拥戴自己领袖与封建皇帝作斗争，抛弃了皇权神圣不可侵犯的观念，抛弃了拥护好皇帝的思想。因此中国封建社会农民起义和农民战争不具有皇权主义的性质。①

第四种意见认为，"皇权主义"是个不准确的概念，是对俄文误译的结果，准确的翻译应该是"沙皇制度的拥护者"。郑育宗从翻译学的角度指出，按照俄文解释，人们通常所说的"皇权主义"应该译为"沙皇制度的拥护者"或者"沙皇政体的拥护者"。人们所使用的"皇权主义的概念是生造出来的。它到底是指至高无上的皇帝权力呢，还是指帝制政体？是泛指封建专制主义呢，还是指帝制观念？令人费解"。"从斯大林同志这段语录的完整意思加以考察，我们认为，这段语录是针对俄国的拉辛和普加乔夫农民起义而得出的具体结论。而且，斯大林同志也只是就拉辛和普加乔夫反对地主，可是拥护'好沙皇'这个特定的意义上，才把他们叫做'沙皇政体的拥护者'，并不是说农民都是'沙皇政体的拥护者'。这句话有严格的科学限定意义，决不能以偏概全，把特殊化作一般"。因为"皇权主义"是个误译的概念，内涵和外延都不确定，人们在使用这个概念时就极其容易泛化。如果可以根据农民战争中出现的一些现象，诸如，个别农民起义领袖的称王称帝现象，农民反对地主，但拥护"好皇帝"的现象；农民起义中，假托皇室后裔以及拥立或伪造一个"正统"皇帝作为号召的现象等等，就把农民说成是皇权

① 谢天佑：《皇权主义是哪个阶级的思想》，《文汇报》，1979 年 1 月 12 日。

主义者的话,那么人们岂不是既可以把资产阶级说成是皇权主义者,也可以把无产阶级说成是皇权主义者吗?因为这些阶级也如同农民阶级一样,确曾出现过类似这种所谓“皇权主义”现象。① 白钢也表达了和郑育宗相同的看法,认为“皇权主义”在《斯大林全集》俄文版中的原文没有“主义”的意思,应该译为“沙皇拥护者”或“拥护沙皇的人”,人们把它翻译为“皇权主义”之后,又用做农民是皇权主义者的理论依据,实在是一个误会。② 范达人也认为,从俄国历史事实看,俄国皇权主义有四种表现形式:一是只反地主、贵族和官吏,但仍效忠于当朝沙皇。二是冒充蒙难沙皇,反对篡位者。三是拥立假沙皇,或假托皇室后裔,反对地主贵族。四是直接上书皇帝祈求恩赐。这四种表现形式不同,内容则一:反对地主和贵族、拥护“好沙皇”。斯大林所说的皇权主义者就是指这四种情况而言,是指“好沙皇的拥护者”。用马克思的话说,就是“对沙皇爷爷的信仰”,并不包括“权力”的含义在内。中国学者把斯大林的“好沙皇的拥护者”翻译为“皇权主义”之后,把“农民称王称帝和封建专制主义这两个不同的内涵,都并入皇权主义这一含糊不清的概念中”,造成概念上的混乱。如果一定要使用“皇权主义”这个词,就要明确指出:俄国的“皇权主义”以“拥护好沙皇”为基本内容和特点;中国农民战争中的“皇权主义”则以反对封建皇帝,自己称王称帝为基本内容和主要特点。或者,给“皇权主义”下一个统一的定义,即拥护封建“好皇帝”,其他内容则不再包括在内。③

二、皇权主义的阶级根源和性质

第一种意见认为,皇权主义是地主阶级的思想。孙祚民说,皇权主

① 郑育宗:《从“皇权主义”名称的改译说起》,《上海师范大学学报》1979年第4期。

② 白钢:《论封建专制主义与农民战争的关系》,《中国农民战争史论丛》第5辑,中国社会科学出版社,1987年。

③ 范达人:《皇权主义比较研究》,《浙江学刊》1982年第4期。

义是地主阶级的思想，是维护封建制度的思想，是封建的上层建筑的一部分，"但在农民阶级身上也能找到它产生的根源"，这就是以小农经济为基础的封建家长制。在"以个体经济为基础的封建社会里，封建家长掌握着全家的经济命脉，能够对所有家庭成员实行支配。所以就成为一家之中的无上权威。加上封建统治者有以宣扬君为臣纲、父为子纲、夫为妻纲等封建伦理观念，把家族宗法的伦理道德与封建的政治等级体系结合起来，使得孝和忠发生了血缘关系；把父慈子孝与君严臣忠、即服从家长与效忠皇帝联系起来。因而一家的家长、一族的族长，和在更大范围内——一国的皇帝，就成为不同社会单位的最高权威。同时，封建统治者还从政治上赋予封建家长以实际上能够代行一部分国家职能的权力，是他们成为巩固封建家庭和宗族秩序的助手。由于这样的家庭，在当时是作为封建社会经济细胞而存在的，所以封建家长制在这个基础上，就进一步成为了巩固封建地主国家统治的支柱。与此相伴随，在观念上也就形成了拥护'好皇帝'的皇权主义思想"。①

谢天佑认为，皇权主义是地主阶级的思想，是地主阶级的产物，对于农民阶级而言，根本不存在皇权主义的问题。农民起义中存在的皇权主义思想，是地主阶级别有用心地灌输的结果，农民起义之所以接受皇权主义的影响，是因为不能识破封建皇帝的阶级本质。那种把小生产作为皇权主义产生基础的看法是错误的。因为皇权主义产生的经济基础是地主阶级所代表的封建经济制度，即封建生产关系的总和。一家一户的个体小农生产，是封建专制主义统治的物质基础，而不是封建专制主义统治的阶级基础。一家一户的个体小生产决定了农民是平均主义者，而不可能是皇权主义者，皇权主义并不植根于农民阶级属性中。②

漆侠认为，皇权主义"只能是封建经济制度和封建专制主义制度

① 孙祚民：《关于皇权主义的几个问题——兼与谢天佑同志商榷》，《文汇报》，1979 年 4 月 13 日。

② 谢天佑：《皇权主义是哪个阶级的思想？》，《文汇报》，1979 年 1 月 12 日。

的产物”。封建专制主义是皇权主义主要根源,“皇帝是地主阶级的代表,位于国家的顶端。在约束农民、挤榨农民、为封建主谋取最大利益的同时,皇帝还利用凌驾于各个阶级之上的这一特殊地位,把自己装扮成农民的‘保护人’。就是这个‘保护人’,一方面利用专制主义控制农民,一方面又鸠集大批御用文人,喋喋不休地宣扬封建纲常伦理道德,把宗法家长制和皇帝专制制度巧妙的结合起来,形成了皇权主义思想,从而把农民置于专制统治的淫威之下”。漆侠认为,说小农经济和宗法家长制是皇权主义产生的根源是错误的,因为“宗法家长制并不是封建社会的产物,早在原始社会末期即已存在,因此它比农民小生产经济下的家长制存在得更为久远。而且在封建社会里,既存在农民的家长制,也存在封建家长制。这两种家长制有根本性的区别。”皇权主义和封建家长制有更加直接的联系,不能说它根源于农民的小经济和宗法家长制。再者,“农民的小生产和小经济如毛主席所指出的,乃是‘封建统治的经济基础,而使农民自己陷于永远的穷苦’。它同封建专制主义恰恰处于对立的状态,很难从这种小经济中产生对皇帝制度的确认和拥护皇权主义思想”。针对把皇权主义分为农民皇权主义和地主皇权主义的观点,漆侠批评说:“既然产生在农民小经济的宗法家长制基础上,那就只能得出这样一个结论,即:皇权主义是农民阶级的内在的本质的东西,农民成为彻头彻尾的皇权主义者或保皇党分子。这就无法解释:为什么在资产阶级民主革命时期,农民能够抛弃旧的皇权主义影响,接受和支持各种新思想和新的民主共和制等政治形势”。①农民起义尽管存在着严重的皇权主义,“但依然是来自地主阶级的影响。正因为这样,农民并不是天生的保皇党;一旦政治局面发生重大变化,皇帝制度废除之后,广大农民也就摆脱了皇权主义的影响,不再利用皇帝制度了”。漆侠认为,斯大林称拉辛等人为皇权主义者,是针对路德维希对于农民起义和无产阶级革命性质理解混乱,为了划清农民起义与无产阶级革命的界限而说的,而且对斯大林的这句话,对皇权主

① 漆侠:《关于皇权主义问题》,《天津日报》,1962年1月3日。

义的理解,既可以理解为农民阶级固有的本质的东西,也可以理解为来自地主阶级的影响,理解为后者是符合农民阶级实际的。①

李祖训认为,皇权主义是地主阶级思想,农民的皇权主义观念是受地主阶级的影响。李祖训说,“皇权主义思想当然是封建伦理,是维护封建统治的纲纪之一。因为皇权是封建地主阶级统一、集中、最高的代表,是封建地主阶级利益的维护者与体现者,它可以统一集中全部地主阶级的力量,起到更好的更有力的镇压农民反抗与起义的作用,故而受到封建统治阶级的推崇,并进一步的加以神化”。地主阶级知识分子则大力宣扬皇权主义,影响了农民,使农民成为皇权主义者,对农民起义和农民战争带来极大的危害。但是农民的皇权主义决不同于地主阶级的皇权主义,“封建地主阶级的皇权主义是要利用皇权巩固封建统治;然而农民的皇权主义确实企图通过皇权来摆脱封建压迫与剥削”。②

第二种意见认为,皇权主义是农民阶级的思想。这是大多数学者的看法,其理论依据是斯大林和马克思等经典作家关于皇权主义和农民生产方式分散性、落后性的论述。翦伯赞认为,农民是天生的皇权主义者,农民的皇权主义也不是因为外族入侵时才产生。农民的“皇权主义思想不是因为历史的外感而发生的伤风咳嗽,而是先天带来的不治之症。即不是外来的民族入侵刺激出来的,而是在封建土地所有制的物质基础上反映出来的一种政治思想。只要封建土地所有制还存在,就有这种思想存在。这种思想是阶级支配的原则在政治思想上的表现,认为外族入侵才有皇权主义的说法,实际上抽掉了阶级内容”。“农民推翻了皇帝,却并没有也不打算推翻皇帝制度,因此不能因为农民要推翻旧的王朝和皇帝,便认为他们没有皇权主义”。③

---

① 漆侠:《读〈李自成〉——论农民的革命民主主义》,《文史哲》1978 年第 6 期。

② 李祖训:《农民有没有自己的思想武器——和蔡美彪、孙祚民同志商榷》,《史学月刊》1964 年第 12 期。

③ 《翦伯赞谈中国农民战争问题》,《人民日报》,1961 年 11 月 18 日。

蔡美彪认为农民是天生的皇权主义者,“封建社会的农民处在愚昧落后的状态里,他们可以拿起锄头作为反抗地主统治的物质的武器,却没有反抗封建制度的思想武器,无法摆脱地主阶级的思想支配”。每次较大的农民起义的领袖们总是揭示出从三老直到将军、王侯、皇帝的称号,或者径直提出建立新王朝代替旧王朝的战斗目标。而起义群众也拥护这些称号、这些目标。因为他们所要争取的本来就是一些较好的官吏、较好的皇帝、较好的王朝,不这样也是不可能的。历史上有些起义领袖本来就是出身于地主、贵族或大小官吏,他们原有的封建的政治观点和政治经验,便构成了领导起义行动的理论基础。历史上也有些农民领袖锐意延揽、求教于地主儒生,他们也就以其封建的思想理论影响着并往往是在事实上指导、支配着起义农民的军事和政治行动。①

李桂海认为,农民有产生皇权主义的历史根源和阶级根源。封建宗法家长制和自给自足的自然经济,是农民皇权主义产生的主要基础。农民产生皇权主义思想的另一种原因,是地主阶级宣传“真命天子”对农民的毒害。而其根本原因则是小农民经济。李桂海说,“在封建社会,皇权主义思想已发展演变成小农的特有思想。它的存在与发展,与小农的存在与发展密切相关。所以即使封建皇权不存在,但只要小农经济还存在,产生皇权主义思想的土壤就有,皇权主义思想就不可能根除。皇权主义虽不与小农同生,但却与小农共存”。李桂海归纳起义农民的皇权主义有三种表现形式:第一种是只反贪官、不反皇帝;第二种是假托皇室后裔,拥立或伪造一个正统皇帝和当权的皇帝相对抗;第三是农民革命领袖自己直接称皇帝。第三种形式的皇权主义是中国封建社会农民战争最常见、最直接、最普遍的形式,是中国封建社会皇权主义思想在农民战争中最高表现形式。②

① 蔡美彪:《对中国农民战争史讨论中几个问题的商榷》,《历史研究》1961年第4期。

② 李桂海:《论农民的皇权主义思想》,《中国史研究》1979年第1期。《对农民一个历史侧面的考察》,河北教育出版社,1988年第16页。

赵克尧、许道勋认为，封建社会的农民没有独立的思想体系，自己也就成了“皇权神授”的俘虏，这是农民产生皇权主义的认识根源。农民是小私有者与小生产者，家长制的小生产是封建经济的补充和封建统治的经济基础，也是农民产生皇权主义的经济根源。①

针对皇权主义产生于宗法家长制的观点，有的学者提出不同意见。认为在封建社会中，农民有其分散的个体的经济生活条件下形成的家长制，地主也有其家长制。作为皇权主义来说是封建性的东西，农民家长制很容易和家长制联系起来，但是皇权主义本身不是从农民家长制基础上产生的，而是从封建经济制度中产生的，农民是受了封建经济政治制度和封建思想的影响的。民主、平等的思想，是农民思想中最本质的东西，我国古代许多思想家，从孟子到唐甄，他们就都反映了这种思想。孟子提出的“民为贵，社稷次之，君为轻”的民主思想，其深厚根源正在于此。②

第三种观点认为，历史上存在两种皇权主义：农民皇权主义和地主皇权主义，二者有着本质的不同。宁可说：“应当承认农民有皇权主义思想，中国农民战争带有皇权主义性质。但是，它和地主阶级的皇权主义有本质区别。并且，不是农民思想和农民战争性质的主要方面。”农民的皇权主义不是某一个国家特殊现象，而是普遍现象，是从农民的阶级地位与历史地位产生的。小生产者的经济地位使他们很难自觉地意识到自己是一个阶级，必须有一个权威来代表他们。而其经济地位也使他们不能不受到封建专制主义的影响，不能不以封建皇权作为代表农民的权威的蓝本。不过，农民尽管从地主阶级那里接受了皇权主义的影响，却对它进行了改造，使它呈现了封建皇权主义不曾有过的新的、复杂的、革命的内容。地主阶级企图运用皇权来维护与加强自己的统治与剥削，农民拥护皇权却是为了减轻乃至免除压迫与剥削。农民

① 赵克尧、许道勋：《谈农民战争的平等、神权、皇权思想》，《江汉论坛》1980年第3期。

② 《天津历史学会举行讨论会探讨中国农民战争史的几个问题》，《光明日报》，1961年11月28日。

心目中的皇帝实质上是农民的皇帝。对农民来说,皇权主义不过是形式,后面隐藏着反对封建制度和对美好生活的愿望和要求。宁可认为,农民的皇权主义思想和农民战争的皇权主义性质只是农民思想和农民战争落后与局限一面的反映,而且不是农民思想与农民战争性质的主要方面。农民思想和农民战争的主要方面应当是从农民的劳动者、被剥削者的阶级地位产生的反封建要求与平均、平等思想,农民战争的革命性质及其对封建制度的打击等等。在农民革命的实际中,皇权主义思想和平均、平等思想,即民主主义思想,又奇特地纠结在一起。"皇权主义与民主主义这两个看来不相容的东西在农民革命中纠结在一起,正是农民及农民革命的两重性与局限性的具体表现。"①

董家遵说,农民有皇权主义思想。农民是私有者,比较保守,再加上地主阶级的宣传,这就使得农民不能不受到影响,对皇权有迷信的看法。然而皇权主义事实上是带有阶级性的,一般农民和起义农民的皇权主义与地主阶级的皇权主义应有严格的区分。地主阶级的皇权主义是要大家服从皇权来维护地主阶级的剥削和统治;农民战争中的皇权主义则是被利用为进行反封建斗争的一种号召力量。在中国农民战争史上,拥立"皇家后裔"为帝是屡见不鲜的,但是,"农民战争拥立皇家后裔有它自己的政治目的,其共同特点就是利用皇家后裔的身份替起义军服务,他们所谓的皇帝不是傀儡,便是农民的化妆。很明显,当时起义军中掌握武装力量和实际权力的不是傀儡皇帝,乃是农民领袖。它们所以建立皇权,其目的是镇压地主阶级,反击地主政权"。② 刘其发也认为,农民战争中的皇权主义渗透农民的民主主义精神,不能同地主阶级的皇权主义等量齐观。③

第四种观点认为,皇权主义是农民领袖的思想,而不是农民阶级的思想。田昌五说,并不能排除中国历史上农民起义中存在皇权主义的

① 宁可:《中国农民战争史上的皇权主义问题》,《光明日报》,1960 年 12 月 13 日。

② 董家遵:《谈谈"皇权主义"问题》。《新建设》1961 年第 6 期。

③ 刘其发:《试论农民战争的思想武器》,《江汉论坛》1979 年第 2 期。

问题，不过这是农民起义领袖的思想，而非农民阶级的思想。马克思在《路易·波拿巴的雾月十八日》里所说的家长制的个体小农需要有权威来代表他们，"只能证明代表农民的是皇权主义者，而不能说明农民是皇权主义者。因为，文中明明提到'他们不能代表自己，一定要别人来代表他们'，怎能把代表农民的'别人'和农民阶级划等号呢？"中国历史上的农民起义领袖来源很复杂，他们多半是各式各样的游民，还有从敌对阶级分化出来的失意分子，终生不出乡土的农民是很少有的。这些人有勇气，有谋略，有广泛的联系，多少了解当时的政治形势，因而能够成为农民的代理人。但也正是这些人，在不同程度上受到封建地主阶级的思想政治影响，有些在参加起义前就抱有帝王观念或野心，并把他们的皇权主义思想带到农民起义和农民战争中来。这样就决定了：一方面他们能够代表农民反抗地主阶级和贵族的封建统治，并用革命手段达到推翻和改造这种统治的目的；另一方面，被镇压或者成为改朝换代的工具又成为农民战争的宿命。"我们的任务是对皇权主义进行阶级分析，揭露其对农民阶级的欺骗和毒害，而不能把这种东西栽到农民头上，变成他们内在固有的思想灵魂。"①

白钢说，"斯大林关于普加乔夫是皇权主义者的论断，属于就个别问题所做的个别结论，把它当做普遍原理到处套用是不大合适的。尤其要注意将个别领袖人物与农民大众加以区分。如上所说，皇权主义即封建专制主义的实质是一个人独裁的专政，个别领袖人物在农民战争发展的一定阶段，滋生皇权主义的念头是可能的；但是，要说广大的参加起义的农民大众都想当皇帝，并由此而推衍出农民战争具有皇权主义性质，则是不可想象的，甚至可以说是荒谬的。因为当皇帝只能是一个人，如果人人当皇帝，那么皇帝就不成其为皇帝了"。白钢认为，中国封建社会经济政治结构和欧洲不同，斯大林所说的皇权主义是以

① 田昌五：《论"皇权主义"的一些问题》，《中国农民战争史研究集刊》第1辑，上海人民出版社，1979年；《关于农民战争研究中的几个理论问题》，《中国农民战争史论丛》第2辑，河南人民出版社，1980年。

领主制为基础的，而中国是以地主制为基础的专制主义中央集权国家，“皇帝在政治上是官僚政治的最高代表，在经济上是最大的地主，或者说是地主阶级的总头子。因此，历代农民战争，大凡是规模比较大的，往往在起义伊始，就把斗争矛头指向封建皇帝。那种‘反对地主，可是拥护好皇帝’的皇权主义者，并不多见。所谓并不多见，不能理解为没有。相反，历代农民战争中，却有一些领袖人物有皇权主义思想。这主要是接受地主阶级思想影响的结果。有皇权主义思想的领袖人物，或者只反贪官，不反皇帝，寄幻想于真命天子，或者拥戴皇室等等，但是，就整个中国农民战争史来讲，它不是农民运动的主流，不代表农民运动的正确方向”。①

三、中国农民起义是否具有皇权主义思想

因为对皇权主义的概念和阶级属性的看法不同，自然对中国农民战争是否具有皇权主义性质存在着分歧。主要有三种观点。

第一种观点认为，缺乏皇权主义性质是中国农民战争的特点。白寿彝说，我们并不否认中国农民曾经有过皇权主义思想，但并不是所有农民在整个封建时代里都是这样。从中国农民战争的历史来看，毋宁说缺乏皇权主义性质倒是中国农民战争的特点。中国农民战争的领袖曾经称王称帝，并模仿过封建王朝的样子设官分职，但不能因此得出结论，说他们是皇权主义者，因为他们提出的许多政治口号是和封建皇权不相容的。元、清农民军借用宋、明的招牌，主要的不是因为要用皇家后裔的身份，而是用做民族斗争形式的一种标志，在这里也看不出多少皇权的意义。②

田昌五主张皇权主义是农民起义军领袖的思想，不是农民阶级的

① 白钢：《论封建专制主义与农民战争的关系》，《中国农民战争史论丛》第5辑，中国社会科学出版社，1987年。

② 白寿彝：《中国历史上农民战争的特点》，《新建设》1960年第8、9期合刊。

思想，农民阶级的思想是以平均、平等为主要内容的农民民主主义，“这种思想在政治上和封建等级制度相对立，主张贵贱平等，在经济上和封建财产相对立，主张贫富平均”。“皇权思想是封建思想在农民战争中的反映，不能以此说明它是农民阶级的思想”。田昌五不同意皇权主义是中国农民战争属性的观点。①

王思治说，农民并不是和“皇权主义”必然联系在一起的。从主导方面说，农民是革命民主主义者，这是他们被剥削被奴役的阶级地位决定的，至于农民领袖称王称帝是各种复杂原因的表现，这是农民阶级局限性和地主阶级影响的结果。②

谢天佑认为，当起义农民既不是打着前朝皇帝的旗号、反对当朝皇帝，也不是打着前朝皇帝的旗号、反对地主官吏，就不属于皇权主义之列。中国封建社会长期处于统一的专制主义中央集权统治之下，封建皇帝直接压迫剥削农民，农民起义往往将斗争矛头直指皇帝。因此，不如说反皇帝是中国农民起义的特色。③

范达人认为，中国历史上的农民起义和农民战争不存在斯大林所说的“皇权主义者”，“中国农民战争不同于俄国农民战争，其主要特点是反对当朝皇帝，自己称王称帝”。“不能把俄国农民战争中‘拥护好沙皇’的思想和行动，与中国农民战争中‘自立为王’的思想和行动等同起来，笼而统之都称为‘皇权主义’”。实际上否定了中国农民战争存在皇权主义的观点。④

刘序琦认为，皇权主义既不是农民阶级所固有，更不是农民战争中一个带规律的现象。在欧洲封建领主制之下，农民对领主是人身、土地、司法等全面的依附关系，领主不但对农奴进行残酷的经济剥削，而

① 田昌五：《关于农民战争史研究中的几个理论问题》，《中国农民战争史论丛》第2辑，河南人民出版社，1980年。

② 王思治：《略论“皇权主义”》，《中国农民战争史研究集刊》第1辑，上海人民出版社，1979年。

③ 谢天佑：《皇权主义是哪个阶级的思想》，《文汇报》，1979年1月12日；《中国农民战争简史·写在前面》，上海人民出版社，1981年。

④ 范达人：《“皇权主义”比较研究》，《浙江学刊》1982年第4期。

且审判，当做财产一样处理，皇帝并不直接参与对农奴的压迫和剥削，所以农奴对领主仇恨深刻而对皇帝心存幻想，皇权主义较为浓厚。而中国秦汉以来是封建专制主义中央集权国家，皇帝直接对农民滥施淫威，农民亲身感受皇帝的压迫剥削，农民起义大都把矛头直接指向皇帝，对皇室进行坚决的镇压，不能说农民起义军像斯大林说的那样和拉辛、普加乔夫一样“反对地主、拥护好皇帝”。中国农民起义军拥护宗室之后为皇帝是出于斗争策略的考虑，这有不同情况：一种是为了利用他们的政治影响号召农民，如陈胜吴广计划拥立扶苏为帝，建国号为“张楚”，就是请出亡灵帮助自己，而不是真的要立什么扶苏为帝，建立什么楚国；另一种情况则是便于控制，如绿林军立刘玄为帝就是这一作用，实际权力掌握在起义军领导人手里。至于农民领袖自己称王称帝，更不能一概视之为皇权主义，称王称帝只是形式，不能根据形式定性质，相同的形式可以有不同的内容，而要看称王称帝以后实行什么政策，代表谁的利益，大顺政权就是典型的农民政权，因为它采取了一系列打击地主阶级、保护农民阶级利益的措施。所以，在中国农民战争中皇权主义思想不是主要的，不占支配地位，不能把皇权主义当做中国农民战争的思想武器。①

第二种观点认为中国农民战争带有皇权主义性质的特点。翦伯赞认为，只要封建的土地所有制存在，就有皇权主义思想存在。这种思想是阶级支配的原则在政治思想上的表现，认为外族入侵时才有皇权主义的说法，实际上是从这两种思想中抽掉了阶级内容。皇权主义与反对皇帝和皇朝是两件事，反对皇帝不等于反对皇权主义。农民推翻了皇帝，却并没有也不打算推翻皇帝制度，因此不能因为农民要推翻旧的皇朝和皇帝，便认为他们没有皇权主义。②

吴晗认为，历史上的许多农民起义，都要推翻封建王朝，建立自己

---

① 刘序琦：《关于中国农民战争的思想武器问题》，《江西师范大学学报》，1980年第1期。

② 《翦伯赞谈中国农民战争问题》。《人民日报》，1961年11月18日。

的政权。但他们所能想到的,总不能超越于他们的时代所出现的东西。在封建社会里,农民所看到的就是最高统治者,就是皇帝。他们反对不好的皇帝,要求有一个好皇帝,这是很自然的。当时既无新的阶级产生,自然不会出现新的政治机构。因此说中国历史上的农民战争没有皇权主义性质,是缺乏根据的。①

孙祚民认为,皇权主义并不是个别封建国家仅有的特点,而是世界各国农民战争中的普遍现象。和俄国比较,中国农民战争中的皇权主义色彩,是相对淡薄一些。但是,我们不能由此得出没有表现出皇权主义的性质的结论。因为尽管有些农民战争曾直接把斗争的矛头指向某个皇帝,反对甚至摧毁过那个王朝,但只能够用新的王朝去代替它。"皇帝"与"皇权主义思想"是两回事,不能混为一谈。只要农民不从根本上反对皇权的神圣不可侵犯,对"好皇帝"心存幻想,就仍然是皇权主义者。②

李桂海认为,在中国封建社会的农民起义中,不但有类似斯大林指出的那种形式的皇权主义思想,即农民领袖拥护"好皇帝"或以蒙难皇帝的面目出现,更突出的是,农民领袖们自己称王称帝,用农民自己推举出的"好皇帝"来反对当权的"坏皇帝"。形形色色的皇权主义思想的存在,是中国封建专制主义长期延续的精神因素之一。李桂海认为皇权是农民反对封建专制主义的一个思想武器,是农民起义的一面旗帜,确立了起义农民的奋斗方向。这表现在两个方面:一是皇权主义使农民在革命斗争中树立政权的观点,认识到建立自己政权的重要性。其次是树立了农民革命领袖的威望。但皇权主义的消极作用也不容忽视,统治阶级利用起义农民对皇帝的崇拜和迷信,削弱瓦解农民起义队伍,加速农民起义的失败;而农民自己也由于对皇帝的盲目崇拜和迷信

① 《新建设》编辑部:《关于中国历史上农民战争的性质、作用和特点问题》,《新建设》1960 年第 12 期。

② 孙祚民:《关于中国农民战争中皇权主义的问题》,《历史研究》1961 年第 5 期;《关于中国农民战争史研究中几个问题的意见分歧》,《文史哲》1979 年第 1 期。

造成内部不和,甚至引起分裂和内讧,从而导致革命的更快失败。①

唐文基认为,中国古代农民起义存在着皇权主义,迷信封建皇帝。其表现是在反对眼前的皇帝的同时,往往冒充某个皇帝的后裔或打着某个王朝的招牌,同时有着浓厚的宗族观念、地域观念和神权思想,是一种落后的思想意识,不但不具有革命性,而且"是使农民战争转化为改朝换代工具的酵菌"。但是,中国封建社会农民战争并非都打着皇权主义的旗号,有些农民战争领袖称王称帝,"带有鲜明的贫苦农民阶级色彩,具有明显的反皇权主义性质",如"铲平王"、"顺天王"等等王号反映了农民反封建的革命要求,要铲平不平等的封建政治和经济制度,要造以上天神权为精神支柱的皇权的反。这一类型的农民领袖的称王称帝则是反皇权的,而且随着时间的推移,反皇权的特点越来越突出,其反皇权的武器就是平等思想。"反对旧专制制度的斗争是农民平等思想在政治上的体现;反对农奴主大土地占有制的斗争,是农民平等思想在经济上的体现。农民在用平等思想反对大地主土地所有制斗争的同时,很自然地要用平等思想反对大地主土地所有制的最高捍卫者皇帝",从而打击了地主阶级的反动统治,推动了封建社会中进步思想家对君权的批判。但是,必须看到,农民反皇权思想有着严重的阶级局限性:它在经济上往往表现为绝对平均主义;在政治上往往表现为极端民主化。农民反对大土地所有制,希望代之以绝对平均主义;反对皇权专制,则希望代之以极端民主化。绝对平均主义不能战胜大土地所有制,极端民主化也不能战胜专制独裁的皇权。新王朝建立以后,地主文人又往往出来制造对新皇帝的迷信以代替对旧皇帝的迷信。几乎所有开国皇帝都长相奇怪,无非是用神道设教的方式给农民套上精神枷锁,再次变成皇权主义者。要砸开这个精神枷锁,又要到阶级矛盾再度尖锐、革命斗争重新发动之日。中国封建王朝建而复倒、倒而复建,农

---

① 李桂海:《论农民的皇权主义思想》,《中国史研究》1979 年第 1 期;《对农民一个历史侧面的考察》,河北教育出版社,1988 年,第 1 ~ 19 页。

民的皇权主义和反皇权主义也随之反复不已。①

苏双碧认为，封建社会中的农民并不是一概反对皇帝的，在封建盛世的时候，农民还会为圣明天子大唱赞歌，只有在王朝衰世、政治黑暗的时代，农民起义才反对皇帝，“不论是农民还是农民领袖都没有想从根本上废除皇权，更没有把皇权当成主义来反对。农民既然不能自觉地反对皇权主义，他们也就不认为皇帝的存在对他们是有害的。因此，他们也就不可能有批判皇权主义的思想武器。既然如此，对于皇权，农民起义者不但不会把它当做革除的对象，而是通过农民起义，对皇权进行改造，即推翻‘无道昏君’，拥立‘真命天子’，把‘坏皇帝’换个‘好皇帝’。因此，农民起义者本身绝不反对他们的领袖当皇帝”。②

周作明认为，中国封建社会农民阶级是皇权主义者。通过对秦末农民战争的分析，他认为无论是陈胜、刘邦、项羽等农民起义领袖，还是他们麾下的将领，还是普通民众，都有皇权思想。一方面反对秦朝的暴政，一方面起义军的领袖将帅们自己要做新的皇帝和王侯。广大农民更希望有一个好皇帝，劝陈胜称王、拥立六国之后为君等都是拥护好皇帝的表现。在这样思想支配下的秦末农民起义在完成推翻秦朝的任务以后必然要演变成为新皇帝位置的争夺战。随着楚汉战争的结束，刘邦当上皇帝，农民起义领袖当皇帝的理想变成了现实，农民阶级的皇权思想发展到了最高峰，农民起义也最终找到了它的归宿。③

第三种观点认为，农民的皇权主义是各国的普遍现象，但它不是中国农民战争性质的主要方面。宁可说，应当承认农民有皇权主义思想，中国农民战争带有皇权主义性质。农民的皇权主义并不是某些国家的特殊情况，而是普遍现象。这决定于农民的阶级地位和历史地位，首

---

① 唐文基：《中国古代农民战争中的皇权主义和反皇权主义》，《福建师大学报》，1978 年 4 期。

② 苏双碧：《实事求是评价农民战争的历史作用》，《人民论坛》2004 年第 1 期。

③ 周作明：《论秦末农民起义中的皇权思想》，《广西师范大学学报》1986 年第 1 期。

先，农民分散的、自给自足的小生产者的经济地位使他们很难意识到自己是一个阶级，而必须有一个政权来代表他们。其次，农民的小农经济处于依附地位，政治上受地主统治，他们不能创造出自己的政权形式，不能不以皇权作为自己政权的蓝本。但应该指出，农民的皇权主义思想和农民战争的皇权主义性质只是农民思想和农民战争落后与局限一面的反映，而且不是农民思想与农民战争性质的主要方面（农民思想和农民战争的主要方面应当是从农民的劳动者、被剥削者的阶级地位产生的反封建要求与平均、平等思想，农民战争的革命性质及其对封建制度的打击等等）。同时，在农民革命的实际中，皇权主义思想和平均、平等思想，即民主主义思想，又奇特地纠结在一起，这正是农民及农民革命的两重性与局限性的具体表现。还要看到，中国农民的皇权主义有自己的特点：第一，中国的专制主义的中央集权的封建国家早在秦汉就已经出现，它的残酷统治较快与较明显地暴露了皇帝的真面目，使农民对皇帝的幻想较快与较易消失。第二，由于阶级斗争的剧烈与其他原因，最高权威的化身皇帝没有形成固定不变的封建统治的象征，王朝更替相当频繁。这使农民在斗争中敢于推翻旧王朝与旧皇帝，用农民的皇帝去取代封建皇帝。因此，中国农民的皇权主义要淡薄一些，革命色彩更明显一些。①

漆侠认为，中国古代农民起义和农民战争无疑是存在皇权主义的，“起义农民有时借助于某个封建统治者的名义，发动起义，反对另一个封建统治者”；“有时支持、拥戴一个皇帝，或者恢复旧皇朝，反对作为现行压迫者的皇帝”；“至于起义领袖称王称帝称将军等等，以及他们的组织机构模仿封建政体而设官分职”等等，都是皇权主义的体现。但是，这些并不占主导地位，这些都是形式。就农民阶级的思想本质来说并不是皇权主义，而是革命的民主主义，“在农民战争过程中表现出民主、平等的思想和革命要求”。起义过程中所表现出来的皇权主义

① 宁可：《中国农民战争史上的皇权主义问题》，《光明日报》，1960年12月13日。

来自于地主阶级的影响。因此之故,起义农民所建立的政权是"君主政体和革命民主主义的独特结合"。"在这种独特形式的农民政权下,革命农民内部各成员间处于平等的关系,谁也不剥削谁,谁也不压迫谁;同时,为改善自己的境遇追求一个美好的生活,总是以革命暴力,打击那些骑在他们头上的地主、豪绅、贪官、污吏,以及高高在上的皇帝"。①皇权主义是地主阶级的思想,农民受其影响,在农民起义和农民战争中也有过积极作用,"至少在支持一个皇帝、反对另一个皇帝或一些地主统治集团的腐朽残暴统治时,是起了号召群众、组织群众等作用的。但是皇权主义毕竟是地主阶级的政治思想、观点,因而对于农民革命也就起着腐蚀、破坏、分裂、瓦解等一系列的严重危害作用。固然,一些钻进起义军中的地主、贵族分子,利用皇权主义兴妖作怪,攘夺农民革命胜利的果实,转变为封建政权;就是农民出身的一些领导人物沾染上了皇权主义,也出现了许多问题",追逐权力、蜕化变质的思想根源就在这里。②

四、结束语

皇权主义本来是斯大林针对拉辛和普加乔夫起义而言的。斯大林对中国历史所知有限,并不了解古代中国的社会经济结构、农民起义和农民战争情况。学者们把斯大林的具体评论当做了普遍原理,用来判定中国古代农民阶级的思想意识,把中俄农民阶级历史差别的分析则放在了次要地位,在方法上犯了教条主义的毛病。中国古代虽然是皇权专制社会,但是并不等于中国古代的农民就是天生的皇权主义者,而是要具体分析皇权给农民带来了什么。皇权带给农民的是幸福,而且农民意识到自己的幸福是皇帝带来的,说农民拥护好皇帝、拥护皇帝制

---

① 漆侠:《关于皇权主义问题》,《天津日报》,1962 年 1 月 3 日,氏著《求实集》,天津人民出版社,1982 年。

② 漆侠:《读〈李自成〉——论农民的革命民主主义》,《文史哲》1978 年第 6 期。

度，尚有其认识基础。如果皇权带给农民的是灾难，说农民拥护皇帝制度就难以理解了。中国古代的农民既然是自在的阶级，并没有意识到自己苦难和幸福的根源都决定于皇帝和皇帝制度，也就不存在拥护好皇帝和皇帝制度的自觉。

按照斯大林的定义，皇权主义的内容是“反对地主，但拥护好皇帝”。系统考察中国历代农民起义和农民战争的斗争目标绝非仅仅反对地主，更不是要拥护哪一个好皇帝，农民起义的矛头总是既指向地主也指向封建官府和封建王朝，而对官府的打击尤其激烈，根本无法套用“反对地主，拥护好皇帝”命题。所以，无论说中国古代农民是皇权主义者还是非皇权主义者，在方法上都是从既定的理论命题出发的形式逻辑的推演，都缺乏科学的历史分析。尽管皇权主义的讨论，极大地推进了对古代农民思想状况的认识，但是，其方法上的局限性是不容忽视的。

中国自秦朝以来就处于专制皇权的统治之下，历代统治思想的核心就是维护专制皇权的合理性、正义性、永恒性，在中国历史上，当然存在着皇权主义思想，但是这个皇权主义的内涵并非如斯大林所言的“反对地主，但拥护好皇帝”，更不是农民阶级的天然意识。当然，在任何时代，统治阶级的思想总是占统治地位的思想，统治阶级总是千方百计地向被统治阶级灌输其思想意识，被统治阶级不可避免地要受到统治阶级的思想影响，会不自觉地把统治阶级的思想贯穿到日常行为中去。但是，这并不等于说被统治阶级没有自己的思想，相反基于其被统治、被压迫、被剥削的地位所产生的思想意识天然地和统治阶级所宣扬的思想意识有着对抗性，只是这种思想意识不占统治地位而已。所以，尽管中国古代的农民不可避免地受到统治阶级思想的影响，也会崇拜皇帝，希望圣明天子带给自己幸福和安康，但是不能据此得出结论，说皇权主义是农民阶级与生俱来的，也不能因为农民起义领袖的称王称帝就说农民是皇权主义者；不能根据农民领袖的称王称帝，就说农民是拥护皇帝的制度。因为，拥护皇帝制度是相对于反对皇帝制度而言的，是建立在制度自觉的基础之上的，是比较而后做出的选择。在古代中国社会，没有和皇帝制度并行的其他制度，农民起义领袖也好，广大农民也好，没有比较选择的可能。所以，讨论中国古代农民起义和农民战争的皇权主义，本身是用现代理念去衡量古人行为。其目的依然在于说明失败是传统农民战争的宿命，只有在中国共产党领导之下农民革命才能摆脱失败的命运，而中国共产党在领导农民取得新民主主义革命胜利以后，必须对农民进行思想改造，改掉农民与生俱来的封建思想并以之论证社会主义制度的合理性和必然性。

第五章　农民战争与宗教的关系

马克思在《〈黑格尔法哲学批判〉导言》里曾经指出："宗教是人民的鸦片。"①恩格斯在《路德维希·费尔巴哈和德国古典哲学的终结》中指出，欧洲"中世纪把意识形态的其他一切形式——哲学、政治、法学，都合并到神学中……因此，当时任何社会运动和政治运动都不得不采取神学的形式；对于完全由宗教培育起来的群众感情说来，要掀起巨大的风暴，就必须让群众的切身利益披上宗教的外衣出现。"②在《德国农民战争》中，恩格斯又说："由此可见，一般针对封建制度发出的一切攻击必然首先就是对教会的攻击，而一切革命的社会政治理论大体上必然同时就是神学异端。为要触犯当时的社会制度，就必须从制度身上剥去那一层神圣外衣。"③中国封建社会不存在欧洲中世纪那样的教会和神学，在中国古代农民战争中，也不是每一次农民起义都采取宗教的形式。但是，从陈胜吴广的"篝火狐鸣"、黄巾军的太平道、孙恩卢循的五斗米道、元末的白莲教，到太平天国的拜上帝会，几乎历次大规模的农民起义都和宗教有着不解之缘。那么，宗教与农民战争究竟是什么关系，有什么作用，如何理解宗教是人民的鸦片等等，就成为农民战争史研究的问题之一，也就有着这样那样的争论。

---

① 《马克思恩格斯选集》第 1 卷，修订 2 版，人民出版社，1995 年，第 2 页。

② 《马克思恩格斯选集》第 4 卷，修订 2 版，人民出版社，1995 年，第 255 页。

③ 《马克思恩格斯全集》第 7 卷，人民出版社，1959 年，第 401 页。

1954年,赵俪生、高昭一在《试论中国农民战争的特点》一文中,把"宗教与秘密结社提供了中国的农民起义以组织的条件"作为中国农民战争的四大特点之一。认为中国古代的农民是分散的,不容易组织起来,除了比较晚期的农民起义有单纯的政治经济要求如李自成的均田免赋来号召起义以外,"一般都是采取宗教与秘密结社的组织动力,来与统治阶级展开艰苦的连绵的斗争"。① 第一次把宗教和中国古代农民战争史研究联系在了一起。1956年,孙祚民发表《中国农民战争和宗教的关系》一文,对赵俪生、高昭一的观点进行了系统的展开,系统论述了农民战争中的宗教的表现形式、历史作用和局限性,可以说是新中国成立以来第一篇全面论述宗教与农民战争关系的论文。②

1959年第9期《学术月刊》发表杨宽《论〈太平经〉》一文,认为由于历史条件的限制,中国历史上的农民起义,常常"不得不利用宗教作为他们宣传活动和组织的方式,同时他们的理论也不得不穿上宗教的外衣"。他还认为,《太平经》是"我国第一部农民革命的理论著作"。

1960年第2期《学术月刊》发表陈守实的《论曹魏屯田》一文和他在复旦大学历史系的科学报告会上所作的题为《宗教与农民起义关系》的报告,则提出了与杨宽不同的看法。他认为,宗教在农民战争酝酿时期,只起组织作用。在起义发动后,宗教迷信便立刻消解,转入政治性的革命实践。把"苍天已死,黄天当立",或"弥勒佛下降","真命天子出世"甚至于"太平理想"等等,当做农民战争的政治口号或革命纲领,乃是违反原则的绝大错觉。因为"农民战争的基本性质与宗教迷信是完全对立的"。③

1960年三四月间,上海史学界就中国封建社会的农民战争问题举行了两次讨论会,农民战争与宗教的关系问题,在会上引起激烈的争论。后来,这个问题引起了各地史学工作者的注意,各大报刊纷纷发表

---

① 赵俪生、高昭一:《中国农民战争史论文集》,新知识出版社,1954年。

② 孙祚民:《中国农民战争问题探索》,新知识出版社,1956年。

③ 陈守实:《论曹魏屯田》,《学术月刊》1960年第2期。

争鸣文章，许多省市的史学界也召开了讨论会，于是逐渐形成一个全国规模的讨论高潮。“文革”爆发，讨论中断。“文革”结束以后，人们旧话重提，讨论又继续展开。至1980年代末以后，宗教与农民战争关系问题逐渐淡出人们的视野。从1990年到2007年涉及农民战争与宗教关系的论文不足20篇，而且主要是讨论欧洲中世纪农民起义中的宗教问题的。

综合上述讨论，争论主要集中在三个问题上：一是农民战争中宗教的性质，二是农民战争与宗教的关系，三是宗教在农民战争中的作用。

一、农民战争中宗教的性质

马克思谓“宗教是人民的鸦片”。毛泽东说“政权、族权、神权、夫权，代表了全部封建宗法制度和思想，是束缚中国人民特别是农民的四条极大的绳索”。毛泽东所说的“神权”，就是“由阎罗天子、城隍庙王以至土地菩萨的阴间系统以及由玉皇上帝以至各种神怪的神仙系统——总称之为神鬼系统（神权）”，[①]也就是中国的宗教权力。既然宗教是人民的鸦片，是统治者统治人民的绳索，那么如何解释中国历史上农民战争中的宗教现象？有没有被压迫者的宗教？宗教对农民战争有着怎样的作用？就成为研究农民战争与宗教关系首先要回答的问题。

关于农民战争中宗教的性质，学界有三种不同的看法。

第一种意见认为，中国封建社会农民战争中的宗教和其他宗教的性质一样，都是人民的鸦片。首先明确提出这一看法的是陈守实。陈守实认为宗教和农民战争是两回事，从宗教的实质看，宗教恰恰是农民战争的反面。它主张人民对于现实的痛苦采取祈祷，将敌人放到地狱里解决，将现实痛苦放在天堂里解决，自己的痛苦到未来、彼岸去解决。宗教是人民的鸦片，不仅是指统治阶级所利用的，而且是指自发的不被

① 毛泽东：《湖南农民运动考察报告》，《毛泽东选集》，第1卷，修订2版，人民出版社，1991年，第31页。

统治阶级所利用的，都是如此。[1] 陈守实说，“非常清楚，宗教与革命产生于同一个社会根源，即社会的贫困与落后，但是走着两条背道而驰的路，宗教是用诅咒、祈祷把希望寄托于来世，而革命是经过斗争反抗，把解除一切痛苦的希望，寄托在现实的根本改造。农民运动与宗教的不同之处在于，农民运动把对现实的不满，诉诸斗争，在群众性的斗争实践中，不但逐渐认识了现实，而且能够改造现实，至少也能使现实发生变化”。[2] 赵人龙的看法和陈守实相同，认为宗教的发生是对现实不满的表现，而改变现实有两种方法：就是宗教和农民战争。宗教和农民战争的出发点是一个，然而两者的道路却是相反的。宗教是远离经济基础的上层建筑，往往落后于物质生活，它在社会发展中只扮演了一个“鸦片烟”的角色。[3]

陈嘉铮、龙德瑜看法和陈守实完全相同，认为宗教是人类历史发展上的幼稚病，是人类对自然软弱的表现。“宗教是用诅咒、祈祷把希望寄托于来世，而革命是经过斗争反抗，把解除一切痛苦的希望，寄托在现实世界的根本改造”。恩格斯关于原始基督教有过这样的论述：“基督教像近代劳动者之运动一样，原是一种被压迫者的运动；它最初的表现是一种奴隶和自由人的宗教，贫穷者的宗教，被放逐者的宗教，服属于罗马和为罗马所分散的民族的宗教。”[4]陈嘉铮、龙德瑜引述恩格斯的这一段话以后认为，不能根据恩格斯的这一段话得出被压迫者可以

---

① 《上海历史学界关于中国农民战争与宗教关系问题的讨论》，《文汇报》，1960 年 9 月 6 日。

② 陈守实：《农民运动与宗教》，《中国农民战争史论丛》第 2 辑，河南人民出版社，1980 年。

③ 《上海历史学界关于中国农民战争与宗教关系问题的讨论》，《文汇报》，1960 年 9 月 6 日。

④ 陈嘉铮、龙德瑜引述的恩格斯的这段话，可能是从考茨基《基督教之基础》（叶启芳等译，1932 年由神州国光社第一次出版，三联书店 1955 年重版）一书，因为在该书第四编第六章“基督教与社会主义”中，考茨基援引了恩格斯的这段话（1955 年版第 469 页）。叶启芳等的中译文正和陈嘉铮、龙德瑜的引述一致。《马克思恩格斯全集》第 22 卷中的这段译文，与叶启芳等的译文大不相同。见：《马克思恩格斯全集》第 22 卷，人民出版社，1965 年，第 525 页。

有自己的宗教的结论:"恩格斯的意思是说,这个宗教最初是在被压迫者的范围内流传的,世界上不可能真正有为被压迫者服务的宗教,哪怕是原始基督教,它对于奴隶也没有做过好事。"①赵克尧、许道勋认为,农民战争中的天命观和宗教是一种落后的封建意识,不存在同地主阶级天命观与宗教的对立。黄巾起义提出的"苍天已死,黄天当立"属于封建阴阳五行思想,迷信的做法,和地主阶级天命论没有两样。②

郑天挺认为,封建时代农民组织常常以宗教迷信为联系的纽带,但秘密宗教本身没有推翻统治阶级、建立新的理想的明确思想。教义的个别方面可能反映了当时人民的愿望,给予对现实生活不满的人以某些安慰,因而它能够吸引人民,长期在民间流行,为人民所信仰。秘密宗教不是一开始就以反对统治者为号召的,而是在一定的历史条件下,恰好反映了当时的主要矛盾,从而为群众所接受,不满现状,起来斗争,发展为反对当时统治阶级的团体。于是,秘密宗教便成了推动农民革命的工具,人民用它作为号召群众和扩大影响的工具,而不是推广它本身的教义。在农民起义行动起来以后,领导和组织革命的是人民的智慧和经验,而不是宗教的教义。③ 在这里,郑天挺实际上把秘密宗教的教义从农民革命中剥离出去,农民革命和教义本身无关。

王春瑜以明末农民战争为例,指出封建社会不存在农民战争将统治阶级宗教神学改造为农民起义的革命思想武器的问题。历代统治阶级都采用神道设教的方法,用宗教麻痹人民的反抗思想,明王朝亦不例外,神权是套在劳动人民头上的四大绳索之一,农民不可能排除宗教的迷雾,真正跳出神权的牢笼。明末农民起义对明王朝所宣传的天命是一个沉重的打击,但是,起义军并没有摆脱天命论的束缚,随着起义的胜利,在封建化的道路上走得越来越远。作为神权的精神支柱的天命

① 陈嘉铮、龙德瑜:《论"四权"与中国古代农民战争的关系》,《学术月刊》1960年第12期。

② 赵克尧,许道勋:《谈农民战争的平等、神权、皇权思想》,《江汉论坛》1980年第3期。

③ 《郑天挺谈农民起义和秘密宗教关系》,《历史研究》1962年第1期。

观,是反动的落后的意识形态,如果以为农民起义军可以把它改造为另一种有益于自己的革命武器,只不过是想当然罢了。天命论只有一个,历史上不存在农民阶级的、革命的天命论。在封建社会,农民起来反抗封建社会时,是动摇神权,决不是夺取神权。①

第二种意见认为,中国农民战争所利用的宗教是被压迫者的宗教,和统治阶级用来麻痹人民的宗教有着本质的不同。孙祚民认为,在阶级社会里,统治阶级的思想虽然是占统治地位的思想,但并不等于说统治阶级完全垄断了思想。恰恰相反,在阶级社会里,由于不同阶级在生产中所处地位不同,对生产手段的占有不同,对于财富的获取手段与多寡不同,要求的利益不同,在思想意识上必然分化和分裂。被统治阶级也产生自己的思想,和占统治地位的统治阶级的思想相对立,并展开不可调和的斗争。"农民起义和战争相结合的宗教,不是统治阶级用来麻醉和欺骗人民的上层宗教,而是在宗教分化过程中分裂出来的,不同内容的,在广大农民群众中生根长大的农民自己的下层宗教。它和统治阶级的上层宗教,名同而实异,它维护农民阶级的利益,是统治阶级上层宗教的'异端'体系"。中国道教在形成以后就分化出为巩固地主阶级统治服务的地主阶级的上层道教,而下层道教则在民间广泛传播,"酝酿着下一次的农民起义和战争"。②

杨宽认为,欧洲封建社会前期拜占庭和保加利亚农民起义所利用的"异教",中期意大利、英格兰、捷克农民起义所利用的教派,和后期德国农民战争所利用的"异教",同剥削阶级作为麻醉人民的鸦片烟的宗教比较,正如恩格斯所说的,具有"完全不同的性质"。中国历代农民战争所利用的宗教,是和农民革命思想相联结而发展起来的。他们宣传的主要教义实质上是披着宗教外衣的农民革命思想。他们的平等、平均等朴素的政治理想也往往凭借宗教的语言加以发挥,他们的组

① 王春瑜:《论"四权"与明末农民战争的关系》,《中国农民战争史论丛》第2辑,河南人民出版社,1980年。

② 孙祚民:《中国农民战争和宗教的关系》,《中国农民战争问题探索》,新知识出版社,1956年。

织也借用宗教的形式,实质上是农民革命的组织。黄巾起义所利用的太平道就是作为当时的神学异端出现的,《太平经》的“太平”、“大平均”思想是从农民阶级的利益出发,解决当时农民的困苦着眼,根据农民的平均主义思想,采取黄老道家学说作为理论依据,创造了太平的理想社会,提出了明确的政治要求,对后世产生了深远的影响。所以,就形式说,农民起义所利用的宗教是宗教的“异端”;就其实质说,是农民阶级发动、组织革命的手段。它被统治阶级看做“妖贼”、“邪教”,和当时一般公开传播的、作为麻痹和奴役人民工具的宗教根本不同。①

何兹全认为,在我国历史上,许多农民起义都是借助于宗教的组织力量而组织起来的,农民斗争的纲领也往往以宗教的形式表现出来。如太平道、五斗米道以及太平天国的拜上帝教都是。在封建神权时代革命的阶级斗争往往采取宗教的形式,斗争才更有力量。宗教有时代性,也有阶级性。同是道教,有地主阶级的道教,也有人民的道教。地主阶级道教的奠基人葛洪就对农民领袖张角恨之入骨,要杀无赦。何兹全说,马克思所说的宗教是人民的鸦片,并非泛指一切时代、一切阶级的宗教。农民战争中宗教所起的作用,积极面是主要的,消极面是次要的。②

吕振羽认为,中世纪是存在着与统治阶级宗教相对立的农民阶级的宗教的,并且作为阶级斗争的工具而发挥作用。尽管从本质上说,宗教是鸦片,而对于中世纪的农民来说宗教是阶级和历史局限下的产物,是为革命服务的,在抵制地主宗教方面是起了积极作用的。③

钟肇鹏认为,不能因为中国历史和欧洲有别,就否认中国有恩格斯所说的“异教”的存在,“异教”的存在条件不是从宗教形式上判断,而

---

① 杨宽:《论太平经——我国第一部农民革命的理论著作》,《学术月刊》1959 年第 9 期。《论中国农民战争中革命思想的作用及其与宗教的关系》,《学术月刊》1960 年第 7 期;《再论中国农民战争中革命思想的作用及其与宗教的关系》,《文汇报》,1961 年 1 月 15 日。

② 《新建设》编辑部:《关于中国历史上农民战争的性质、作用和特点问题》,《新建设》1960 年第 12 期。

③ 吕振羽:《关于农民战争问题的讨论》,《学术月刊》1982 年第 1 期。

应从阶级斗争的实质中分析。在中国的历史上,宗教也和其他国家一样,一方面它被反动统治阶级利用做巩固统治的工具,另一方面被压迫阶级也曾经利用它作为反抗反动统治的一种联系群众的纽带。统治阶级可以利用神权说服人民、麻痹人民,维护其统治;被统治阶级自然能够利用宗教神权号召群众起来反抗,自然产生宗教异端。那种认为宗教异端只能产生于佛教、基督教、伊斯兰教等世界性宗教的看法是错误的。说中国道教在世界上没有影响,因而不存在产生异教的社会条件,不仅对宗教做了狭义的理解,更是对异教产生的阶级根源社会根源的不了解。墨子的"尊天明鬼"就具有小生产者的宗教世界观的性质,太平道、五斗米道、摩尼教、白莲教等都是发动农民起义的异端教派。"农民革命的异教始终是与历代封建王朝相对立的。这种异教,经常与农民起义结合推翻封建王朝的政权,而封建王朝对农民异教,也是加以严厉的禁止和残酷的镇压,两者正是针锋相对的。"①

关履权认为,宗教是有阶级性的,农民起义领导、利用宗教组织群众进行武装革命斗争和统治阶级利用宗教作为麻醉人民的工具截然不同。就是同一种宗教,当用做农民起义反抗封建统治的工具时,和统治阶级利用为统治武器时的内容、作用和意义也根本不同。统治阶级借天命欺压人民,农民起义所借用的"天"却是指革命主宰、客观规律或者必胜的革命信念。②

李锦全认为,地主阶级有地主阶级的天命观,农民阶级有农民阶级的天命观,起义农民则往往将前者作为封建政权的象征加以推翻,并建立新"天"来赋以本阶级的理想,如起义农民要"重开混沌之天"等,就是要用农民的平均、均平之天代替地主之天,就是要变地主阶级之天为农民阶级之天,这是两个阶级两重天。在封建社会统治者和革命人民都利用天命观,农民阶级的天命观也属于唯心主义的范畴,但必须认识到,农民的天命观维护的是农民阶级的利益,应该在政治上分清两个阶

① 钟肇鹏:《论异教的产生、性质和作用》,《学术月刊》1961 年第 2 期。

② 关履权:《中国农民战争与宗教的关系》,《光明日报》,1961 年 2 月 23 日。

级之天的界限，区别不同阶级的实质和政治内容。①

沈定平认为，农民领袖的天命观和封建统治者的天命观有相通之处但更有区别。因为历史条件的限制，农民领袖的天命思想是在承认人格神的前提下发展起来的，也无法突破有神论的藩篱达到无神论的境界，在这一点上和封建统治者的天命观之间有相通之处，它们都是生产水平低下、人们只能听命于大自然的历史条件的产物。但是，农民领袖敢于嘲弄和轻蔑天命，表现突破天命观束缚的愿望。而统治阶级则不敢有任何冒犯和亵渎的念头。统治者宣扬君权神授，目的在于巩固对农民的精神统治。农民领袖宣扬天命则是为本阶级夺取政权制造舆论，尽管有一定的消极因素，但是并没有改变他们推行的镇压"王侯贵人"、拯民于水火之中的既定政策。"表面上看，农民领袖和封建统治者似乎都在争夺天命，借此笼络人心扩大影响，实际上，他们是在为不同的阶级政策制造舆论，具有鲜明的阶级内容。"②

戎笙、龙盛运、何龄修认为，农民起义利用的宗教源于统治阶级的宗教，统治阶级为了麻醉人民做驯服工具，宣扬一些平等、崇尚光明、向往天堂幸福的观念作为外衣欺骗人民。农民阶级就利用这些外衣宣传自己革命思想。如利用"天国平等"来争取人世间的平等，利用"光明正直"反对现实黑暗、反对压迫剥削，利用"天国"唤起百姓对美好生活的憧憬，利用"君权神授"宣布自己也受命于天，形成了自己的宗教。这些宗教有新特点：第一，有强烈的斗争性，特别明显地表现在对"太平"的解释上，要消灭现实的不平而求得永久的太平，不带有任何阶级调和的色彩。第二，不是为现存统治秩序做辩护，而是为农民阶级的革命事业做辩护。第三，被统治阶级视为"邪教"、"妖教"、"旁门左道"、"教匪"等，受到残酷的武力镇压。第四，对内部提倡互助团结友爱。第五，一般带有禁欲主义色彩，如薄葬、素食、不饮酒、不近女色等，摈弃

① 李锦全：《试论李自成思想》，《学术研究》1978 年第 3 期。

② 沈定平：《再谈农民领袖的天命思想——兼复蒋祖缘同志》，《学术研究》，1980 年第 4 期。

一切人生享乐的要求，对农民战争有着积极的作用。但是，不能因为农民阶级利用宗教的“太平”、“平等”、“天国”、“幸福的乐园”等宣传自己的革命思想就得出农民战争的口号是从宗教教义中引申出来的结论，或者说是宗教教义激起了暴风雨般的农民革命。谁都知道，宗教并没有那种呼风唤雨般的本领，不可能凭空唤起一阵革命的暴风雨来。“太平”、“平等”、“天国”、“幸福的乐园”等字眼对于宗教来说不过是鸦片烟的一阵诱人的芳香而已，农民只是受到某些启示，借用其教义来解决现实问题。①

唐明邦认为，起义农民有自己的神学异端，是革命农民根据斗争的需要而创造的符合自己思想情感、生活方式、文化水平的一种宗教，是一种独立的社会意识形态，是自成体系的上层建筑，有自己独特的阶级内容。它鼓舞人民坚持革命斗争，把现世利益看得比正统宗教宣传的来世幸福更为重要，号召人民团结起来，以献身精神去摧毁封建统治，为世上百姓夺取天国，改造不合理的社会，改善劳动人民的生活。它在形式上和正统宗教有相似性，在本质上则是相对立的。农民的神学异端所树立的自己偶像诚然也是超自然的权威，但它是农民革命意志的体现，是农民革命权威的化身；它号召人民抛弃那种屈从现实、隐忍苟活的懦弱态度，去设想所要追求的幸福生活，树立与现实相反的社会理想，在经济上要求平均，反对剥削；在政治上要求平等，反对封建等级压迫；在社会道德上要求平等互助，诚信不欺，反对恃强凌弱，以众暴寡。号召农民献身于自己的理想，用鲜血和生命夺取现实斗争的胜利，建立尘世的天国。②

范达人认为，“宗教色彩”是有阶级性的，在阶级社会中存在着被压迫者的宗教。宗教是上层建筑的一部分，在存在着阶级对立的社会中，不同阶级的利益愿望反映到上层建筑领域，就造成维护统治阶级利

① 戎笙、龙盛运、何龄修：《试论农民战争和宗教的关系》，《人民日报》，1960年10月17日。

② 唐明邦：《试论我国农民战争中的神学异端》，《武汉大学学报》1979年第4期。

益的“正教”、“国教”,和代表被剥削、被压迫人民意愿的“异端邪教”、“旁门左道”。黄巾起义的太平道、太平天国的拜上帝会都是被压迫者的宗教。这些被压迫者的宗教和统治阶级作为统治工具的宗教具有鲜明的不同,其体现一是具有反抗性。太平道与统治阶级的道教鼓吹的“安贫乐贱可长久,贱反求贵道相妨”相反,主张反抗封建朝廷,取而代之。太平天国的拜上帝会把清朝皇帝官僚地主看做阎罗妖、妖徒、鬼卒,统统铲除,建立一个“有田同耕,有饭同吃,无处不均匀,无人不饱暖”的太平天国。其次,在组织机构和内容上,不是愚弄人民的工具,而是在宗教外衣的掩盖下起义农民的政治组织、经济组织、军事组织,对内则是一个互助团体。其三,其成员具有群众性与人民性,成员大都是贫苦百姓,领袖不是像统治阶级头目那样是剥削制度的维护者,而是代表被压迫的劳动人民的利益,执行着反对封建剥削,为人民谋利益的纲领,与统治阶级的宗教组织根本对立。①

还有的学者认为,农民起义军所利用的宗教如黄巾起义的太平道、北魏下层僧人法庆起义的大乘教、方腊起义的明教、太平天国的拜上帝会等,它们所推崇的“神”或者“天”是与官方宗教神学相对立、具有革命性质的“神学异端”,而农民的革命行动,拆毁庙宇与祭坛,打倒偶像,冲击神权,对封建正统神学扫荡最为有力,属于无神论的范畴。农民起义军中的神学异端,是中国历史上无神论反对有神论斗争的同盟军,甚至可以说是主力军,应在中国无神论史上占有突出的地位。当然这些宗教形式对农民起义也有消极影响,但其革命的进步作用是主流。②

第三种意见认为,中国农民战争所利用的宗教是被压迫着的宗教,但也是人民的鸦片。白寿彝认为,宗教是有阶级性的,地主有地主的宗教,农民有农民的宗教。纵然属于同一个宗教,农民的白莲教、弥勒教

---

① 范达人:《农民战争“宗教色彩”的比较研究》,《北京大学学报》1983 年第 6 期。

② 牟钟鉴:《中国无神论学术讨论会讨论的主要问题》,《哲学研究》1979 年第 2 期。

跟地主阶级的佛教也决不会相同。中国封建社会的农民战争，有时利用神秘主义的形式出现，有时是利用异教的形式出现，也有的是不利用这两种形式而以武装起义的形式出现，无论以哪种形式出现，同样都是首先要剥去封建制度上掩盖着的这样或那样的神秘外衣。然而，宗教还是宗教，它在农民战争中也不可能起本质上的变化，在一定情况下仍然起着鸦片烟的作用。①

熊德基认为，在中国封建社会，统治者剥削者必然是依据他们对自然和社会的认识，阶级利益和感情，来建立其宗教思想和宗教形式，以保证其政治上的需要和精神上的寄托；这就是居于统治地位的“正教”。但下层广大人民（主要是农民），他们处于被压迫被剥削的地位，他们对世界的认识，对阶级的压迫和本身的愿望，也不能不反映到宗教领域中来，形成“异端”宗教。两类不同倾向的宗教有其认识上的共同性，有内在的联系，不过这并不能泯灭由于阶级对立所形成的区分。但尽管是下层人民的“异端”，在面向神、面向来世或天堂而安分守己的思想感情下，与面向现实的反抗斗争是背道而驰的。故而任何宗教本身都没有革命的因素。马克思说的“宗教是人民的鸦片”，这是确然不易的真理。这类“异端”可能与农民战争相结合，主要基于作为宗教性质的规定性之一的矛盾——阶级矛盾，而不是由于宗教的神、经卷或什么教义。②

张作耀认为，马克思主义经典作家既提出了“宗教是人民的鸦片”，也提出了“被压迫者的宗教”。这是从宗教的一般性质和宗教的阶级性两个不同角度来分析宗教的性质，不应把两个概念对立起来。所谓被压迫者的宗教，就是反映被压迫者要求的宗教，它对压迫者必须是反抗的，必定是直接与统治阶级的政权、神权相对抗，因此为统治阶级所不容而受到镇压。这样的宗教在历史上是有过的，如德国农民战

① 白寿彝：《中国历史上农民战争的特点》，《新建设》1960 年第 8、9 期合刊。

② 熊德基：《中国农民战争与宗教及其相关诸问题》，《历史论丛》1964 年第 1 辑。

争领袖闵采尔利用的宗教就是把已经转化为统治阶级服务的宗教改造为被压迫者的宗教(或者说恢复了原始教义)的典型,闵采尔笔下的基督并不是仁慈的,它公开宣言,带来的不是和平,而是刀剑。又如黄巾军所利用的太平道、宋元明清间的白莲教、太平天国的拜上帝会也是如此。太平道的经典《太平经》确实反映了贫苦农民不少的呼声,提出了一些原始农业社会主义的思想因素,不能把这种反映了农民要求和呼声的宗教看做和统治阶级所支持的宗教完全一样。白莲教在元末农民起义期间所宣传的主张和正统佛教完全不同,供奉的虽然是弥勒,但这个弥勒要"出世"坐天下,要分土地给农民,要杀尽人间不平,显然这是个"宗教异端"。至于太平天国的拜上帝会是原始基督教教义和中国大同思想糅合而成,主张的是革命的宗教理论,更是被压迫者的宗教。张作耀认为,中国农民战争所利用的宗教有自身的特点,表现在:大都有农业社会主义的思想特征,鼓吹平等平均;敬奉专事杀伐的神祇;有更加严格的禁欲主义色彩,而这些禁欲主义主张对于头领们来说并不一定执行,创造者本人并不一定是禁欲主义者;宗教组织和政治组织、军事组织合一。如果和其他国家农民战争所利用的宗教相比较,还有一个源流广、派别多的特点。①

有的学者反对把农民起义中的宗教纳入革命的范畴。认为宗教是人民的鸦片,是一种消极荒谬的东西。它与剥削阶级的利益相一致,而与农民革命的利益在本质上是对立的。因此不能认为宗教神学一经农民革命所利用,就可以改造为革命的宗教。虽然在农民起义初期,某些宗教形式起过一定的积极作用,但只是短暂的、次要的,而它对农民革命的瓦解、腐蚀作用则是长久的、主要的,往往成为农民革命失败的主要原因。农民不堪忍受地主阶级的压迫剥削,才起来造反,真正起动员组织作用的是起义军的革命纲领、口号和主张,而不是宗教神学。农民不是天生的无神论者,而是多神主义者。农民起义利用宗教是农民阶级的时代局限性和阶级局限性的体现,是农民阶级的落后面,是今天应

① 张作耀:《中国农民战争与宗教的关系》,《近代史研究》1980年第2期。

当加以批判剔除的东西,黄巾军、方腊军、太平天国等农民起义的领袖,都多少利用了封建迷信。农民阶级不代表新的生产关系,产生不出比较科学的世界观,同时,在封建社会里,农民被剥夺了掌握文化的权利,没有无神论的理论。①

刘序琦认为《太平经》和农民起义了无关系,它不是农民起义的纲领,而是地主阶级自救的纲领。《太平经》中根本不存在什么反映农民平均主义思想的内容。秦汉三次农民大起义都没有提出平均主张,在当时的历史条件下,农民起义的任务是反对封建依附化和奴隶制残余,没有也不可能提出平均财产的要求。《太平经》中的"太者,大也;大者,天也。天能覆育万物,其功最大。平者,地也,地平,能养育万物。经者,常也,天以日月五星为经,地以岳渎山川为经"。"太者,大也。乃言其积大行如天。凡事大也,无复大于天者也。平者,乃言其治太平均,凡事悉理,无复奸私也。平者,比若地居下,主执平也,地之执平也"。"平之为言者,乃平平无冤者,故为平也"等,和平均思想没有关系,《太平经》虽然有政治改良思想,这种改良对农民也会有一些好处,但决不是反映农民阶级的愿望,《太平经》所要求的"太平"和农民的太平是两回事。②

二、宗教与农民战争的关系

农民战争和宗教的关系,也就是农民战争是否必须与宗教相结合。对这个问题,有两种不同的看法。

一种意见认为,农民战争和宗教的结合是历史的必然。赵俪生、高昭一认为,宗教与秘密结社提供了中国农民起义以组织的条件。在封建社会,农民是分散的,不易组织起来,因此除了较晚期有单纯拿农民

① 牟钟鉴:《中国无神论学术讨论会讨论的主要问题》,《哲学研究》1979年第2期。

② 刘序琦:《再论太平经思想的几个问题》,《江西师范大学学报》1989年第1期。

的政治要求与经济要求（如李自成的“均田”和“免赋”）来号召起义之外，一般都是采取宗教与秘密结社的组织动力，来与统治阶级展开斗争。这是中国农民战争的四个特点之一。①

孙祚民认为，封建社会的农民是最大多数的群众，但他们确实是最分散、最缺乏联系的阶级，交往的隔绝，农民很难得到大多数意见的一致，要发动农民起义十分困难，而“宗教的迷信观念，适应了农民落后的一面，容易为他们所接受；同时，统治阶级总是利用宗教愚弄农民，所以宗教在农民中间传播，就很少受到阻挠和压制。农民在宗教的旗帜下相对地组织起来了，得到共同的了解，产生共同的信仰。一旦爆发农民起义和战争，他们便有可能成为一股集体行动的强大力量，迅速地投进反封建统治的斗争中去”。统览封建社会农民起义，有许多起义从爆发到形成全国性规模经过比较长的时间，原因就在于这些起义都是缺乏“宗教”作为组织条件，不能一声令下在很短时间内形成全国规模，而需要相当长的时间发展与壮大过程。②

杨宽认为，在中国封建社会，封建神权和封建政权、族权、夫权，是束缚人民特别是农民的四根极大绳索。封建统治者把封建政权说成是神权的体现，利用宗教迷信来论证自己奴役人民的合法性，作为奴役人民的理论依据。农民要推翻封建政权，同时必须推翻封建神权，对封建政权也不得不“剥去那一层神圣外衣”。当时一般农民不是无神论者，他们要推翻和封建政权相连结的封建神权，往往就采用夺取神权的办法，把自己的革命行动说成出于“天命”，把所要实行的革命理想说成是“替天行道”，把地主阶级信奉的神称为妖魔，加以打击。而在当时的历史条件下，在农村中可以利用的现存的组织只有宗教团体，宗教是当时农民唯一熟悉的组织形式，也只有通过宗教组织的联系，才可以使各个孤立的农村和分散的农民联结起来。有些初期的宗教本来又是被

① 赵俪生、高昭一：《试论中农民战争的特点》，氏著《中国农民战争史论文集》，新知识出版社，1954 年。

② 孙祚民：《中国农民战争和宗教的关系》，《中国农民战争问题探索》，新知识出版社，1956 年。

压迫者的宗教，原来有某种“平等”教义和“财产共有的痕迹”，农民革命要求“平等”和“平均”，往往很容易会凭借这些原始教义来发挥符合于当时农民要求的革命思想，使农民革命理论披上了宗教的外衣。这样，宗教便成为农民组织和宣传革命的有力武器，用来加强广大农民的革命信心和勇气。①

程博洪认为，中世纪出现了神学异端，被统治阶级创造了自己的教义，指出了自己的要求，他们讲替天行道，实际是替人行道。宗教与政治思想连接在一起，提供了思想体系的外衣。而宗教教义作为一种意识形态，它对农民的革命斗争必然起到组织与宣传的作用。②

钟肇鹏认为，农民起义和宗教异端的结合是由阶级斗争的性质所决定的，统治阶级要用刽子手和牧师两种职能维护统治，农民革命这在长期的斗争中也学会了两手，用宗教异端反对神权统治，团结分散的个体小农，用武装起义推翻封建统治。皇帝说自己是真命天子，农民革命领袖就说替天行道。这种异教代表着农民的愿望，必然与革命思想相结合，成为农民被压迫者的宗教。③

白寿彝认为，中国封建统治阶级曾经长期利用宗教神学和各种神秘形式在思想上对农民阶级进行控制，起义农民就要用自己的宗教、神秘形式和统治阶级相对抗。发生起义的决定因素是封建剥削和压迫，农民利用宗教外衣宣传组织起义，农民战争利用宗教是中国农民战争的特点之一。但是，中国农民战争和宗教的结合有自己的特点：第一，并不是所有农民战争都利用宗教。大体说来，在封建国家中央政权力量还相当强大的时候或至少还保持强大外表的时候，农民战争往往是以宗教的形式出现。在中央政权显著衰落的时候虽是带有全国性的农

① 杨宽：《论中国农民战争中革命思想的作用及其与宗教的关系》，《学术月刊》1960 年第 7 期；《再论中国农民战争中革命思想的作用及其与宗教的关系》，《文汇报》，1961 年 1 月 15 日。

② 《上海历史学界关于中国农民战争与宗教关系问题的讨论》，《文汇报》，1960 年 9 月 6 日。

③ 钟肇鹏：《论异教的产生、性质和作用》，《学术月刊》1961 年第 2 期。

民战争也不带有宗教性。第二,利用宗教宣传起义,当起义爆发以后,就不再宣扬神秘主义或者用什么神秘的方式。第三,在各次重大的农民战争中,尽管多次利用宗教,但不具有宗教改革的色彩。①

胡绳在分析太平天国运动的宗教问题时说:“宗教迷信是封建时代的农民的精神上的沉重负担。但是,在没有现代无产阶级的领导以前,农民即使是在争取解放的斗争中也难以完全摆脱这个负担。他们没有科学的政治语言来表明他们造反的目的和方向,来论证他们造反的合理性。所以,往往只能借助于宗教的语言。太平天国的英雄们创造了农民的上帝来对抗封建统治者用以愚弄人民的一切鬼神,并且在这个上帝的名义下激发群众和组织群众。他们宣布,造反的目的不是为了一时的吃喝享乐,而是为了保证一切劳苦人民的长远福利的神圣目的,也不是为了推翻满洲人的皇帝,而是为了建立一个符合上帝意志的天国。”②这实际上主张封建社会农民战争利用宗教是历史必然。

范达人认为,中国的农民战争和欧洲一样,大都具有“宗教色彩”,即利用宗教,认为和宗教相结合是中国农民战争的特点。范达人强调,对天的崇拜、对鬼神的迷信,本身就是一种宗教,是中国古代的宗教形态;宗教和迷信不可以截然分清,二者之间没有明显的界限,广义的看,宗教本身就是一种迷信。农民战争利用了宗教信仰、宗教感情、或与之相关的宗教组织和宗教仪式的几个或一个因素,都应该看做是“宗教色彩”。但是,因为中国封建社会不像欧洲中世纪那样教权笼罩一切,中国农民起义的“宗教色彩”就有自己的特点:一般地说,农民战争首先和集中打击的不是宗教势力,而是直接指向地主阶级及其政治代表,而不是指向宗教世界。“如果说捷克和德国农民战争的‘宗教色彩’是犹如‘浓墨重彩’的油画,而中国的则像‘轻描淡写’的素描。他们的起义农民始终地裹着宗教外衣,从不脱去;我国的农民起义军往往开始披

---

① 白寿彝:《中国历史上农民战争的特点》,《新建设》1960 年第 8、9 期合刊。

② 胡绳:《从鸦片战争到五四运动》,人民出版社,1981 年,上册,第 111 页。

上这一外套,以后就去掉了。”①

第二种意见认为,中国历史上的农民战争并不是一定要和宗教相结合,不一定要采取宗教的形式,革命思想并不是来源于宗教教义。陈守实认为宗教是上层建筑,在处理历史问题时,应从社会基础开始,而不能从宗教开始,从宗教教义中是找不出农民革命思想的。如果认为农民起义是以教义作为政治纲领,乃是违反原则的绝大错觉,实际上降低了农民起义的作用和价值,教义和农民起义发生关系只是一层外表而不是其他。赵人龙认为,反映阶级斗争实质的是阶级关系,与宗教教义没有什么联系,是阶级斗争支配教义,而不是教义支配阶级斗争。否则,宗教就成了超阶级的东西。②

郑天挺认为,秘密宗教是在民间广泛、长期存在的组织,随着社会矛盾的变化而变化,它是无法用武力打垮的。但是,秘密宗教所号召的武装力量是可以用武力平定的,以宗教相号召的农民起义就是被统治阶级所镇压的。秘密宗教思想杂糅不同宗教思想而成,教义具有灵活性,随着社会变动而变动;其思想不是某一种政治主张和理想,没有一贯的政治纲领,其教义可以反映人民的部分愿望,但不能满足人民的要求。因此它不能成功,相反还会引起人们之间为了名利而争斗。在潜伏期内进行革命宣传时,有宗教活动。革命爆发以后就没有宗教活动了。③

陈嘉铮、龙德瑜认为,农民和宗教发生关系虽然是很自然的事情,但不能说农民战争就一定和宗教发生关系,中国农民战争中也不存在宗教“异端”。由于农民是小生产者,他们对自然和社会都缺乏足够的抵抗力,在这种不可抗拒的力量面前,个体农民必然产生各种神秘观念以解释这种神秘力量,农民战争也就自然地带有宗教色彩。但是农民

---

①　范达人:《农民战争“宗教色彩”的比较研究》,《北京大学学报》1983 年第 6 期。

②　《上海历史学界关于中国农民战争与宗教关系问题的讨论》,《文汇报》,1960 年 9 月 6 日。

③　《郑天挺谈农民起义和秘密宗教关系》,《历史研究》1962 年第 1 期。

战争中的宗教并不是什么“异教”。恩格斯在《德国农民战争》中曾经谈到异教问题。恩格斯说:“另一种异教则有完全不同的性质,这种异教乃是农民和平民的要求之直接表现,并且几乎总是和起义相结合着的。这种异教虽然也同意市民阶级异教关于僧侣、教皇权力以及恢复原始基督教教会制度的一切要求,但是它却走得更远。它要求在教区成员间恢复原始基督教的平等关系,并且承认此种关系也是市民社会的准则。”①陈嘉铮、龙德瑜认为,不能根据恩格斯的这一段论述得出地主阶级有地主阶级的宗教、农民阶级有农民阶级的宗教的结论。恩格斯这一段话是对德国农民战争说的,不能随意搬用。只有在欧洲的13至17世纪这一个历史阶段以内,宗教和神学才是唯一的思想体系,革命运动才涂上宗教的色彩。中国封建社会占支配地位的思想体系并不是宗教和神学,而是儒家的封建伦理观念,而且也不是唯一的思想体系,中国历史上的革命运动并不一定要采取宗教形式,不存在产生宗教异端的社会条件。“农民的革命思想,绝不起源于宗教经典,它是现实矛盾的客观反映,所以只能从现实社会的矛盾中分析它的历史背景和思想根源。”②

戎笙、龙盛运、何龄修认为,中国封建社会农民起义和农民战争固然有利用宗教的,但没有利用宗教、和宗教没有关系的更多,有些农民起义虽然利用宗教但是宗教色彩并不浓厚,又有些农民起义在力量聚集起来以后,就摈弃了宗教外衣,怎能说“和宗教相结合是中国农民战争的特点呢”?在中国封建社会,神是一种很有权威的东西,而宗教预言又是一种很有魔力的语言,部分农民起义借助宗教语言来表达革命思想,但不能据此认为这是一种普遍现象。封建统治阶级手中的精神武器占支配地位的是儒家思想,皇帝是至高无上的统治者,没有一个有权力的主教可以和他分庭抗礼,更不曾有过什么教皇,既没有国教,也

① 《马克思恩格斯全集》第7卷,人民出版社,1959年,第403页。

② 陈嘉铮、龙德瑜:《论“四权”与中国古代农民战争的关系》,《学术月刊》1960年第12期。

没有政教合一的局面。宗教组织没有深入到社会的各个角落，宗教生活也不像欧洲那样在群众生活中占有相当重要地位。农民起义的发生决定于阶级矛盾尖锐的程度，当革命形势到来时，即使没有宗教起组织动员作用，农民群众也会大规模地举行起义。如果阶级矛盾还不十分尖锐，农民起义时机还不成熟，即使有宗教组织动员群众，农民起义也不会爆发。所以，和宗教相结合不能构成中国农民战争的特点。①

王文清认为，农民战争是否利用宗教，主要应根据历史事实考察农民战争有无利用宗教的可能和必要，利用宗教可对起义有组织作用。但如果不利用宗教也能组织起来的话，那么就不会利用宗教。例如唐末农民起义军，有的是戍卒暴动，有的是私盐贩子聚众起义。又如明末李自成的队伍，原来是有联系的驿卒或者边兵，他们原来就有一定程度的组织性，就不需要借助宗教作为组织工具。②

许抗生认为，农民阶级与落后生产关系相联系，分散的小农经济抵挡不住自然力和社会力的压迫，使他们极易接受宗教思想的影响，所以中国的农民常常是多神主义者，起义时也常常带有这种形式的宗教色彩。然而宗教是人民的鸦片，如果农民阶级笃信统治阶级所宣传的宗教信条，是绝不可能发生起义的。所以，农民一旦起义总要或多或少地冲破统治阶级所宣扬的宗教教条的束缚。因而，中国农民起义与宗教的关系表现出多种复杂的情况：第一种情况是不带有或者很少带有宗教神学的色彩，如秦末陈胜吴广起义、隋末农民大起义、唐末王仙芝黄巢大起义等，一般都不带有宗教神学色彩；第二种情况是起义农民创立起体现本阶级利益的宗教神学，和统治阶级的宗教神学相对抗，如黄巾起义，属于有神论的范畴；第三种情况，起义农民利用和改造了剥削阶级的宗教来为自己的阶级服务，在这种情况下，他们往往带有宗教异端的性质，有时还带有泛神论的因素，如北魏的法庆起义、太平天国起义

---

① 戎笙、龙盛运、何龄修：《试论农民战争和宗教的关系》，《人民日报》，1960年10月17日。

② 《新建设》编辑部：《关于中国历史上农民战争的性质、作用和特点》，《新建设》1960年第12期。

等，他们也属于有神论的范畴，又带有泛神论的因素。①

邵循正认为，长期统治中国农民的封建政权和神权是清楚地区别开来的，完全不像欧洲中世纪教会既是神权又是政治法律权力的把持者，僧侣本身就是反动势力的中坚。因此，在中世纪德国，不触动教会的权力就说不上政治斗争，也说不上解决农民的土地和其他经济要求。而在中国，神权问题就和族权、夫权一起应该放在打垮地主政治权力之后去解决。正是由于中国历代农民革命并不以推翻封建神权为当务之急，历史上许多次大规模的农民战争根本用不着披上宗教的外衣。至于"披着宗教外衣"的若干次农民战争，也并不具有德国战争反教会的特点。②

熊德基认为，"异端"宗门本质上只是一种流行于农民及其他下层民众间的宗教组织，绝不是农民的革命组织；"异端"宗门可能而且也确曾多次与农民战争相结合，但不是必然会发动起义的。历史事实证明，既没有足以称为农民革命理论的经卷，也没有具有革命思想的宗教教义。只有在利用"异端"宗门起义的情况下，可能而且曾经有过利用宗教语言来宣传革命思想的斗争方法。③ 唐明邦认为，农民起义之所以能动员广大群众，主要是靠革命的政治纲领、口号。多次农民起义，直接提出鲜明的政治纲领、口号，没有披上宗教外衣，同样深入广泛地发动了群众。这说明农民起义并不必然同神学异端相结合。④

三、宗教对农民战争所起的作用

关于宗教在农民战争中所起的作用，大多数意见都同意宗教对农

① 许抗生：《关于中国无神论史研究的几个问题》，《中国无神论思想论文集》，江苏人民出版社，1980 年 2 月。

② 邵循正：《秘密会社、宗教和农民战争》，《北京大学学报》1961 年第 3 期。

③ 熊德基：《中国农民战争与宗教及其相关诸问题》，《历史论丛》1964 年第一辑。

④ 唐明邦：《试论我国农民战争中的神学异端》，《武汉大学学报》1979 年第 4 期。

民战争既有积极作用，也有消极作用，但是何者居于主导地位，具体如何分析，则各有不同。大体上分为三种观点。

第一种观点认为宗教在农民战争中自始至终起着宣传革命、组织革命的作用。孙祚民高度评价宗教对农民战争的作用。孙祚民认为，宗教与农民战争的有力结合，极大地推动了农民战争的发展，其体现一是组织农民。在封建社会里，农民处于涣散封闭的状态，没有自己的群众性组织，更不可能产生农民的“政党”，宗教和会门就成为唯一和可能的组织形式了。二是起到鼓动农民的作用。生产方式的落后和统治阶级的思想灌输，农民养成了顺从性格，只有“迷信的、落后的但易于被农民接受的宗教会门‘神秘主义’，才具有煽动性，能够加强农民对起义胜利的信念，使他们敢于挺起胸来和封建统治阶级展开面对面的武装斗争”。三是在农民起义失败时能够掩蔽和延续起义力量的作用，农民起义失败以后，“和广大农民群众有着密切联系的起义军和农民领袖，便有可能化整为零，渗透到广大农民中间，巧妙地隐蔽起来，避开敌人的血手，使起义力量免遭更惨重的损失”。①

白寿彝认为，宗教在农民战争中的作用是多方面的。一是以宗教或神秘形式作为发动起义的手段。因为封建统治严密和镇压严厉，农民分散和思想顾虑，发动农民起义困难，宗教和神秘形式有着独特的发动作用。二是以宗教关系或者组织行为掩护农民战争的行为。三是农民战争失败以后，有时可能利用宗教关系来保护一部分实力。②

唐明邦认为神学异端在农民战争中的积极作用是无法掩盖的。起义农民利用宗教宣传崇高的理想，号召农民抛弃对天国的幻想，重视现实生活，投身于现实阶级斗争；把散居四方、毫无联系而又散漫保守的群众组织成一个战斗集体，灌输给他们强烈的组织观念、坚固的纪律性，使散漫的农民把个人行动纳入实现共同理想的集体战斗之中，使个

---

① 孙祚民：《中国农民战争和宗教的关系》，《中国农民战争问题探索》，新知识出版社，1956 年。

② 白寿彝：《中国历史上农民战争的特点》，《新建设》1960 年第 8、9 期合刊。

别信心不足的人迅速感受到集体力量的强大而信心百倍，甘心为革命赴汤蹈火，视死如归。同时，神学异端还有着极其重要的哲学意义。它在神学营垒竖起了反叛的旗帜，动摇了正宗神学的地位，为批判正统神学提供了新的途径，推动了无神论反对宗教神学的斗争。①

郑一奇认为，天命论是统治阶级稳固统治秩序的神学理论，在封建社会已经深入人心。因为“天命论”也宣扬“天命无常”，农民起义的领袖就宣传用新天命取代旧天命，在天命论中加入农民的革命思想，主要是平均主义，用改造后天命论动员组织农民起义。农民领袖用宗教组织宣传天命转移，用谶语说明起义符合天意，用星象变化说明起义是顺应天命，利用祥瑞说明起义受到天帝褒奖，利用符命、民谣说明起义符合、顺应天意等等，把农民起义迅速推向高潮。②

第二种观点在肯定宗教在农民战争中的积极作用的同时，也不能忽视其消极作用，但以积极作用为主。

杨宽认为，历代农民战争所利用的宗教因为它的思想主张符合当时农民革命思想的要求，因而具有农民革命的组织性质，在革命中起着宣传和组织作用，对革命的实践也起着一定的指导作用，农民革命的政治形式、各种制度和措施都带有宗教色彩，从政治制度到社会组织都带有政教合一的措施，在革命中曾经起过很大的积极作用。但是，宗教毕竟是个落后的意识形态，他们也往往被宗教迷信所束缚，不能清楚分析当时革命斗争的现实问题，不能随着形势的变化制定相应的斗争策略；同时宗教团体毕竟是落后的组织形式，它不可能把农民严密地组织起来，正确领导农民坚持革命斗争；宗教迷信鼓动起来的革命信心和勇气也是不牢固的，在残酷的战斗考验中，会逐渐失去人们的信仰，如果不能及时提出新的政治目标，将会使群众丧失信心和勇气，结果人心涣散，导致起义的失败。农民领袖利用宗教宣传革命时往往树立个人迷

---

① 唐明邦：《试论我国农民战争中的神学异端》，《武汉大学学报》1979 年第 4 期。

② 郑一奇：《从“天命论”看传统文化对中国农民战争的影响》，《江汉论坛》1998 年第 5 期。

信和权威，如果一味偏重迷信而妄自尊大，争夺权威，这种发动和组织革命的工具最终要变为破坏革命的毒素。①

戎笙、龙盛运、何龄修认为，宗教在农民战争中起过积极作用：是农民起义聚集力量的方式之一、发动武装起义的一种组织形式、宗教语言是宣传鼓动的一种工具。但是同时也应当看到这些宗教也有消极作用的一面，宗教毕竟是一种迷信消极的意识形态，对于现实的解释是不正确的，其预言和假托都经不起时间的考验，随着时间的推移和形势的变化，特别是在农民起义领袖被胜利冲昏头脑、农民阶级的某些弱点开始抬头的时候，宗教迷信的消极作用就会抬头，起着和过去相反的作用。②

关履权认为，片面肯定宗教在农民战争中的积极作用和片面强调其消极作用都是不当的。其积极作用表现在组织群众发动意义和掩护起义群众退却，不能认为宗教始终是人民的"鸦片烟"。但是，宗教到底是迷信落后的东西，有着"鸦片烟"的作用。在组织群众起义和掩护起义群众退却时宗教作用是积极的，但是当革命进一步发展时，宗教便会发生消极作用，模糊群众斗争的政治目的性。所以，宗教在农民起义过程中从头到尾所起的作用，应作具体分析，不能只强调其积极作用而忽视其消极作用，反之亦然。③

范达人认为，要辩证地分析"宗教色彩"的作用，要坚持"宗教是人民的鸦片"这个马克思主义宗教观的基石，既要看到农民战争利用宗教的积极作用，又要看到其消极作用。其积极作用的体现就是普遍认为的"动员和组织的作用"，这是中外农民战争"宗教色彩"的共同特点。但是无论什么宗教，终究是唯心主义的东西，是颠倒了的世界观，

---

① 杨宽：《论中国农民战争中革命思想的作用及其与宗教的关系》，《学术月刊》1960年第7期；《再论中国农民战争中革命思想的作用及其与宗教的关系》，《文汇报》，1961年1月15日。

② 戎笙、龙盛运、何龄修：《试论农民战争和宗教的关系》，《人民日报》，1960年10月17日。

③ 关履权：《中国农民战争与宗教的关系》，《光明日报》，1961年2月23日。

是一种迷信,它不可避免地会产生十分有害的东西。但是,无论如何,都是“利大于害”,积极作用大于消极作用。①

第三种观点认为,宗教的对农民战争的消极作用大于积极作用,是“害大于利”。

陈守实、赵人龙认为,在农民战争初起时,宗教起组织作用,起义爆发以后就起阻碍和破坏作用了。陈守实说,宗教把现实的痛苦虚幻地付诸未来、彼岸、天国中去解决,而不在现实中展开斗争,这是有利于统治阶级的。但另一方面,由于生产落后,科学不发达,对现实的苦难,用宗教式的诅咒来否定现实;由于统治者的利用宗教,自身却也陷入宗教的迷惘中,所以农民运动可以利用宗教作为震动现实的爆炸工具。“在宗教的教义中不存在革命。但是,革命却能凭借宗教的鼓动,激发起自发性的革命火焰”。“农民战争的历史表明,社会矛盾达到尖锐化的时期,这种火花能够导致秩序和制度的毁灭。不过,宗教的作用仅止于此,再不能前进一步。紧接着代替宗教的必然是某种政治性的理论。不管这种理论是前进的还是倒退的。宗教必须继以政治”。②

陈嘉铮、龙德瑜认为,宗教对农民战争的作用体现在两个方面,一是在农民战争发动的时候,通过宗教预言对现实发生虚幻的狂热的冲击。现实斗争一经爆发,这些宗教的预言便丧失作用。在这里要严格区分宗教预言和革命口号或纲领的差别。口号集中体现了革命阶级在一定时期政治上的总路线,它告诉群众明确的斗争方向,斗争的政治目的,以激发群众的最大的革命热情。而宗教预言是没有这些内容的。“宗教预言只能在特定的历史条件下,使群众对现实发生一种虚幻的狂热的冲击,离开这个特定的历史条件,它就没有任何作用”。另一个作用是在农民战争酝酿的时候,“起了组织和集结群众的作用,它提供

① 范达人:《农民战争“宗教色彩”的比较研究》,《北京大学学报》1983 年第 6 期。

② 陈守实:《农民运动与宗教》,《中国农民战争史论丛》第 2 辑,河南人民出版社,1980 年;《中国农民战争史散论》,《中国农民战争史研究集刊》第 1 辑,上海人民出版社,1979 年。

了一个集结群众的工具”。农民散居于农村的汪洋大海之中，他们很难有机会聚集在一起，宗教实际是集体性运动，它引导群众向往一个共同的超现实的主宰，把群众集合在一起。在阶级社会里，被压迫者只要集结在一起，便极其容易形成革命斗争的组织温床。然而，“这种宗教迷信和组织形式，在农民战争展开以后，便立即会逐渐地趋于消解”。①

张作耀认为，宗教在农民战争中有过宣传和组织的作用，也提出并实践过改造社会的主张。但是，对改造社会应该一分为二地看，不能一提改造就只想它的积极方面。如果宗教所宣传的改造社会的主张是落后的，这种改造就要否定。洪秀全以圣谕的方式所宣传的“天国”理想，以宗教化了的战争信条向社会宣战，并改造教徒的思想，确实收到了一定的效果。但是，这种落后的、反动的农业社会主义思想，不仅不能把社会改造前进，反而破坏了社会经济的发展，不仅不能把教徒改造进步，反而把人们改造得更加落后和愚昧。中国农民战争中的宗教，总体上讲是害大于利。它束缚了人们的主动性，用欺骗性的谎言、精神的鸦片，损害和束缚了人的精神，从而把斗争引入歧途，模糊阶级界限，不分敌友，在革命发展过程中最终成为团结的障碍。所有这些，在太平天国运动中都暴露无遗。②

戎笙认为，宗教对于农民革命始终起着消极作用，只是在不同的历史时期有着不同的表现程度。尽管在革命初期，宗教为宣传革命提供了某些语言材料，为组织群众提供了某些蒙骗敌人的有效形式，但这不是宗教本身的积极作用，而且也不能持久。宗教既然承认上帝创造世界、主宰世界，那么世间的现存秩序就不是人力所能改变的，这就妨碍了群众斗争精神的发展。宗教既然承认灵魂不灭，就会把人们引向来世幸福的追求而忍受现实的一切苦难，使劳动人民斗志涣散。尽管革命领袖在发动群众时，扬弃了某些教义，但是宗教唯心主义的世界观，

① 陈嘉铮、龙德瑜：《论“四权”与中国古代农民战争的关系》，《学术月刊》1960 年第 12 期。

② 张作耀：《中国农民战争与宗教的关系》，《近代史研究》1980 年第 2 期。

却妨碍人们如实地了解现实世界，正确分析形势，充分发挥人的作用。所以，宗教从根本上说，对农民革命的作用，都是消极的。①

李桂海认为，农民起义思想有天命论和革命性的双重性，都决定于其阶级地位和历史条件，农民天命论主要表现为对统治阶级的某些幻想和对自己力量的不信任，要假借天命增强战胜统治阶级的信心。天命论虽然在农民起义的某一个时期能煽动一阵革命的狂热，鼓舞农民的斗争时期，但是，它毕竟是一种强心剂，是一种阶级外的力量。药力过去之后，如果提不出新的革命口号，农民的热情就会冷却下来，出现信念危机；对统治阶级的幻想就会升华，甚至妥协投降。②

四、关于“邪教”问题

中国封建社会除了佛教和道教之外，有众多的民间宗教，并经常为农民起义所利用。这些民间宗教一旦和农民起义相结合，就被统治阶级视为邪教。如宋朝的摩尼教就被当时官方视为邪教。南宋绍兴四年（1143年）五月起居舍人王居正在奏陈摩尼教在民间传播情况时云：“伏见，两浙州县有吃菜事魔之俗……臣闻事魔者，每乡每村，有一二桀黠，谓之魔头，尽录其乡村姓氏名字，相与诅盟为魔之党。凡事魔者不肉，而一家有事，同党之人皆出力以村赈恤……民愚无知，谓：‘吾从魔之言，事魔之道，而食易足，事易济也。’故以魔头之说为皆可信，而争趋归之。此所以法禁愈严而愈不可胜禁……乃知吃菜事魔，即今人所谓邪教也。”③此后的白莲教、明教以及太平天国的拜上帝教等等也都被统治者或者官方宗教视为“邪教”。在1980年代中期以前的新中国的农民战争史研究中，均把这种“邪教”视为民间宗教，或者视为“神学异端”，而不使用“邪教”一词。

---

① 戎笙：《洪秀全与〈劝世良言〉》，《历史研究》1978年第7期。

② 李桂海：《农民革命与天命思想》，《社会科学辑刊》1982年第5期。

③ 钱大昕：《十驾斋养心录》卷八，商务印书馆，1935年，第185～186页。

2000年,百花文艺出版社出版潘旭澜《太平杂说》一书,认为太平天国的宗教是“极端利己主义的政治性邪教”。2001年,史式发表《让太平天国恢复本来面目》一文,援引现代关于邪教的定义和太平天国相对照,认为太平天国“是不折不扣的邪教”,理由是太平天国“常以世界末日来吓人,并许诺信教可以逃避灾害,进入天国”;“邪教都会装神弄鬼,特别是会吹嘘教主能知天意,能与天神沟通”;“邪教都需要敛财”;“无不对入教者加以控制”;“邪教的教主都是淫棍,年轻的女教徒都是他们的猎物”。史式同时认为:“历代农民起义或流民起事,大都利用过邪教。邪教是一种破坏的力量,推翻旧王朝需要利用它,它不是一种建设的力量,建立新王朝就用不上它。因此,比较聪明的领袖在取得初步胜利之后,就会断然抛弃邪教,重用知识分子,来建立正规的新王朝,谋得长治久安。”①2006年,潘旭澜发表《洪秀全的政治性邪教》一文,全面论述了太平天国的拜上帝会是政治性邪教组织,认为洪秀全的拜上帝会从八个方面体现了其政治性邪教的本质:第一,救世主下凡,统治世界万国;第二,从世界末日论到造反做官论;第三,欺人的神话与巫术表演;第四,对参加者从精神到肉体,从个人到家庭的绝对控制;第五,君权与神权结合的极权统治,对财富、女色最大程度地占有;第六,实行极端愚民政策,扫荡民族传统文化;第七,以残酷的屠杀,实行恐怖统治;第八,极端反人性政策对家庭、社会的大毁坏。②

太平天国运动是中国旧式农民战争的顶峰,对拜上帝会性质、作用的认识实质上是对宗教与中国农民战争的再评价。因而拜上帝会“邪教”说提出以后,自然引起史学界的关注。学者们纷纷撰文就拜上帝会的性质和宗教与农民战争关系问题发表看法。现撮其要者,简述如下。

夏春涛认为,邪教历来是个政治层面上的概念,其内涵和外延随着时代的变化而有所不同。宗教本身有雅俗之别,但并没有正邪之分。

---

① 史式:《让太平天国恢复本来面目》,《开放时代》2001年1月号。

② 潘旭澜:《洪秀全的政治性邪教》,《江汉论坛》2006年第3期。

中国历史上的民间秘密宗教也是宗教，在教义、社会功能上精华与糟粕并存，正邪互见，仅仅因为被官方视为危及统治的异端邪说和异己力量而斥之为“邪教”。夏春涛说，现代将“反科学、反社会、反人类、反政治”作为“古今中外一切邪教组织的邪恶本性”，但是不能按照这个概念给历史上的民间宗教定性，对历史上民间教门的反社会、反政府的举动不能简单地肯定和否定，而应做出历史分析。历史上的民间宗教是正统宗教世俗化、平民化的产物，同时是社会矛盾激化的产物，本质上是封建时代被压迫者的意识形态和社会组织。对此，应当运用唯物史观作具体分析，不能用封建社会正统观念一概斥之为“邪教”。在太平天国时代，受当时认识水平等历史条件制约，只要不否认太平天国造反的正义性、不用今天的眼光苛求洪秀全，洪秀全借宗教起事是可以理解的、无可厚非的，尽管它有失败、消极的一面。①

陈蕴茜认为，就宗教本身来说，拜上帝会和邪教性质是不同的，是否邪教不是根据个人主观判断，而要对拜上帝会本身做出历史分析。正教和邪教的区别，首先必须看其教主是活人还是神。因为宗教的神圣性是建立在创立原则的神圣性之上的，它不能为任何个人谋私利，包括创立者本人。如果这一宗教的教主活在世上，那么其创立原则的神圣性就值得怀疑，因为任何活人都不可能完全超越世俗权力、名誉、地位、利益的种种诱惑，因此，其创立的宗教必然会自觉或不自觉地为维护其个人私利而丧失其绝对公正性，这一宗教就很难以正义、公平来感召信徒，而必然会采取其他非正当手段来让信徒追随，最终显现邪教本质。太平天国的拜上帝教尽管是由洪秀全等人创立的，尽管它杂糅了许多中国传统宗教的因素，但它仍是引进的基督教，洪秀全并不是教主，他们的崇拜中心是上帝，上帝代表着正义、公平和希望。其次是看其是否关心普通大众命运。正教一般都以普度众生为宗旨，关注人类普通大众的命运，其教义不仅仅让人们关心自身，还要超越自我，关心

---

① 夏春涛：《太平天国宗教“邪教”说辨正》，《山西大学学报》2002 年第 4 期。

他人,关注人类的共同命运,具有强烈的救世意识。邪教一般只关心本人、本教的利益,不惜以牺牲、灭杀他人、他教为手段,以至于连亲人都可以抛弃。而太平天国的拜上帝教则是一个关心普通大众命运的宗教。其三,是否反对既定的纲常伦理。正教都对人们制定正常的伦理原则起到了积极的推动作用,宣传人类应该平等、博爱、互助、从善,在尊重个人利益的同时,强调要尊重他人及公共的利益。除对宗教从业人员要求"六根断尽",或"献身上帝"外,对一般受众宣扬的仍然是要尊敬父母,爱护兄弟姐妹,尊重人类基本的情感与伦理关系,而不是无父无母,"六亲不认"。而邪教则不同,它极端强调本教利益及个人利益,而且为维护本教利益,必须完全牺牲个人利益,而为了维护个人利益,则可以损害他人利益,甚至可与社会及整个人类对抗。太平天国宣扬的教义直接来源于基督教,实际上与我们中国人的传统伦理道德乃至今天的道德原则也并不完全相悖。其四,能否正确处理现实与来世的关系。一般正教都能在为人们描绘来世美景的同时,引导人们用理想关照现世,提醒人们要获得来世的幸福,必须今生努力行善,关心他人,关心社会,这是一种积极向上的人生态度。邪教往往否认现世的价值,认为只有来世才是人们生存价值之所在,鼓动信徒不惜牺牲今生的生命而去换得所谓的来世幸福。而拜上帝会不仅仅向往天上的理想"天国",更渴望建立人间的现实"天国",在给信徒描绘来世"大天堂"的幸福美景时,更直接为人们提供现世享福的"小天堂",在这"现实"的"天国社会"里,人人平等,有田同耕,有饭同吃,有福同享,平等平均。人们活着的时候,在"小天堂"享福,死后则在"大天堂"享福,现世与来世的关系处理得较为恰当。[1]

陈先达认为,用阶级观点和历史主义观点看待宗教与农民战争的关系,站在统治阶级立场把农民起义定性为作乱、造反,很容易把发动农民起义的宗教定性为邪教。如果定性为起义、革命,放在当时的历史

① 陈蕴茜:《太平天国的上帝教是邪教吗》,《广西师范大学学报》2002 年第 1 期。

条件下进行马克思主义阶级分析和历史分析，就会发现这种动员、组织农民起来斗争的宗教与其他宗教本质相同。以宗教为组织方式和舆论手段的农民战争是为现实利益而战的阶级斗争，对此要用阶级分析观点进行分析，而不能停留在宗教的表层。如果认为太平天国农民起义反对朝廷、反对官府就是反社会、破坏社会安定，必然认为它是邪教，因为这种宗教中确实含有许多可以被指为邪教的东西。反之，站在被压迫的农民立场，承认农民革命的合理性，就会看到拜上帝会虽然包含许多迷信的成分，但是，这些内容为其他宗教所固有。从阶级斗争观点看，拜上帝会是被迫起义又缺少理论指导的农民对付强敌的办法。凡是在阶级斗争中有利于组织群众反对旧的统治阶级政权的宗教，不管从学理上说包含多少迷信和看起来荒诞不经的东西，因其深层隐含着被统治者合理的政治诉求，都不能简单地称为邪教。如果凡是鼓动造反、反对当权者、反对旧的社会制度的宗教都称之为邪教，而不管造谁的反、革谁的命，实际上等于说任何社会都是革命有罪、造反无理。对同一宗教定性不同源自于标准不同。在社会历史领域，用科学标准考察历史真实性，根据时间、地点、条件判断事件性质，而不能以抽象化的事件外部特征为依据。任何事物从现象看总能找到某些相似点，彼此极其接近的宗教与邪教更是如此。如果用价值标准评判，不同阶级、不同地位的人对同一事件自然有不同评判结果。这种价值判断表现在法律上就有合法与非法之分。没有一个政府承认邪教的合法，但是，不同国家有不同的标准。同一种宗教，在这个国家是合法的，在另一个国家则是邪教。所以，在科学标准和政治标准有矛盾时，价值标准应该服从科学标准。科学标准体现的是真理的具体性，是特定条件下的着眼于宗教本质和社会功能的事实判断；价值判断是利益判断，以是否对自己有利为转移，往往是双重标准。太平天国是农民革命、有利于社会进步，其宗教局限性只是农民战争局限性而已，不能因其局限性改变其革命性质。①

戴逸认为,历代农民战争之所以利用宗教的形式,是因为农民处于社会最底层,担负着供养全社会的重担,但政治经济地位低下,没有文化知识。当社会矛盾尖锐、革命形势成熟,为阐明斗争的合理性、必要性,阐明斗争的目的以及它必定会走向胜利,就必须用农民所能理解的语言和逻辑,以宗教玄想来凝聚和组织农民。这种在宗教外衣包裹下的反封建战斗精神一旦为农民所接受就能产生震撼封建统治的巨大力量,正如恩格斯所说,"群众的感情唯一是由宗教的食粮来滋养的,所以为了引起暴风雨般的运动必须使这些群众自身的利益穿上宗教的外衣"。在这种条件下,民间宗教就转化为反抗现政权的组织。拜上帝会是太平天国运动的一面旗帜,一项战斗武器,它动员、宣传、组织、指挥了太平天国起义。判断宗教的性质必须根据当时农民战争的性质,不是宗教制造了农民战争,而是农民战争的到来利用宗教加速和促成了起义。凡是承认太平天国是一场正义的反压迫的农民战争,就不能把拜上帝会视为邪教。②

五、结束语

马克思一方面指出宗教的本质是"人民的鸦片",一方面又指出欧洲中世纪的农民起义普遍地以宗教神学为号召。中国封建社会虽然不存在欧洲中世纪那样宗教神学笼罩一切的历史,但是中国封建社会的农民起义也大都利用过宗教,宗教与中国农民战争有着密切的关系。怎样解释这个精神"鸦片"成为发动起义的武器这一矛盾现象,是中国农民战争与宗教关系争论的起源。着眼于马克思宗教本质论述者,认为宗教是愚昧落后的产物,对农民起义和农民战争的消极作用大于积

① 陈先达:《"拜上帝会"邪教说驳议——农民战争与宗教关系的历史唯物主义分析》,《高校理论战线》2006年第8期。

② 戴逸:《太平天国拜上帝会不是邪教》,《江海学刊》2007年第1期。

极作用。着眼于农民起义利用宗教作为组织动员手段、表达农民诉求者,则认为不同阶级有不同的宗教,农民的宗教是农民反压迫反剥削的武器。

如果对马克思等经典作家宗教理论做出系统分析,我们不难发现,人们的上述理论都是片面的。且不说马克思关于宗教问题有着系统论述,我们不能抓住只言片语而阐释发挥,就以马克思说的“宗教是人民的鸦片”这句最为经典、影响最大的论断来说,也是有其历史前提的。这句话是马克思站在当时的革命立场、针对欧洲中世纪作为官方统治思想的宗教神学的政治功能而言的,是对欧洲中世纪宗教神学的批判,并不具有学术上的普适意义。从宗教发生学的层面看,除了原始宗教以外,进入阶级社会以后的任何一种具有广泛性的宗教在其形成时期都是被统治阶级的宗教,都是民间宗教,都具有着心灵安慰的功能,都是心灵的鸦片。只有在宗教从民间走向官方、成为统治阶级统治人民的工具以后,宗教成为统治阶级价值观念的宣传工具,统治阶级的政治理念借助宗教神学而变得神圣不可侵犯的时候,宗教才具有“人民的鸦片”这个阶级的政治属性。显然,抓住“宗教是人民的鸦片”这个论断,简单地将农民战争所利用的宗教视为消极愚昧的宗教,无视其发生、发展的历史条件,是形而上学的简单化行为,是不符合历史分析精神的。

同样道理,人们抓住农民战争中宗教宣传反抗意识、表达对现实的不满、鼓动农民参加起义的功能,无视或者对宗教的愚昧落后一面认识不足,拔高宗教对农民起义的积极作用,把宗教宣传作为农民起义和农民战争的革命理想,也是违背科学分析精神的。我们必须看到,人类社会的思想发展来说,宗教毕竟是以超自然的神灵崇拜为基础的,当人们以宗教反对现实阶级剥削和压迫的时候,它毕竟不是先进的思想武器,在有效鼓动农民参加起义的同时,也会不可避免地带来消极的后果。落后的武器,无论在战场上取得过如何辉煌的战果,毕竟还是落后的武器,不会因为战果辉煌而改变其落后的历史属性。所以,人们出于对历史上农民起义和农民战争的同情与讴歌,赞扬农民起义所利用的宗教,虽然可以理解，但是其科学分析的缺失同样要予以正视。

至于把中国古代农民战争中的宗教目为“邪教”，完全是个政治立场问题，是基于历史表象的政治上的价值判断，完全无视历史分析。上已指出，对宗教历史稍加了解的人都不难明白，阶级社会的所有宗教，在形成时期都是民间的、非官方的，都表达了基层民众的诉求，和统治阶级的现存秩序都有着这样那样的冲突，站在统治阶级的立场上，都是妖言惑众的歪理邪说，都是邪恶的宗教。这是个常识，无须多说。宗教与农民战争性质的考察，和其他历史问题的研究一样，绝不能用价值判断代替历史分析。即使对于宗教本身的问题，也要看在当时的历史条件下，是否具备产生其他先进思想意识的土壤、是否能够产生其他先进的思想武器、是否存在着其他思想武器，而后再予以评论，而不能用现代的政治标准去衡量历史现象，否则，如果不是史学研究素养的缺失，就是对现实政治的迎合。史学研究的目的是探究历史存在的究竟所以，探寻其内在逻辑，而不是用今天的标准去为历史存在定是非。

第六章　农民战争中的平均主义问题

在中国古代农民起义中，从秦朝末年的陈胜吴广起义开始，即提出过各种口号。尽管口号内容各异，有着不同的时代特点，但是平等、平均、均平思想始终贯穿其中，越是到封建社会后期，平等、平均的要求越是明确，直到太平天国的《天朝田亩制度》的提出，农民起义的平均主义理论化、制度化，平均主义达到顶峰。因而，农民平均主义问题自然成为中国农民战争史研究的重要内容。

对于农民革命或农民起义过程中的平均主义，经典作家和革命领袖们对农民平均主义在不同条件下有不同的评论，有的是高度的赞扬，有的则是严肃的批评。学者们本来对农民战争性质的认识就有分歧、对农民阶级思想认识不同，自然根据自己理解的经典作家关于平均主义的某些论述作为理论依据，或者抓住农民阶级局限性，或者抓住农民阶级的革命性，对平均主义的阶级属性、历史作用的认识也就有着很大的差异。

关于平均主义思想的争论，开始于建国初期对太平天国革命性质的讨论。1951 年 1 月 11 日，《人民日报》发表《纪念太平天国革命百周年》的社论，指出太平天国的土地纲领一方面固然表现了在封建压迫下的农民对于土地的革命要求，但另一方面，它终究只能从农民阶级的狭隘眼光出发画出一个平均主义的图案，在实质上仍是带有反动性的。1956 年 1 月 11 日，范文澜在《人民日报》发表《纪念太平天国起义一百零五周年》一文，也认为《天朝田亩制度》表现了农民的农业社会主义思想,即以小农经济为基础的平均主义思想,“一方面有巨大的革命性,另一方面在实质上又带有反动性”。1957年,郭毅生对此提出不同的看法,他认为《天朝田亩制度》“是一个彻底反封建的、资产阶级性质的农民土地纲领,进步性与革命性是它的本质”,“它在当时历史条件下,不带有任何反动的实质”①。此后,史学界围绕这两种不同意见展开了一场大规模的争论,有些讨论文章还涉及中国古代农民战争中的平均主义口号问题。至“无产阶级文化大革命”爆发为止,史学界对中国古代农民战争中的平均主义思想的评价分歧不大,基本上是持肯定态度;对近代太平天国中的平均主义思想的评价,则存在两种意见:一是认为既有革命性又有反动性,一是全面加以肯定。1980年,董楚平发表《论平均主义的功过与农民战争的成败》一文,对中国农民战争中的平均主义思想提出了否定的看法,认为“在农民战争过程中,平均主义的作用,开始是兴奋剂,后来是腐蚀剂”,“它导致了黄巢、李自成、太平天国三次大规模农民战争失败”。随后学界纷纷撰文,对此提出异议,争论再次展开,形成又一个新的讨论高潮。

随着改革开放的深入,人们对建国以来“大锅饭”的分配方式和对现实生活中平均主义展开批判,进入1990年代以后,对农民战争中的平均主义问题的讨论逐步沉寂,数量有限的论文,基本上是以往观点的重复,而以否定性评价居多。

建国以来的这两次大规模讨论,涉及农民平均主义的内容、思想和阶级根源等许多问题,讨论的中心则是农民平均主义的性质及其历史作用问题。

一、农民平均主义提出的时间

中国古代农民战争曾经提出过许多反映农民平均主义的纲领口号,但是农民起义从什么时候提出平均平等的口号的,学界则有不同的

① 郭毅生:《略论太平天国革命的性质》,《教学与研究》1957年第1期。

看法。对这个问题的讨论关系到对中国古代农民战争发展水平的历史估计，有着重要价值。总体说来，关于平均主义的提出时间的认识，有两种观点。

一种观点认为，农民战争中的平均、平等口号贯穿于封建社会的始终，从秦汉一直到明清，不同历史时期有不同的特点。侯外庐认为，中国农民战争的口号，应溯源于战国末年的墨家一派下层团体所主张的“杀人者死，伤人者刑”的公法。“这样要求人身权的旗帜，曾经影响了秦汉之际的农民起义”。东汉末年“太平道”的太平“取义即来自太平世的共有财产的幻想”。起义农民用宗教的方式，“在争取生存权的同时，要求财产公有，要求撤除那些直接压在他们头上的官厅的特权，要求废除特权阶级的糜费；在争取人身权的同时，要求人与人之间的平等，要求人人同等地劳动”。《太平经》的“太平”就是“最‘大’的生产和均等的劳动、平等的享受这一最高法则，它可比之于天地自然养育万物的大公无私”。黄巾起义提出的“苍天已死，黄天当立，岁在甲子，天下大吉”就是要在现实中建立一个“太平”的天国，起义过程中建立的“义舍”制度则是“财产公有的空想”的实际应用。东汉以后农民起义所提出口号的内容有所不同，逐步地由“共有财产、共同劳动的幻想”发展为唐朝以后的平均土地的要求——“实质上是农民对所有权的普遍化的理想，以便打击封建的‘特权、例外权的类存在’”。“从东汉的‘太平’纲领到19世纪的‘太平’纲领，从明末农民的均田思想到太平天国的‘天朝田亩制度’，是脉络相承的历史传统，太平天国的纲领是后期农民战争的最高形式，同时也是近代革命的很好开端”。①

刘其发认为，秦末农民战争中，陈胜发出了“伐无道，诛暴秦”的呼声，就是农民要求平等的最初表现。东汉末年黄巾起义，张角自称“天公将军”就是农民要求平等的愿望。这是因为平均主义是小农经济的产物，而个体的小农经济的大量存在是我国两千多年封建社会经济结

① 侯外庐：《中国封建社会前后期的农民战争及其纲领口号的发展》，《历史研究》1959年第4期。

构的显著特征。所以。在秦汉农民战争中就提出了平均、平等的口号。① 李祖训认为，“平等思想与平均主义思想贯穿在整个农民战争的历史过程中，是每次农民战争的最主要的、最根本的思想要求，它不仅成为农民起义的口号，并且也是促成农民起来反抗封建制度的重要推动力量，它同时也是农民起义的最终目的”②。

王思治认为，“农民所追求的平均、平等的狂热幻想，是一个发展的过程。在封建社会前期表现为对财产共有的朦胧要求，唐宋以后封建社会进入了繁荣阶段，才明确地提出来；土地平均的要求则是在封建社会的后期才写在起义农民的大旗上”。唐宋以后的农民起义和农民战争和恩格斯在《德国农民战争》一书中的所说的“要求农民和贵族平等……他要求取消徭役、地租、捐税、特权，它要求至少清除那些最不堪忍受的财富差别”是相吻合的。③

谢天佑认为，社会存在决定社会意识。农民的平均主义思想是农民阶级的阶级地位决定的。自从封建社会个体农民存在的第一天起，就存在着产生平均主义的阶级根源。不过平均主义有一个发展过程。陈胜大声疾呼“王侯将相宁有种乎”？这正义的呼声憎恨社会上存在贫富贵贱的不平，是农民阶级的平均主义思想的萌芽。只是它没有完全从封建地主阶级思想中独立出来，幻想用改变贫贱为富贵的办法来消灭不平。樊崇用“杀人者死，伤人者偿创”的口号，比“王侯将相宁有种乎”的大声疾呼前进了一步，直接触及了社会的不平。不过，只是一般地触及政治上的不平，就是仅就政治上的不平来说，也还未触及所产生于封建生产关系基础的人身依附关系。唐朝以后的平均主义口号、纲领都是以秦汉为源头的。④

---

① 刘其发：《试论农民战争的思想武器》，《江汉论坛》1979 年第 2 期。

② 李祖训：《农民有没有自己的思想武器——和蔡美彪、孙祚民同志商榷》，《史学月刊》1964 年第 12 期。

③ 王思治：《关于农民战争的性质问题——评孙祚民先生的观点》，《光明日报》，1960 年 11 月 10 日。

④ 谢天佑：《论农民战争的自发性》，《中国农民战争史研究集刊》第 1 辑，上海人民出版社，1979 年。

陈梧桐认为，在封建社会前期，农民平均主义不明显，但已经露出了端倪。陈梧桐说："平均主义是我国封建社会后期农民战争的重要思想武器。在封建社会前期的农民战争中，平均主义思想已露端倪，但不十分明显。在封建社会越过全盛阶段以后，随着地主土地所有制的迅速发展，土地兼并的激烈展开，专制主义中央集权统治的不断强化，封建压迫的日益深重，平均主义的口号被写上了农民战争的旗帜。"①

第二种观点认为，平均、平等的口号产生于唐代以后，秦汉农民战争没有提出平均、平等的口号。赵克尧、许道勋认为平均、均平口号产生于唐末农民战争，并贯穿到明清。秦末农民战争曾有过"伐无道，诛暴秦"的革命暴力夺取政权的光辉思想，但不是陈胜发出的呼声，而是陈县"三老、豪杰"的赞语，而且反暴政也不等于平等思想。东汉末年张角自称"天公将军"，这个"公"并不是指公平而是农民军最高将领的神秘主义称呼。张角兄弟分别称天公、地公、人公将军，均带有太平道的色彩，同时也是指领导集团的职位等第。直到唐朝末年黄巢大起义才公开打起"均平"的旗帜，用平均主义指导农民革命行动，揭开农民革命的新一页。但是，这时平均主义的内容还不是很明朗。到了宋代，平均主义的内容才明朗化。之所以到唐朝才提出平均主义的口号，是因为生产力提高，商品经济发展，加速了土地转移，弱化了附加在土地上的封建人身依附关系，激发了农民要求平均财产的革命意向。②

林衍经认为，封建社会前期，封建的国家土地所有制基本占主导地位，封建国家把农民强制束缚在土地上，进行苛重的劳役地租剥削，徭役征发无已，农民既无人身自由可言，甚至连生命安全都毫无保障。在这种情况下，农民获得一块土地，便落入了沉重徭役负担的羁困并同时丧失了人身自由。因此，摆在农民群众面前的现实问题，乃是挣脱束缚人身自由的绳索，解除人身奴役，争取平等的生活和生存权利，陈胜

① 陈梧桐：《关于平均主义与封建主义在农民战争中作用问题——与董楚平同志商榷》，《浙江学刊》1981 年第 2 期。

② 赵克尧、许道勋：《谈农民战争的平等、神权、皇权思想——与刘其发同志商榷》，《江汉论坛》1980 年第 3 期。

“苟富贵，毋相忘”的要求，正是秦末暴政下贫苦农民求取自由和平等的共同呼声。张鲁“不置长吏，皆以祭酒为治”，“置义米肉悬于义舍，行路者量腹取足”，也正是起义农民以斗争求得自由之后所实施的平等生活。这种财富共有、共同享受的办法，并不是将财富平分为私有的平均主义实践，而是原始公社平等生活的折光和反射，是起义农民对原始公社平等生活近似“复古”的仿效。①

宋公文、周积明则认为，秦末农民起义根本没有提出过革命口号，当然也就不存在平均的内容。“伐无道，诛暴秦”是代表六国贵族利益的三老豪杰对陈胜吴广起义的赞美之词，并不具有单一的农民阶级的阶级属性，当时秦朝统治已经成为当时社会各阶级、阶层共同反对的目标，“伐无道，诛暴秦”的内容有着很大的伸缩性和游移性，“并不能从本质上独立地反映农民要求推翻封建统治、建立农民政权的强烈愿望，并不能代表特定阶级——农民阶级的利益，所以它根本不可能成为农民起义的口号。更何况它并非来自农民革命队伍内部，也没有任何史料可以证明它曾被起义的领导人所采纳”。三老豪杰们说的“伐无道，诛暴秦”“深深地打上了封建割据势力派的思想烙印，说明这些三老、豪杰不过是一些反秦的六国贵族的代言人而已”。至于陈胜所说的“王侯将相宁有种乎”虽然对当时起义有着积极作用，但是同样不是农民起义口号，不过是用新的王侯将相取代旧的王侯将相的宣言而已，和刘邦的“大丈夫当如此也”、项羽的“彼可取而代也”的含义相似，“就其阶级内涵而言，并无实质性区别”，不能认定为农民起义口号。宋公文、周积明认为，唐末黄巢起义也没有提出平均主义的口号，黄巢的“冲天太保均平大将军”仅仅是个称号，称号和口号是不同的概念；黄巢先后四次更换称号，在后三次的称号中都不见“均平”字样，正说明黄巢没有明确地将“均平”作为口号来号召群众。②

---

①　林衍经：《农民战争中的平均主义思想撮论——兼与董楚平统治商榷》，《安徽大学学报》1981 年第 1 期。

②　宋公文、周积明：《对中国古代几次农民起义口号的质疑》，《中国农民战争史论丛》第 2 辑，河南人民出版社，1980 年。

谢天佑认为,中国封建社会以隋唐为分界线,前后两个阶段的农民起义有很多显著不同的特点。其中最突出的一点,就是后一阶段出现了一系列的平均主义口号。在隋唐之际平均主义的口号是不明确的。我们是从王仙芝自称“天补平均大将军”的头衔中觉察到的,以后逐渐明确了。宋时有“等贵贱,均贫富”,明时有“均田免粮”,清时有空想社会主义的土地纲领——《天朝田亩制度》。这些纲领和口号一个比一个进步。首先是把剥削压迫阶级与被剥削被压迫阶级之间的对立概括为贵贱贫富之间的对立,从而要消灭贵贱贫富的不平。其次,意识到贵贱不平的主要原因是土地和赋税问题,从而提出了“均田免赋”的口号,这就更加接触到生产关系的最核心问题。再次,不仅提出了均田的要求,而且提出了均田的纲领。①

二、农民平均主义思想的内涵

所谓平均主义的思想内涵,就是指平均主义包括哪些内容。学界分为四种观点。

第一种观点认为,农民平均主义思想只限于经济上平均财富和财产公有,不能把平均主义概念同农民主要反映在政治上的平等观念相混淆。最早提出这一观点的是侯外庐,后来的学者们在具体论述时,还存在着这样那样的分歧。侯外庐以唐朝为界,将农民平均主义的发生和发展分为前后两个阶段,前一阶段主要是“财产公有的狂暴式的幻想”,后一个阶段则提出了均分土地的要求,明确提出了“等贵贱,均贫富”的口号。在后期农民战争中,“等贵贱,均贫富”的实现方式有两种:一是“把富者的财富均分给贫者”。“在阶级斗争尖锐时,这种均贫富的斗争,其尖锐的形式达到对剥夺者以反剥夺”。二是“通过劳动人民的相互之间的互助或合理的分配来达到财产的平均。这种形式表现

① 谢天佑:《对历史上农民阶级必须做阶层分析》,《学术月刊》1964 年第 1 期。

出起义农民对财产分配的善良的企图”。①

董楚平说,“农民的平均主义内容大致有两方面内容,一是均分封建国家和地主的‘财富’为己有,即‘劫富济贫’。例如钟相‘谓劫财为均平’。劫财是农民起义平均主义的主要内容”。“二是在人民内部分财互助,在一定程度上实行‘公有’、‘共产’,如‘义舍’、‘馆谷’、‘圣库制度’等等”,属于绝对平均主义。②

徐祖根认为董楚平混淆了“平均主义”与“公产主义”,农民平均主义不包括“公产主义”,而以“割富济贫”为目的。“既然农民无法认识到压迫他们的是整个封建制度,既然农民阶级不可能提出推翻封建制度的口号,既然旧式农民战争的最高任务是推翻腐朽的旧王朝,建立比较开明、但仍然是封建的新王朝;那么,农民的平等和平均要求就不会(也无法)超出封建主义的范围。农民渴望获得土地,但并不要求废除封建土地所有制;渴望按资产平均负担赋税徭役,但不要求完全取消封建剥削;渴望法律平等地对待富人和穷人,但不可能要求彻底消灭封建等级制度。农民的平均主义根本不是对封建主义的否定。它所要求的只是封建主义基础上的平均。而且这种平均要求并不像通常所认为的是一种绝对平均主义,事实上封建社会农民不可能提出绝对平均主义的要求”。徐祖根认为,从事实上看,“义舍”并不是“公产主义”,张鲁从租税中拿出小部分供过路教徒共同消费,与废除私有制的公产主义是风马牛不相及的,这就如同封建家族中的义田,封建政权在各地设的义仓一样,都与公产主义无关。③

林衍经认为,“平均主义思想的根本特色是‘见之于物质生活方面’,‘是平分一切财富的心理,是原始的农民共产主义的心理’,不能

① 侯外庐:《中国封建社会前后期的农民战争及其纲领口号的发展》,《历史研究》1959 年第 4 期。

② 董楚平:《封建社会中农民的平均主义究竟包含哪些内容》,《史学月刊》1981 年第 2 期。

③ 徐祖根:《论封建社会中农民的平均主义》,《历史研究》1980 年第 4 期;《再论封建社会中农民的平均主义》,《浙江学刊》1983 年第 1 期。

同政治的极端民主化等同而论。所谓‘平分一切财富’，是将一切财富进行平分后据为私人所有，它反映了个体农民希求保持小私有制的愿望。可见，把平均主义的概念同农民主要反映在政治上的平等观念完全混同起来使用，是对平均主义思想的根本特色未予重视所导致的概念混淆”。平均主义思想内涵从唐朝产生以后不断发展，到太平天国，可以分为两个历史阶段，“自唐末农民起义至明代中叶邓茂七起义，由一般地提出‘均平’发展到较明确地主张‘等贵贱，均贫富’，这是平均主义思想发展的前期阶段。这一时期平均主义思想的内容，相承了封建社会前期农民要求政治上平等的愿望，明确了经济上均产、分产的斗争目标。明末李自成起义到太平天国革命，经济上均产、分产的主张发展为均平土地的斗争纲领，同时又保存了‘割富济贫’、政治平等的传统内容，这是平均主义思想发展的后期阶段，这一时期平均主义思想的鲜明特色，就是最明确地直接提出了平均分配土地为个体农民所有，废除封建土地所有制的斗争纲领”。①

第二种观点认为，农民平均主义包含要求政治上的平等和经济上的平均两个方面的内容。江地认为，农民的平均主义思想，主要表现在“等贵贱”和“均贫富”两个方面。“等贵贱”即打破政治上的封建等级制，“均贫富”即要求财富平均。②

杨宽认为，封建社会中的平等、平均思想在不同的历史时期有不同的内容。在封建社会前期，“着重于生命的保障和生活的解决，反对残暴的压迫和剥削，要求日常生活上得到平均”。汉末的太平道、张鲁的天师道所提出的平均要求属于这一性质。到封建社会后期，进一步明确提出消除贵贱等级、平均一切财富的平均、平等主张，唐末王仙芝，北宋方腊，南宋初年钟相、杨幺，直到明末李自成提出平均主张，都属于这

① 林衍经：《农民战争中的平均主义思想撮论——兼与董楚平统治商榷》，《安徽大学学报》1981年第1期。

② 江地：《有关农民战争史研究中的一些问题》，《文汇报》，1964年7月23日。

一性质。①

王阁森认为平均主义思想分为平等思想和平均思想两个方面。平等思想要求冲破封建社会森严的等级制度,针对封建政治制度。平均思想的内涵一是均地主阶级之产;二是在农民起义内部实行均产,"或按军事组织形式,或者按照宗教团体,以朴素的共产的公社生活";三是"要求恢复古老的农村公社制度。由于各国社会的具体情况不同,这一种表现少见于中国,而在外国初期的农民起义中则经常出现"。②

李祖训认为,"农民的平等与平均思想与占统治地位的封建统治阶级的思想和利益是针锋相对的矛盾。封建统治阶级要求特权,而农民却要求政治上平等;封建统治阶级要求建立封建大土地所有制,但农民却要求平均地产"。③

陈梧桐认为,"历史上农民战争的一系列平均主义口号纲领,把农民的斗争目标概括为反对政治上的贵贱不平等和经济上的贫富不平均。并且逐步把矛头对准地主土地所有制这个造成富贵和贫贱差别的总根源,触及到封建制度的要害"。农民平均主义的口号和历史实践有一定的距离,"农民的平均主义,要求通过均分土地的办法,在小农经济的基础上实现平等和平均,借以消除地主的权力和统治,消灭封建制度,就不能不是乌托邦式的幻想"。"封建社会后期农民战争中的平均主义口号纲领,反对地主土地所有制和封建专制制度及其代表者封建王朝,反映了农民的阶级利益,是农民群众特殊的、有历史局限性的民主主义斗争的表现"。在具体实践过程中,表现为两个方面的内容。第一,在政治上,推翻封建统治机构,镇压官僚地主,废除旧有的等级特权,钟相、杨么起义,"谓国典为邪法,谓杀人为行法","无官司法令",

① 杨宽:《论中国农民战争中革命思想的作用及其与宗教的关系》,《学术月刊》1960年第7期。

② 王阁森:《究竟是历史唯物论,还是历史唯心论——评孙祚民同志在中国农民战争问题上的若干观点》,《文史哲》1964年第6期。

③ 李祖训:《农民有没有自己的思想武器——和蔡美彪、孙祚民同志商榷》,《史学月刊》1964年第12期。

“杀官吏、儒生、僧道、巫医、卜祝及有仇隙之人”，而“独免执耒之人”。第二，在经济上，废除封建的赋役剥削，没收官府和地主的财产土地分给贫苦农民。太平天国的《天朝田亩制度》颁布后，并未实行所规定的按人口平均分配土地的办法。1853 年冬，根据杨秀清、韦昌辉、石达开等的建议，实行了“照旧交粮纳税”。在许多地区，农民向太平天国政权交粮纳税后，“不复交田主粮”，实际占有了地主土地，使地主的土地所有权形同虚设。有的地区，太平天国宣布土地“以实种作准，业主不得挂名收租”，甚至发给农民田凭，每亩收钱三百六十，“领凭后租田概作自产”，承认农民对地主土地的占有。农民起义军上述的做法，算不上什么绝对平均主义，最多只能算是相对的平均。① 当我国历史进入封建社会后期，封建制度的生产关系已经日趋腐朽，日益成为生产力发展的严重障碍，虽然新的更高的资本主义生产关系直到明清之时尚在萌芽状态，但是消灭封建制度的物质条件已经在孕育之中，“因此，农民战争的平均主义口号纲领，把矛头对准封建生产关系及其上层建筑，特别是对准地主土地所有制这个造成富贵和贫贱差别的要害问题，要求均分土地，实现小农的平等和平均，铲除地主阶级的压迫和剥削，消灭封建制度，这是及其正常的历史现象，是丝毫也不奇怪的”。②

李桂海认为，农民平均主义“在政治上表现为反对封建特权和等级，要求等贵贱，废苛法，在参与政治上取得均等的机会”。在经济上“主要反对财富不均，要求均平财产主要是土地”，反对“繁重的封建剥削，农民有权要求支配自己的劳动成果”，要求不当差、不纳粮、不纳税。③

第三种观点认为，农民平均主义思想的本质是农民民主主义。漆侠认为，封建社会的农民阶级所处的被剥削、被压迫的地位，决定了他

① 陈梧桐：《关于平均主义与封建主义在农民战争中作用问题——与董楚平同志商榷》，《浙江学刊》1981 年第 2 期。

② 陈梧桐：《再论农民战争中的平均主义——与董楚平同志再商榷》，《浙江学刊》1983 年第 4 期。

③ 李桂海：《论农民的平均主义思想》，《江淮论坛》1980 年第 3 期。

们必然具有平均主义、平等思想，从而成为革命的民主主义者，而封建社会农民已经提出了“均贫富、等贵贱”的口号，就是用农民的平等思想反对封建贵族的特权等级制度，用农民的平均主义思想反对贫富不均的社会现状，说明农民阶级已经成为民主主义者；从马克思主义经典作家对农民阶级的全面系统的论述来看，封建时代农民的平均主义、平等思想就是对封建制度的否定，所以在理论上和事实上，农民是革命民主主义者。漆侠说：“农民就其阶级来说，它的最本质的思想是革命的民主主义。虽则这种思想表现得极朴素、极原始，甚至没有形成为一个比较完整的思想体系。在封建社会里，农民之间的经济地位是存在种种差别的，但作为一个阶级看，则是一个生产劳动者阶级和被剥削被奴役的被压迫者阶级。阶级的本能，经常在农民战争过程中表现出民主、平等的思想和革命要求。一方面，在起义军内部，表现为起义军成员间的平等地位，如赤眉军相互称为‘巨人’，太平军则有兄弟或新老兄弟的称呼，都是这一情况的反映。另一方面，则在反封建斗争中，从保障人身权这个基本要求（如‘杀人者死’）到‘是法平等、无有高下’，‘等贵贱’口号的提出展示了消灭地主政治权力、争取民主平等的革命愿望。在这一深厚的基础上，才产生了‘民贵君轻’的思想，才产生了‘天下者乃天下人之天下也，非一人之天下也’的思想，才产生了像唐甄对皇帝制度厉声斥责的民主思想”。宋代“等贵贱，均贫富”的思想“既是在地主土地所有制和封建租佃关系占主导地位条件下产生的，并破天荒地由农民自己提出了这样的口号和纲领，因而不论从哪一个方面说都是极为珍贵的。这种思想的产生及其实践深刻地反映了：广大农民不仅要求而且动手消灭封建土地所有制，使自己成为土地的主人；在政治上不仅提出而且动手消灭封建等级制度，使自己在社会上获得平等的身份和权利。这两者构成了农民反封建思想的核心，从属于革命民主主义思想体系，从而与全部封建思想相对立”。①

田昌五同意农民阶级的思想属于农民民主主义，他借用经典作家的话“在阶级社会中，有多少阶级就有多少主义”之后分析说，“农民当然也会有自己的主义。他们的主义就是和封建等级思想相对立的、以政治上平等和财产上平均为内容的农民民主主义”。田昌五认为，“民主主义”不是资产阶级专属品，“各个被剥削阶级或集团都会有自己的民主主义。农民这种民主主义在农民战争中是农民阶级的‘革命本能的简单的表现’，‘是对极端的社会不平等，对富人和穷人之间、主人和奴隶之间、骄奢淫逸和饥饿者之间的对立的自发的反应’，因而是他们反对封建地主阶级的思想武器”。列宁对农民在反对旧的亦即封建专制制度、封建农奴主大土地占有制斗争中的农民的平等思想的高度赞扬，是对农民民主主义的高度肯定。田昌五认为那种将历史上的农民平均主义和现代平均主义吃大锅饭相提并论的观点，违反了历史主义的基本原则。在历史上，平均主义虽然是由原始共产主义发展而来，但是，包含着反封建的民主思想的合理内核。在理论上、形式上，农民平均主义是错的，但在实践上，它是正确的；它的合理内涵，为中国民主革命所继承和发展。②

刘序琦认为，平均主义与平等思想是地主阶级的经济剥削和政治压迫中不断孕育和形成的农民阶级的理想，而和以三纲五常为核心的封建的纲纪、封建的伦理相对立。“封建社会农民战争的平均主义与平等思想是包含有民主主义因素。政治上反对封建等级制度，要求‘等贵贱’，经济上反对‘贫富不均’，反对地主大土地所有制，要求‘均贫富’、‘均田’，这些就是民主主义因素。列宁说：‘农民需要土地，他

---

① 漆侠：《关于皇权主义问题》，《天津日报》，1962 年 1 月 3 日；收入《求实集》，天津人民出版社，1982 年；《读〈李自成〉——论农民的革命民主主义》，《文史哲》1978 年第 6 期；《论“等贵贱，均贫富”——论宋代农民的政治经济思想》，《中国史研究》1982 年第 1 期。

② 田昌五：《中国古代农民革命史 · 后记》，第 1 册，上海人民出版社，1979 年；《论农民的私有性和革命性》，《文史哲》1979 年第 6 期。

们的情感，他的本能的、原始的民主主义不可能不表现为向地主的土地伸手’。中国农民战争的平均主义与平等思想就是一种‘革命本能’的表现。等贵贱、均贫富、均田免粮就是原始的民主主义”。农民阶级的平均主义和平等思想在经济学上是错误的，因为它想永远巩固小农经济、违反经济规律的，也是不可能实现的。但是，从它反封建专制主义、反对大地主土地所有制斗争看，是进步的革命的。①

第四种观点认为，农民平均主义不是农民民主主义，并没有超出封建的思想体系。李振宏对封建社会农民是革命民主主义者的观点提出了反对意见。其理由是：民主主义作为一种社会意识，也和其他任何一种社会意识一样，都根源于一定的经济关系，它以资本主义经济关系的发展作为其产生的基础，只有在资本主义已经有所发展并且要求打翻束缚这种发展的专制制度的时候才能产生，因而民主主义是资产阶级在形成初期要求消灭特权争取自由平等的革命思想，属于资产阶级的思想范畴，是资产阶级同封建专制主义斗争的思想武器，封建社会的农民阶级不可能有民主主义。民主主义的基本内容是平等、自由，要求保证公民政治经济的平等。革命民主主义则是最进步的、战斗的、彻底的民主主义，它主张用革命手段推翻封建专制制度，肃清资本主义发展道路上的障碍物。革命民主主义提出了资产阶级革命的纲领、路线和方法等一系列理论问题，是资产阶级革命的完整的思想体系。这样的思想体系绝不可能从典型的封建时代产生出来。②

晁福林也反对平均主义是农民民主主义的观点。晁福林认为，封建社会农民阶级并不了解他们受剥削的根源以及如何才能铲除它，提不出取代封建经济制度和政治制度的方案，也不可能有独立的思想和主义。农民纲领口号表明农民具有平均主义、平等思想，但是这并不是和封建纲纪、理论相对立的东西。平均主义是手工业和小农经济的产

① 刘序琦：《关于农民战争的思想武器问题》，《江西师范大学学报》1980年第1期。

② 李振宏：《封建时代的农民是革命民主主义者吗》，《文史哲》1980年第1期。

物，那种认为农民军发展小农经济是对封建经济的否定是错误的认识。为了维护封建统治的长期性、保护长远利益，封建统治者是往往不反对发展小农经济。在个体小农经济适当存在和发展这一点上，封建统治者和农民阶级之间是有共同之处的。农民平均主义与其说是对封建纲纪的否定，毋宁说是它的补充。农民平均主义并不能冲破封建思想的牢笼。农民阶级的平等思想也不是对封建等级制度的否定。历代史料说明，农民阶级有各式各样的要求，就是没有废除封建等级制的平等要求。总之，作为农民战争思想武器的平均主义、平等思想，都是打上农民阶级烙印的封建思想，并未超出封建纲纪、封建理论的范畴，并不是真正挑战封建纲纪、理论的思想和理论，不能构成所谓农民民主主义。民主主义是近代资产阶级革命这个特定的历史时代才有的概念，封建时代的农民战争是不会出现民主主义的。①

三、农民平均主义的根源

斯大林、毛泽东等经典作家曾经从不同层面谈到过农民平均主义是个体农民的思想方式，是手工业和小农经济的产物的论断。斯大林明确论断“平均主义的根源是个体农民的思想方式”②。但是，经典作家们的论断过于抽象，手工业和小农经济为什么会产生平均主义？怎样产生平均主义的？除了手工业和小农经济这个历史根源之外，还有没有别的来源？人们在探讨的过程中，存在着不同看法。

大体说来，关于平均主义的历史根源有两种观点。

第一种观点认为，平均主义的历史根源是小农经济和宗法家长制。董楚平认为，封建社会的经济基础是个体经济，个体经济是封建宗法家长制的基础，平均主义就是宗法家长制的产物。毛泽东曾经说过：“在农民群众方面，几千年来都是个体经济，一家一户就是一个生产单位，

---

① 晁福林：《论农民战争的思想武器》，《江汉论坛》1980 年第 2 期。

② 《斯大林全集》，第 13 卷，人民出版社，1956 年，第 105 页。

这种分散的个体生产，就是封建统治的经济基础。”①董楚平以此为依据说：“这些一家一户的小农家庭是封建社会的细胞单位。一家之内都是亲人，经济上人人平等，没有剥削关系；但讲伦理关系，每个家庭成员在人格上是不平等的。一家之长，唯话是听，犹如一国之君，唯命是从。忠与孝是一而二、二而一的。忠是大孝，孝是小忠。家长制是君主制的缩影，君主制是家长制的放大。这种封建家长制，存在于地主家庭，也存在于农民家庭。农民的平均主义理想就是以封建家长制为蓝图设计出来的。社会成员在经济上平等，相互间没有剥削，‘有饭同食，有衣同穿’。但在人格上有隶属关系。”总之，平均主义是生产力低下的产物“是小生产者求生斗争的本能反应”。②

徐祖根认为封建社会农民的平等要求以“割富济贫”为目的，“是由农民的阶级局限性和历史局限性、小生产者和小私有者的特点决定的”。从历史局限性看，“农民需要好皇帝来保护土地和财产；希望好皇帝来组织修水利；希望好皇帝给他们带来幸福。所以他们只知道拥护好皇帝，根本无法认识封建制度是造成他们贫困的根源；所以他们并不要求彻底取消封建剥削，只知道向好皇帝纳贡是天经地义的；所以这种分散的小农经济构成了封建专制主义统治的基础”。从阶级局限性来看，农民是个具有两重性的阶级，“从被剥削被压迫者的地位出发，渴望平均主义，这是他们思想中进步的一面；从小生产者、小私有者的地位出发，又向往富贵尊荣。这是他们思想中消极落后的一面。这两种思想同时存在于农民的头脑中，在不同的情况下，此消彼长。当他们处于社会最底层时，前者往往占上风；当他们拥有一点权势时，后者就占了上风，加上地主阶级思想的腐蚀，他更心安理得地以统治者的身份自居，过其剥削享乐、奢侈腐化的生活来，平均主义在他们头脑中愈来愈淡薄”。至于直到唐朝末年农民起义明确提出“均平、平均”的口号

① 《毛泽东选集》第3卷，修订2版，人民出版社，1991年，第931页。

② 董楚平：《论农民战争的平均主义与特权主义》，《学术月刊》1981年第1期。

则是因为“唐初的均田制在农民脑海中留下了一个较好的印象”。“尽管均田制并非完全平均，租庸调也非十分公平，但与唐末土地兼并、租税紊乱相比，却是农民心目中的天堂了。农民既然看不到未来，只有转向过去，社会存在决定了农民战争中口号无非是反对过度的封建剥削，要求较平均的封建剥削而已”。①

第二种观点否认平均主义是宗法家长制的产物，认为决定于小农经济。林衍经认为，平均主义的阶级根源是封建社会的个体农民意识。“在封建社会里，由于地主阶级对农民进行残酷的封建剥削，造成了贫富悬殊，使农民长期处于作牛作马受奴役、受剥削的地位，食不果腹，衣不蔽体，不特丧失了人身自由，甚至连一丝生存的希望也面临破灭的绝境。因此，他们便产生了‘平分一切财富的心理’，以期从危亡中求取生存的条件，保守生存的权利。显然，这是就平均主义思想区别于其他阶级的思想而言的，决不能由此做出‘社会上一出现个体农民或者说小农经济，便同时产生了平均主义思想’的推论”。但是，平均主义的形成有一个历史过程，不能说封建社会、小农经济、平均主义是三个伴生体，认为封建社会一经形成就产生了平均主义。平均主义的形成既有阶级条件也有历史条件，这个历史条件到了唐代才具备。唐中期以后，地主大土地所有制发展，两税法取代租庸调，农民人身依附关系减轻，商品经济发展，刺激统治者的贪欲，使农民、手工业者的处境更加恶化；由于商品经济发展的影响，农民独立发展小私有经济的要求增长了。在这样的历史条件综合作用下，农民起义才能提出真正的平均主义主张。林衍经也不同意把平均主义看成是以封建家长制为蓝图设计出来的，因为封建君主专制最本质的内容是封建阶级压迫和剥削，封建家长制则不同，在家庭内部只存在家庭伦理关系，而不存在经济剥削关系，决不可把农民起义领袖比作“大家庭的家长”，再“放大”为拥有特权的封建帝王，进而把平均主义的战旗缚在封建特权主义的旗杆上。

① 徐祖根：《试论封建社会中农民的平均主义——兼与董楚平先生商榷》，《历史研究》1980 年第 4 期。

如果一定要把农民起义领袖比作封建家长,必须看到这个“家长”和“家庭成员”之间的关系是一颗藤上结出的苦瓜。①

漆侠认为,“等贵贱,均贫富”之所以到宋朝才明确提出,是因为宋朝大地主土地所有制发达,农民人身依附关系弱化,无地客户可以摆脱庄园主的束缚,可以拥有自己的土地家产上升为主户和自耕农,这一经济发展中的客观要求,形成一种强大的推动力,一旦形势发生大的变动,农民举行武装起义,五等户、客户等这些日常无地、少地农民,平常迫切要求土地的心声,就通过“等贵贱,均贫富”口号表达出来。②

关于农民平均主义的思想根源,有两种观点。

第一种观点认为是受先秦以来儒家知识分子所反复倡导的平均、均平思想的影响。刘节认为,孔子明确说过,“有国有家者,不患寡而患不均”,这是论述平均主义思想的最早的文献。③ 南开大学历史系1961 年曾举行农民战争性质问题讨论会,会上有的学者认为,战国时代,孟子曾提出井田说,西汉时期董仲舒、何武、孔光等曾提倡“限民名田”,直到北魏、隋、唐仍在实行均田制,宋、明农民起义所提出的均田免粮等口号可能是受他们的影响。戎笙认为,最早而且明显表现出平均主义思想的是《论语·季氏》和《礼记·礼运篇》,这是儒家经典,所表述的平均思想、大同学说为历代思想家所阐发,农民阶级的领袖如洪秀全都曾借用过。洪秀全在《原道醒世训》中全文引用《礼记·礼运篇》关于大同世界的文字。④

王界云认为农民平均主义有三个来源:一是借用非正统的学说,如墨家的原始民主思想、老子学说中小国寡民等,早期农民起义的平等思想多借助于墨家、老子的这些内容。二是借助于原始宗教或天命神学。这是农民平均主义的主要形式,从东汉末年的太平道、五斗米道,到清

① 林衍经:《农民战争中的平均主义思想撮论》,《安徽大学学报》1981 年第1 期;《论封建特权主义与农民战争中的平均主义》,《学术月刊》1987 年第 7 期。

② 漆侠:《论“等贵贱,均贫富”》,《中国史研究》1982 年第 1 期。

③ 刘节:《孔子的“贵仁论”》,《学术研究》1962 年第 3 期。

④ 戎笙:《如何看待太平天国的平均主义》,《历史研究》1981 年第 3 期。

朝的太平天国,“这些原始宗教的共同特点是起义中有原始平等的内容,与封建正统的意识形态相抵触,多在民间秘密流传、并有会社性的组织。这些特点,尤其是关于平等的教义,使农民易于用来阐发平均主义的思想,便于进行起义的组织和发动工作。太平天国则借用了外国基督教的原始教义,‘天下总一家,凡间皆兄弟’就是从圣经中衍化而来的。不过太平天国的平均主义思想,还吸取了外国资产阶级民主主义的因素,掺杂了儒家典籍《礼运篇》三世说的进化论,因此它又是一个大杂烩”。唐末和明末农民战争没有借用原始宗教的方式,但是使用的是天命论。三是借用地主阶级的思想资料。洪秀全的《原道醒世训》引用过《礼运篇》,这是儒家的经典之一,太平道或五斗米道所奉行的《太平经》,原来也是地主阶级改良主义者的作品。当然,农民平均主义思想和地主阶级的平均主义思想的性质和目的是不同的。“中国封建时代地主阶级的‘均平’思想,目的是挽救封建统治,调和社会矛盾,扑灭阶级斗争,它出于地主阶级内部权益再分配的要求,它的出路最多不过是改良。而农民的平均主义思想,出于千百年来积下的‘无数的仇恨、愤怒和拼命的决心’,它的出路是暴动、革命,因此它与封建主义根本对立,它必然要以推翻现实的封建统治为目的”。①

第二种意见认为平均思想是中国古代社会各个阶级共有的主张,农民平均主义实际上是先秦以来社会各阶层各阶级平均思想的一个组成部分。李振宏说,先秦诸子百家都主张平均,无论是儒家,还是法家,还是道家、墨家,对平均的具体含义和实现措施虽然有所区别,但是有三点是相同或者是相通的:一是在经济上主张财富平均,土地分配、赋税徭役都要以平均或者均平为原则,各家各派的平均地政、均土分地的思想与主张实际上就是平均徭役赋税的思想;二是平均的政治含义是社会各个阶层各得其所、各得其分,孔子的“有国有家者不患寡而患不均”,荀子的“君臣上下、贵贱长幼、至于庶人”各“谨于分”,墨翟也好,商鞅也好,韩非也好,都主张政治公平,赏罚奖惩、官吏任用都要有公开

① 王界云:《论中国农民的平均主义》,《河南师大学报》1981年第4期。

公正的标准；三是主张社会平均即社会成员在获得社会利益方面的普遍性，在很大程度上指君王、国家对待各阶层社会成员的一视同仁，实现社会公平。这些平均思想成为中国古代社会各个阶级、阶层平均思想的源头。封建社会历代知识分子、政治家对此都有过深入的阐发，平均赋役、政治公平、社会公正成为历代头脑清醒的统治者们的共同主张，“平均观念，渗透在中国传统文化的各个思想领域，是各种政治思想、社会思想、伦理思想乃至经济思想的重要文化支点”。在古代政治实践中，在政治制度建设和管理设置方面，都把平均赋役作为考虑问题的基本出发点，以此作为立国之本。“均平”是古代思想家、政治家进行赋役制度设计、考核管理地方官吏的各种建议的出发点，因此而形成古代大众最基本的文化心理趋向，历代政府所以坚持平均赋役的政策，也是为着适应社会大众的这一文化心理需要。所有这些，都构成了中国古代农民平均主义的来源。以往以革命领袖的个别论断为依据，认为平均主义是农民的思想体系，是小生产特有的思想体系，是不合实际的。①

四、农民平均主义的性质与作用

新中国成立以来的农民战争史研究，对平均主义的性质和历史作用的评价是从太平天国的性质和《天朝田亩制度》研究开始的。1951年1月11日《人民日报》发表社论《纪念太平天国革命百周年》之后，学界迅速展开了太平天国革命性质的讨论，《天朝田亩制度》的性质、作用成为讨论的焦点。尽管对太平天国革命的性质存在分歧，有的认为是农民战争的顶峰，有的则认为是带有资产阶级民主革命色彩的农民战争，但是对《天朝田亩制度》的平均主义性质的认识有一点则是一

① 李振宏：《先秦诸子平均思想研究》，《北方论丛》2005年第2期；《中国古代均平文化论纲》，《学术月刊》2006年第2期；《儒家平天下思想研究》，《中国史研究》2006年第2期；《中国古代“均平赋役”的文化考察》《学术界》2005年第2期。

致的，那就是《天朝田亩制度》的平均主义是中国农民战争平均主义的集中代表，是农民平均主义的最高体现。所以，关于平均主义性质和作用的评价首先从太平天国的土地纲领《天朝田亩制度》的评价开始，而后逐步展开。

大体说来，对平均主义的性质和作用的评价，经历了否定之否定的过程。新中国成立之初认为平均主义的性质在实质上是反动的，1950年代末到“文化大革命”开始前则充分肯定其革命性和反封建性。“文革”结束以后批判极左思潮的过程中，有的学者重点批判平均主义的反动性，再次展开讨论，学界是肯定和否定并举，学术理性逐步占据主流。1980年代中叶以后，对农民战争的讨论迅速降温，平均主义的作用问题已经很少作为史学研究的课题展开了。概括而言，绝大部分学者都充分肯定平均主义的革命性，同时指出其空想性，认为其积极作用是主要的，少数学者则持基本否定的意见。在具体讨论的过程中，对其积极作用和消极的认识还存在着分歧。大体说来有如下四种观点。

第一种观点，在充分肯定平均主义在农民战争中的积极作用的同时，强调平均主义的局限性和消极作用，即一分为二地评价平均主义。范文澜认为，太平天国著名的土地纲领《天朝田亩制度》“表现了农民的农业社会主义思想，即以小农经济为基础的平均主义思想，这种思想在一定的历史条件下，一方面有巨大的革命性，另一方面在实质上又带有反动性”。《天朝田亩制度》的土地和财产的分配主张“渗透了千千万万农民的心，在争取土地的斗争中成为无限力量的源泉。凡是太平军到达的地方，地主抱头鼠窜，农民热烈响应，革命高潮猛烈冲击封建制度的基础，加速清朝政权的崩溃。太平天国的土地纲领，要求根据新的原则，重新平分土地财产。纲领提出消灭地主所有制，建立农民土地所有制，从而使农民获得土地，解除封建压迫，这是完全合乎当时农民要求的。因此这种主张是革命的。但是，由于时代的限制，他们企图把小农的土地所有制巩固起来，这在实质上是带有反动性的。比如，按照《天朝田亩制度》的规定，农民分得土地就要保持每家有几亩地，几棵桑，五只母鸡，两口猪的小农经济的生活。并且农民每年的收获所得，除必需者外，一律归公，交入国库”。“他们幻想每个农民都在分散的小农经济基础上永远保持一份平均的财产。这种平均主义的做法，即使实现了，也不可能使农民改进生产工具和耕作技术，不可能是农业生产大量发展。农民的前途还很暗淡。这种违反发展规律的空想，它的反动性质是显然可见的”。比较而言，“按照太平天国所处的历史条件，农业社会主义的主张，进步的一面还是主要的”。①

金冲及、胡绳武认为《天朝田亩制度》在当时的历史条件下有着革命的与反动的两重性。“由于当时中国社会内部主要矛盾是地主阶级与农民阶级的矛盾，束缚生产力发展的主要障碍是封建的土地所有制，因此这个纲领对封建土地所有制采取彻底否定的态度自然是带有革命性的。这种革命性在当时的历史条件下构成《天朝田亩制度》的基本的方面。但是，《天朝田亩制度》也有着它的反动方面。这种反动方面就是它在主观上梦想超越这个反封建主义的界限，不愿限制在平分封建的土地财产的范围之内，而且要平分所有农民的全部财产。这样它就会破坏非封建的一般的财产私有制度，就会破坏一部分中农的财产，就会打击广大农民的生产积极性，从而使农业生产力刚刚从封建土地所有制中解放出来时，又受到新的束缚而不能前进。同时他将整个社会固定在自给自足的小农自然经济范围内，这样也是不利于资本主义发展的”。金冲及、胡绳武分析《天朝田亩制度》反动性的理论依据是1948 年 7 月 27 日“新华社信箱”关于农业社会主义问答中对平均主义的批判。“新华社信箱”指出：“以小农经济为基础的平均主义的反动方面、错误方面，就是它在主观上梦想超越这个反封建主义的界限，不愿限制在平分封建与半封建的土地财产的范围以内，并且还要平分社会上其他一切阶级、农民一切阶级（例如中农和新式富农）和其他一切人等的土地财产，还要平分工商业，并把这种平分称为共产，或称为社会主义。这就是绝对平均主义，这就是反动的、落后的、倒退的。因为

① 范文澜：《纪念太平天国起义一百零五周年》，《人民日报》，1956 年 1 月 11 日。

这样平均的结果,不独是要破坏封建的财产关系,而且要破坏非封建的即自由资本主义的财产关系,就是要平均主义地破坏工商业及一部分中农和新式富农的土地和财产,因而也要打击工业和农业的向上积极性。这样就不独不能提高社会生产力,而且必然要使社会生产力大为降低和后退。"金冲及、胡绳武认为,"这个分析中的主要观点,对分析《天朝田亩制度》的实质和作用,看来也是适用的"。①

龙盛运认为,《天朝田亩制度》在以往平均主义的基础之上,"大大跨进一步","不仅主张'人人不受私',地主土地私有不合法,应该人人平分,而且还规定除了'功勋等臣世食天禄'之外,'其后来归从者'们都要'更添奉尚',大家'皆一式'地生活。这就把地主阶级的土地占有制和生活方式,一起否定了。这是对封建社会彻底的判决,从而把千百年来农民斗争提高到空前未有的水平"。"但是不论是王小波、李顺,或者是太平天国革命者,他们都没有也不可能认识地主阶级"。他们是自发地反封建,自发地同地主阶级作斗争,天朝田亩制度不能不具有严重的缺点,其突出特征就是绝对平均主义,"不仅用它来平分生产资料,而且用它来平分生活资料,不论劳动力强弱,生产多寡,都享受同样多的劳动生产物。这是企图'把小生产概括化和永久化的反动幻想'。不利于生产发展,不利于社会进步。当然,如果真的实行平分土地,客观事实的发展,将会与洪秀全等人的主观愿望背道而驰,绝不会有永久化的天下皆一式的社会生活",从中必然会产生新的资本主义的剥削制度,也会有利于社会发展。另一个特征是没有明确的阶级路线,在天朝田亩制度中,"人们不但看不到阶级和阶级斗争,依靠哪一个,团结谁,打击谁,完全不清楚;而且恰恰相反,农民和地主的土地没收了,国有化了。这在实际生活中就不能不引起混乱"。除了这些根本性问题外,还有许多其他重要的缺点,"例如,田地等级划分繁琐,在实际生活中很难应用;划分等级的标准亩产量很不切实际,不仅在北方,就是在

① 金冲及、胡绳武:《关于天朝田亩制度的实质问题》,《学术月刊》1957年第9期。

南方，在当时条件下，也有许多是悬空的”。有授田，无还田；只用于农村，对城市不做理会，等等。“它表明农民革命者虽然已经发挥了巨大的智慧，表现出惊人的想象力，但他终究不能避免阶级的闭塞性，无力驾御复杂的社会”。①

章开沅在充分肯定天朝田亩制度的进步性的同时指出其反动性。章开沅认为，太平天国的“土地政策反映了农民与封建地主土地所有制之间根本对立的趋势，也就是反映了从根本上摧毁封建主义制度的愿望”。“这个彻底反对封建土地所有制的土地政策的出现，主要是由于封建租赋和高利贷商业资本剥削的日益加重以及土地买卖和集中现象的日益普遍，而这些现象又是与商品经济的发展和资本主义萌芽的生长分不开的”。“农业社会主义的乌托邦并不是什么明确的经济概念，而是反映了农民强烈地反对封建主义压榨并且渴望把自己仅有的几亩地、一头牛等微薄的产业永远巩固下来，避免封建地主和商业高利贷资本的兼并。这种软弱的并且是决不能实现的善良愿望，实际上正如列宁所教导的，我们所要肯定的，正是《天朝田亩制度》中的‘否定性观念’（反对封建土地所有制），而不是它的‘肯定性观念’（恢复农业公社）。当然，这种空想是企图使社会生产力停滞在分散的小农经济的水平上，使社会生产力不能向前发展，所以它仍然带有反动性”。②

刘大年认为，《天朝田亩制度》是一个伟大的农民革命纲领，“它的内容是平分土地，具有彻底废除封建土地制度的革命意义。农民渴望得到土地的要求，在这里得到了最鲜明最强烈的反映。但它也只是农民革命的纲领。那上面只规定人民除耕种土地还要从事饲养猪鸡蚕缝衣等家庭副业和手工业。这是因为土地平分、自给自足的原始公社式的社会里，是既不需要商业，也不需要独立手工业的”。但是，这种绝对平均主义的土地分配方案只能是一种乌托邦，正如毛泽东所说的那

① 龙盛运：《关于太平天国土地政策》，《历史研究》1963 年第 6 期。

② 章开沅：《有关太平天国革命性质的几个问题》，《理论战线》1958 年第 2 期。

样“在分配土地问题上主张绝对平均主义的思想，它的性质是反动的、落后的、倒退的”。刘大年不同意太平天国土地纲领有助于发展资本主义、代表市民利益的看法，认为《天朝田亩制度》“即使全部实施，也绝不会促进资本主义。因为资本主义是不能从没有独立手工业和商业的原始公社式的社会里发展起来的。这就是称太平天国纲领是乌托邦的道理，是这个纲领反动的一面”。太平天国虽然打击封建势力，但是“并非打击封建势力就一定促进资本主义。封建时代的农民战争没有一次不打击地主阶级，但是它只能多少推动一些封建社会的形成和发展，并不成为孕育资本主义的产婆”。因为只有具备了高度发达的资本主义的条件下的“农民革命才能起扫清资本主义基地的作用”。“太平天国起了有利于资本主义的作用，那是因为它发生于鸦片战争之后，严重打击了内外反动势力，阻止外国进一步扩张鸦片贸易，阻止、延缓了外国资本主义扩大在华市场的结果，不是因为在它的纲领里藏有发展资本主义的奥秘，更不是因为中国有了高度发达的资本主义”。[①]

“文革”结束以后，人们在一分为二地分析平均主义的时候，对于平均主义的积极作用和消极作用的分析不再像“文革”那样笼而统之，而是着重强调平均主义在当时所起的进步作用，消极作用则是次要的。漆侠认为农民的“等贵贱，均贫富”的思想是一种虚幻的乌托邦。不仅如此，小农社会主义还包含有一定的反动性。但这种思想却是农民的反封建的革命思想。自宋以来，农民的“等贵贱，均贫富”的实践活动证明，它能使农民从地主手里夺得部分土地，或者使全部封建生产关系的压迫、束缚力量得到和缓和削弱，从而使封建生产关系多少适应生产力发展的性质，推动了历史的前进。此其一。其次，不仅一般自耕农经济有所发展，无地的客户的小经济也有所发展，小商品生产也活跃起来了。再次，由于封建制度的削弱，商品经济的发展，为资本主义的萌芽创造了条件。[②] 不过，和肯定平均主义的作用相比，漆侠对平均主义消

① 刘大年：《太平天国革命性质问题》，《历史研究》1959 年第 1 期。

② 漆侠：《论“等贵贱、均贫富”》，《中国史研究》1982 年第 1 期。

极作用的批评是次要的，这一点下文还要谈到。

陈梧桐认为，平均主义是我国封建社会后期农民战争的重要思想武器，“封建社会后期农民战争中的平均主义口号纲领，反对地主土地所有制和封建专制制度及其代表者封建王朝，反映了农民的阶级利益，是农民群众特殊的、有历史局限性的民主主义斗争的表现。这种斗争，是推动当时生产力发展的必要因素，因为在封建社会后期，特别是在大规模农民战争爆发前夕，腐朽的地主土地所有制和封建专制制度及其代表者封建王朝，已成为生产力发展的桎梏，所以列宁指出‘在反对旧专制制度的斗争中，特别是反对旧农奴主大土地占有制的斗争中，平均思想是最革命的思想。农民小资产者的平等思想是正当的和进步的，因为它反映了反对封建农奴制的不平等现象的斗争’”。平均主义在农民革命战争中的作用主要表现在三个方面：一，极大地提高农民的革命积极性，迅速地壮大起义队伍，起了号召动员的作用；二，使农民领袖在起义早期保持艰苦朴素的阶级本色和比较民主的作风，有力地促进革命队伍的团结，增强了战斗力；三，鼓舞广大农民对地主阶级展开猛烈的进攻，沉重地打击封建统治，改变土地配置，为生产力的发展开辟了道路。因而，它是推动当时生产力发展、社会进步的必要因素。当然，平均主义也有消极的一面，它往往导致一系列的政策策略错误，如滥抢滥杀等，但这毕竟是支流。我们不能以偏概全，只见支流，不见主流。否则，就会否定封建社会后期的农民战争。①

苏双碧认为，在农民革命战争初期，即发动期间，平均主义矛头主要对准地主土地所有制，它是革命的、进步的；但革命政权建立之后，如果平均主义是用来均农民的产，那么这时的平均主义就失去了它的进步性。不过农民在热心和向往要均地主阶级的产时，从来也没有想到要均自己的产。洪秀全在天京政权建立后，尽管颁布了《天朝田亩制

① 陈梧桐：《关于平均主义与封建主义在农民战争中的作用问题》，《浙江学刊》1981年第2期。

度》,但实际上并没有实行,也没有推广。[①] 有的学者还认为,平均主义固然有空想的一面,但也要看到它有现实意义。农民的平均主义其实是想当自耕农。每次农民起义之后,局部地区自耕农的数量都有增加。此外在封建农业向资本主义农业的转变过程中,平均主义也有现实意义,即为农业争取美利坚的道路,避免普鲁士道路。[②]

第二种观点,是充分肯定平均主义在农民战争中的进步作用。早在1950年代,针对《人民日报》纪念太平天国百周年的社论和范文澜的观点,郭毅生主张,《天朝田亩制度》"实质上是一个彻底的反对封建地主土地所有制的土地纲领,革命性和进步性是它的基本特征,它在当时的历史条件下,不带有任何反动的实质"。《天朝田亩制度》"针对封建大地产而予以坚决的否定,它号召农民起来夺取土地,成为鼓舞和发动农民参加革命斗争的一面旗帜。太平天国革命之所以能够得到广大农民热烈的支持和拥护,太平天国占领区之所以能很快地巩固革命秩序,就是因为它符合了农民对土地的要求"。《天朝田亩制度》所揭示的"公有原则和平分土地的方法,对中国近代资产阶级革命而言是一个最彻底最革命的方法,是一个摧毁封建地主土地所有制的彻底的、革命的反封建纲领"。和俄国民粹主义者的土地纲领比较,太平天国的土地制度虽然也有幻想的色彩,但二者有着重大的区别,《天朝田亩制度》的民主主义性质要比俄国民粹主义"完满、健全和宝贵得多"。"《天朝田亩制度》的空想性既不在于避免资本主义,也不在于幻想脱离阶级斗争,而在于它对未来社会图景作了一个空想的规划。它要求在共有财产的原则下建立一个以二十五家为单位的,自给自足的自然经济社会。这一点当然是幻想,它反映了中国社会的落后和群众觉悟的不足,这种幻想和民粹派乌托邦以及孙中山的主观社会主义在本质

① 苏双碧:《关于农民战争史研究中的几个问题》,《中南民族学院学报》1982年第1期。

② 《中国农民战争史研究会举行第二届年会讨论农民战争和封建经济、平均主义的关系问题》,《光明日报》,1981年11月9日。

上颇有不同，不过却没有二者浓厚，仅不过是一种虚饰的外衣而已”。①在1980年代的文章中郭毅生又重申这一观点，认为农民的平均主义思想在不同的历史范畴内，其性质是不相同的。在前资本主义时期，它对摧毁封建制度，促进资本主义因素的发展，是积极的、革命的思想。而在资本主义和社会主义社会，则是违背历史发展规律的，其反动性质是显然可见的。《天朝田亩制度》虽然饱蘸着浓厚的空想和落后的色彩，但它体现了太平天国反封建的革命性质，具有刨除封建社会土地所有制根基的历史意义。《天朝田亩制度》的平分土地的方案对封建地主所有制予以否定，将为萌芽中的资本主义扫清道路，并为其成长创造条件。至于产品分配上的平均主义方案，这只是一种错误的形式和外壳，它是容易被资本主义萌芽所冲破的。②

杨宽认为，农民起义过程中自发提出的平等平均的革命思想，“是正当的和进步的，因为它表现着反对封建等级制度的封建的土地占有制度的斗争，表现着反抗封建压迫和剥削的斗争，表现着农民推翻封建制度的革命要求”。这些主张一经提出，或者将一部分实施的时候，就大大地鼓舞了农民群众的革命积极性，立刻成为农民共同争取的革命目标，成为进一步动员群众的动力，对发动和组织大规模和持久的农民战争，起着很大的积极作用。③

杨荣国认为，从宋到明的农民起义比较完整地提出了要求政治上平等和经济上平均的纲领或口号，这些纲领或口号反映了农民阶级在长期斗争实践中的经验积累和认识的提高，也反映了封建社会后期的特点。李自成的均田口号不论具体办法如何，在起义过程中无可怀疑地付诸实施，是农民的平均思想反对封建土地关系的革命，它不仅反映了广大无地农民对于土地的要求，而且从当时社会发展的特点来说，在

---

① 郭毅生：《略论太平天国革命的性质》，《教学与研究》1957年第2期。

② 郭毅生：《〈天朝田亩制度〉的经济背景及其性质》，《历史研究》1981年第3期。

③ 杨宽：《论中国农民战争中革命思想的作用及其与宗教的关系》，《学术月刊》1960年第4期。

一定程度上符合资本主义萌芽继续发展的要求。"等贵贱,均贫富"和"均田"的口号,是农民阶级反对封建地主阶级的等级特权和封建土地所有制的革命理论,是农民阶级在长期生产斗争和阶级斗争的实践中必然爆发出来的革命要求,推动了中国历史的不断发展。①

漆侠虽然认为平均主义具有空想性,不能无视其历史局限,但是对平均主义仍要以肯定的态度为主。漆侠认为,平均主义是农民民主主义思想的核心,是农民革命的巨大推动力。从王小波、李顺起义到太平天国革命,"等贵贱,均贫富"像一根红线贯穿于全部农民革命,"它自身不仅得到充实和发展,而且调动了千百万群众的革命积极性,卷起了一次又一次的革命狂飙。其所以如此,这一思想和口号是一千多年来社会基本矛盾的产物,体现了广大劳动人民的要求和愿望,因而一次又一次地表现出来"。"一再推动了广大农民向地主的'土地'伸手,猛烈地冲击了封建土地所有制这一封建经济制度的根基"。漆侠认为,"等贵贱,均贫富"是作为农民反封建斗争的最终目标提出的。"虽然农民极富于理想,更为重要的是农民从来就是最讲实际的现实主义者。他们并不把'等贵贱,均贫富'高挂在那里仅仅成为自己的可望而不可即的空想,总是通过各种形式的斗争,采取这样或那样的步骤,向这个目标前进。在平时农民的抗租抗税,以及遇有饥荒成群结队到大户人家要粮要炊,这就是对封建所有制和封建主的私有财产的亵渎和挑战。及至发动起义,或是调发大姓财粟,或是打开州府仓库,把粮食布帛分给贫苦农民。这种行动,用斯大林的话来说,是农民的平分财富的心理的反映。由此更进一步,如上面所说的,向地主的土地伸手,触动封建制度的根基。上述农民的每一个步骤和行动,都和'等贵贱,均贫富'有密切的联系,都反映了农民反封建斗争的逐步深化,并由此削弱了封建制度"。漆侠强调"'等贵贱,均贫富'绝不是一种空想,而是发动万

① 杨荣国:《中国历史上的农民战争是阶级矛盾的产物》,《学术研究》1964年第3期。

千劳动人民变革现实的伟大动力”。①

谢天佑认为，农民平均主义是作为封建主义的对立物出现的。孔子等说过不患寡而患不均，但是孔子所说的“均”是以肯定社会等级制为前提的，“一切利益按等级进行分配就是均，违反了等级就是不均。这种均是对剥削制度的肯定，是对封建剥削制度的肯定。而农民阶级的平均主义是作为封建社会的对立物而出现的，是农民阶级要求平等地、自由地发展个体经济的类型，它是以反封建等级制度为内容的”。农民平均主义有空想的成分，但并非全部是空想，其中绝对平均的主张对历史发展固然不利，但是更应该看到在当时历史条件下的合理性，不能不顾历史条件一概斥之为反动和空想。“耕者有其田”对于旧式农民战争来说是空想，但是正是这个思想将旧式农民战争和新式农民战争衔接起来了。孤立地看，就是农民战争没能实现这个主张，所以失败了；但是联系地看，新式农民战争将这个旧式农民战争提出的主张在中国变成了现实，从这一点上看，旧式农民战争并没有失败，它的理想实现了。二者的革命力量是相同的，都是农民阶级；二者革命内容基本相同——都反对封建土地制度，实行耕者有其田。谢天佑说：“我们不能借肯定历史上的平均主义来为现实生活中的平均主义辩护，也不能因为现实生活中平均主义起着消极作用而否定平均主义在历史上所起的积极作用。一切应以时间、地点、条件为转移。”②

洪家义认为，平均主义思想是发动农民起义最有力的思想武器，在农民战争的过程中起过巨大的动员作用。平均主义思想的实践，是摧毁封建制度、破坏封建生产关系最有力的行动。③ 林衍经认为，“从实质来说，平均主义思想确实是‘乌托邦’，它在中国历史上，存在千年，

---

① 漆侠：《读〈李自成〉——论农民的革命民主主义》，《文史哲》1978 年第 6 期。

② 谢天佑：《对中国农民战争的历史作用的研究》，《安徽史学》1986 年第 5 期。

③ 洪家义：《关于中国农民战争中的平均主义思想及其实践问题》，《南京大学学报》1981 年第 1 期。

事实上并没有使中国封建社会得到本质的改造。但这正如列宁所指出‘人们说平均分配不会有任何结果’。马克思主义者应该这样来理解这句‘不会有任何结果’的话，只是指社会主义任务而言的，只是说这种办法不能消除资本主义。至于在封建社会里，它不仅‘反映劳动人民追求平等的愿望’，而且在农民起义的长期发展过程中，都是鼓舞起义农民向封建堡垒冲锋陷阵，局部摧垮或整个推翻旧封建王朝的强大思想武器”，而绝不是什么毫无实际价值的“最漂亮的画饼”。农民英雄从开始发动起义直至失败，始终坚持在平均主义的旗帜下进行战斗，说平均主义是革命深入发展时期的“累赘”、“只能兴奋于一时”，这是无法令人同意的。离开农民的局限性，把农民战争的失败不适当地委过于平均主义思想的作用，是不公正的。历史上农民革命尽管都被镇压下去了，但平均主义的思想光辉却是无法从历史上驱除的。尽管在历史实践过程中，平均主义曾经有过一些消极的作用，“但在封建社会里的农民战争中，平均主义思想主要地、而且经常地是起着积极作用的，消极作用是不甚明显、微不足道的”。①

杨生民认为，平等、平均思想是农民自发的革命思想，既与封建统治阶级鼓吹的均产、均田思想有本质的不同，也不是要倒退到原始农村公社中去。是封建社会政治经济的严重不平等和农民处于极端贫困境地而产生的平均平等思想，是为了维护自身基本的生存条件。如果说把农民平均平等思想混同于封建统治者的均产、均田，或者说是倒退到原始公社时代去，就根本谈不上农民“革命本能”或“革命愿望”问题。历史实践证明，农民平均、平等思想打击了地主阶级土地占有制和对农民的残酷压榨，能够给农民带来一些实际利益，保护农民的个体经济，提高农民的生产积极性。虽然在资产阶级反对封建的民主革命时期，农民的平均、平等思想不能实现，但在历史上的作用却是正确的、合理的、进步的。因为这是彻底反封建的强烈革命要求，而资本主义只有在

---

① 林衍经：《农民战争中的平均主义思想撮论——与董楚平同志商榷》，《安徽大学学报》1981年第1期。

彻底反封建、平分封建地主阶级土地财富的基础上，才能得到迅速发展。但是，在一定条件下，农民平等、平均思想也有些消极作用，如在封建社会中均分较富裕农民和手工业者财产，就会对社会发展和农民运动产生消极作用。在资产阶级革命时期，农民的平均、平等思想不仅要消灭封建剥削，也会“怀着消灭资产阶级新剥削的幻想”，幻想用一个平等、平均的小农社会代替即将来临的资本主义社会，违背了社会发展规律。在社会主义社会，农民的平均、平等思想发展为绝对平均主义，就会破坏社会主义分配原则。①

人们在充分肯定平均主义的积极意义过程中，一个绕不开的理论问题是经典作家对平均主义曾经有过批评，并斥之为落后性和反动性。这也是对平均主义持否定意见者的理论出发点。李祖训认为，经典作家说的平均主义的反动性是有特别含义的，是指“社会主义任务而言的”，即在进行社会主义革命的时候再主张平均主义、平分土地，建立一个小农民、小私有的社会制度并使它万古长存，不仅不可能，而且是反动的。因为小私有的小农经济极不稳定，尽管可以暂时消灭旧的地主剥削，却必然在两极分化过程中产生新的地主剥削，没有也不可能建立小农小资产者社会。“说它是反动的，不仅因为小农经济无时无刻不在自发地产生资本主义，并且，也因为农民的平均主义亦即建立小农社会的幻想，实质上还是以私有制为基础，是维护私有财产的。而私有财产的存在，就不可能再在私有财产的基础上建立共产主义，就不能使广大劳动人民摆脱剥削，走上真正自由解放之路”。故而，只有当历史的发展已经把无产阶级进行社会主义革命提到日程上来，当革命的任务已经是社会主义革命的时代，这个时候如果再提倡平均主义，那就是反动的了。而在反封建剥削与农奴制的革命时代，平均主义不仅是最有力的思想武器，并且是正当的和最革命的。②

---

①　杨生民：《应当正确评价封建时代农民的平均、平等思想》，《首都师大学报》1978 年第 3 期。

②　李祖训：《农民有没有自己的思想武器——和蔡美彪、孙祚民同志商榷》，《史学月刊》1964 年第 11 期。

第三种观点认为平均主义无论是从思想层面还是从实践层面看，其局限性都大于进步性。陈守实从平均主义的经济学含义出发，认为农民战争的平均主义在思想上是空想的，在实践上是与历史发展的原则相背离的。陈守实说，等量劳动的互相交换，是平均主义的最基本出发点。交换是和一定的生产方式相适应的。在阶级社会里，阶级对抗与交换有着不可分割的关系，因为不等价交换是普遍现象，这中间存在剥削与被剥削。平均主义实质上是抽掉了社会经济基础中的对抗关系，即剥削与被剥削关系，企图在表面上作抽象的调济；如果在实践中贯彻平均主义，当生产力还未达到高度发达时，必定要竭力恢复已经过时的或原始的生产方式。而在私有制社会里，劳动的差异必然引起交换上的对抗和生产上的竞争，这种竞争是灾难的根源又是进步的原因，而平均主义却企图把社会拉回到遥远的时代去，把黄金世界的梦想寄托在古代，因此平均主义是复古主义的表现。农民运动中的均田、均产思想，其基本点就在这里。不论任何社会，企图要保持旧时的平均的生产资料的分配，就意味着它既是反动者又是空想家。明末农民战争的"均田"、"免赋"口号，内容只不过是表现农民希望获得土地而已，并不是要求从根本上改革土地关系。均田实际上是把土地关系回溯到大体上耕者有其田的小农经济阶段，亦即土地占有比较平均的阶段。毫无疑问，它是与历史的发展原则相背离的，在实际上也是无法实现的。西周的井田、王莽的王田、北魏的均田、太平天国的田亩制度，凡此种种，一言以蔽之，都是空想。产生这种空想的基础一方面是现实土地分配的不平均，另一方是残留的原始家族共同体。在那个时代，宗法血缘的关系掩盖着阶级关系，共同体的成员之间有着某种协作、共同生产、共同消费的关系，土地分配比较平均，容易引起思想家的憧憬与回忆，成为唤起空想的基础。这种空想只能可以见之于文献，也可以实行于一时一地，但毕竟不能在现实生活中生根，只能是昙花一现的泡沫。①

① 陈守实:《中国农民战争史散论》,《中国农民战争史研究集刊》第 1 辑，上海人民出版社，1979 年。

李桂海认为，平均主义对于激发农民反对苛法和法律上的特权，反对沉重的赋役，争取农民支持、扩大起义队伍，都很具有号召力。不过，它的进步性是很有限的，而局限性却很大。平均主义思想指导下的农民革命，在取得一定胜利后，往往易于在内部产生摩擦，甚至分裂；往往容易产生革命的目的已经达到，不愿继续艰苦奋斗，使革命中途停顿的危险；反对地主阶级繁重的赋役，"不纳税"、"不交粮"、"不当差"，对起义军的财源也是不利的。①

戎笙对平均主义作用的分析前后变化较大，在 1950 年代的文章中，虽然指出平均主义的空想性，但对平均主义的革命性给予了较高的评价。在"文革"以后则重点批评平均主义的消极作用，认为平均主义的危害性大于革命性。在 1958 年发表的论文中认为，明末李自成的"均田"是进步的革命口号，与地主阶级士大夫提出的"均田"或清军入关时提出的"均田免役"之说是本质不同的。统治阶级士大夫提出的"均田免役"是为了调和阶级矛盾、抵制行将爆发的农民起义，"以理劝谕"农民放弃反抗。李自成的"均田免粮"采取的是剥夺"剥夺者"的方式满足农民的土地要求，也就是"割富济贫"。他们在实际斗争中，按照自己的方式，或多或少地触动了封建的土地所有制，这是农民平均主义思想对封建土地关系的革命。假如这种小农能够更多地占有土地，那将会使萌芽状态的资本主义更迅速地发展起来。戎笙还就小农经济与发展资本主义的关系专门作了理论上的说明。因为按照经济学的观点，"一般地说，在商品经济高度发展的情况下，在资本主义要求从农村中大量补充自由劳动力的情况下，农民失去土地就会给资本主义的发展提供大量廉价劳动力的来源，造成对资本主义发展的有利条件。这是马克思主义经典著作中早已揭明了的"。但是 17 世纪的中国，资本主义仅仅是萌芽状态，农民失去土地不能变成资本主义生产所需要

① 李桂海：《农民的平均主义思想》，《江淮论坛》1980 年第 3 期；《农民的平均主义思想不是反对封建主义的最有力思想武器》，《中国农民战争史论丛》第 3 辑。

的自由工人，而是成千上万的无业游民或者成为佃农。"在这种情况下农民失去土地，只会造成农民群众的流离失所、饥饿贫困和死亡，只会造成生产的大破坏，造成业已发展起来的商品经济的衰败。相反地，如果这个时候农民能够获得土地，而且获得的土地越多，代价越低，农民的经济就越能迅速地发展起来"。而这正是资本主义产生的基础，农民经济的独立发展在历史上是必要的和进步的。"明清间农民所进行的斗争，如争取土地、减租抗租、要求人身解放等，按其实质来说，也就是为争取农民经济的独立发展的斗争"。而封建制度束缚农民经济的独立发展，所以"这种斗争必然同时表现为反对封建制度的斗争"。太平天国提出的《天朝田亩制度》同样无疑地具有反对封建制度的革命性质。他还认为农民的这类口号在革命过程中起了积极的动员作用，在起义军内部一度施行过，收到良好的效果，不过在社会上是行不通的，所以说它是幻想。① 在 1980 年代，戎笙认为农民起义的平均和平等思想不是反封建的有效武器。戎笙以太平天国为例，说当圣库制度在军中实行时，由于它不是分配领域里的平均主义，是不与劳动报酬相联系的一种军需供应制度，效果是好的。但把它推向社会，搞分配领域里的平均主义，用行政权力支配经济生活，每个劳动者所得的报酬都是一个平均数，这只能造成生产力的大破坏。他认为太平天国的平均主义，不同于空想社会主义，它不代表历史前进的方向，不反映生产力进一步发展的要求，是应该进行批判的，仅仅在一点上，即当平均主义是针对封建制度时，有积极的意义。②

傅宗文系统考察宋代农民起义提出的"等贵贱，均贫富"口号的历史背景和实施情况以后，高度赞扬"等贵贱，均贫富"的革命意义。傅宗文说："如果说唐末农民战争的英烈们，曾将平均口号大书于自己的旗帜上，从而揭开了中国封建社会农民战争的新序幕；那么宋代的第二

① 戎笙：《试论明代后期农民阶级斗争的性质和特点》，《历史研究》1958 年第 10 期。

② 戎笙：《如何看待太平天国的平均主义》，《历史研究》1981 年第 3 期。

支农民军，则是在其占领地区里，用自己的双手描绘了农民均等思想转化为物质力量的动人图景，从而在更加现实的基础上开辟了农民战争的新境界，显示了沉睡的农民群众一旦为阶级决战所激动，便能够创造出奇迹来。”等贵贱、均贫富是对几千年以来尚富尊贵政治思想体系的大胆挑战，是对下贫抑贱的地主专政的无畏反击，“是空前的历史绝唱，这是中国农民战争的奇葩瑰宝”。但，傅宗文指出，也必须看到农民军试图拯救的是小农经济，农民军的实践，“展示了农民军常是按照小农阶级意图巩固占领区的完整图景。然而这是一种不切实际的政治幼稚病”。试图排除大土地所有制，不仅为当朝政治所允许，也不符合客观经济规律，封建社会中不可能有自耕自食无剥削的桃花源世界。贫富分化是小农经济的前途。小农的均等思想，在反对大地主鱼肉小农时有巨大意义，越过这一界限，特别是小农经济向前发展之后，它就丧失作用，并将为经济发展的步履所抛弃。

第四种观点，基本否定平均主义的积极作用。这是由董楚平系统提出，在当时赞同者虽然寥寥，但是却引发了对平均主义性质的深入讨论，进入 1990 年代以后讨论平均主义问题的文章很少，但就有限的十几篇论文来说，对平均主义大都持否定态度，重复或细化董楚平的观点。董楚平认为，平等观念、平均主义以及以平等观念、平均主义为内容的宗教异端，在农民战争的准备和爆发阶段，起过很大的动员组织作用。但是，它不是夺取政权，最后打定天下的思想武器。当革命初起时，它有“破”的功用，可以得到人民的拥护；当革命进入高潮，平均主义用于人民内部，解决社会生产时，它比封建主义的危害更甚。太平天国的实践证明，人民群众宁愿受比较正常、相对减轻的封建剥削和资本主义剥削，而不要平均主义。因为平均主义违反生产力发展的要求，违背经济规律，只能给人民带来更大的痛苦。这就是历史上为什么只有“罪恶”的奴隶社会、封建社会、资本主义社会，而没有理想的平均主义社会的道理。《天朝田亩制度》如果颁布于金田起义之前，它不失为一个革命性文件，但是颁布于定都天京以后，与其说是革命的不如说是反动的。从实践的后果看，它对太平天国革命事业所起作用是消极的。

这是一种极左的狂热，它有极左的嗓子，“革命”的彩衣，钻石般的光芒——“理想的光辉”，因此危害性极大。在历史上，它导致了黄巢、李自成、太平天国三次大规模农民战争的失败，农民战争中反复出现的流寇主义的思想根源就是平均主义。董楚平认为，在农民战争过程中，平均主义的作用，开始是兴奋剂，后来是腐蚀剂。随着革命的深入发展，它就越来越成为累赘，摒弃得越快越好。平均主义一开始就与特权主义胶合在一起，它冲击着旧的封建特权，却掩护着新的封建特权的成长，钟相提倡等贵贱、均贫富口号的同时就与蒙昧主义、特权主义水乳交融，难解难分。太平天国的平均主义不过是其领袖们大搞特权主义的神学保护层，太平天国的平均主义达到高峰，特权主义也达到高峰。旧式农民战争的最高任务是推翻腐朽的旧王朝，建立开明的新王朝。摒弃平均主义，采取封建主义，是前进，是好事；这种转化，愈快愈好。朱元璋成功的秘密就是转得早，转得好，这种转变符合历史规律。从平均主义向封建主义转化，是符合当时农民利益的。封建制度比小生产者的幻想要优越，一个最粗糙的窝窝头，也比最漂亮的画饼更有用。洪秀全的任务是推翻闭关自守、腐朽落后的清政府，建立一个面向世界、要求革新的封建王朝，而后自上而下地实行资本主义。而洪秀全违背经济规律，大搞平均主义，加上其他错误，导致太平天国的失败，使中国失去了一次摆脱半封建半殖民地、走上资本主义的大好机会。①

针对董楚平的观点，徐祖根认为，绝对不能把农民战争的失败算在平均主义的账上。农民起义的流动作战不是为了实现什么平均主义，如果那样，农民军在取得军事胜利如占领王朝首都以后就不应该驻足不前，黄巢占领长安以后就应该紧追唐僖宗，“既可以到四川去实现平均主义，又能彻底消灭唐朝残余势力，但黄巢到长安即位称帝以后再也不愿意‘流’了”。李自成占领北京就停下来了，也没有到别的地方去实现平均主义。原因就在于他们起义的目的是改朝换代，这才是流寇

① 董楚平：《论平均主义的功过与农民战争的成败》，《历史研究》1980 年第 1 期；《论农民战争中的平均主义与封建特权主义》，《学术月刊》1981 年第 1 期。

主义的动机和目的。平均主义不仅不是产生流寇主义的思想根源，相反是流寇主义妨碍了平均主义的实施，流寇主义使李自成得一地放弃一地，没有条件实行均田，使均田成为空话，所以失败。太平天国失败原因不在于平均主义，而在于帝王思想。平均主义曾经使太平军官兵一致、领袖们亲如兄弟，同心杀妖。而帝王思想使领袖们争权夺利、腐败堕落、相互残杀，也丧失了民心。“太平天国的失败，不是平均主义搞多了，恰恰是搞少了。”①

五、结束语

关于农民平均主义的评价，除了因为对史料理解的不同所导致的农民平均主义问世时间、基本内容的分歧以外，讨论的焦点是农民平均主义的性质和历史作用。主要分为两种观点：一种是基本肯定农民平均主义，认为平均主义虽然有着阶级的和历史的局限性，但是平均主义的口号针砭时弊，反映了农民反对政治压迫和经济剥削的心声，推动了农民起义和农民战争的发展，打击了封建制度。另一种是基本否定的意见，认为平均主义在理论上是落后的，在实践上更是反动的，事实上也没有真正地实行过。

和皇权主义、宗教问题讨论一样，分歧各方都有着自己的理论预设，就是根据经典作家关于农民平均主义的性质、作用的不同论述，阐述自己观点，或者是从对现实平均主义弊端的批判转而否定历史上的农民平均主义。也就是争论各方都是根据自己的理论前提，倒果为因地分析农民平均主义的性质和作用。在讨论平均主义根源时，大多数学者不是按照历史的顺序，从财富的两极分化、政治的极端不平等这个历史事实出发探寻其根源，而是按照经典作家的理论从思想意识层面找根源，无论是原始共产主义的遗存说，还是儒家思想说，或者宗法家

① 徐祖根：《试论封建社会中农民的平均主义——兼与董楚平先生商榷》，《历史研究》1980 年第 4 期。

长制度说，等等，都是从主观意识层面立论的。尽管这些讨论深化了人们对古代农民思想与社会的认识，但是在方法上的欠缺是明显的，其结论也就缺少坚实的事实基础。

认为农民平均主义的消极作用大于积极作用的理论前提是平均主义维护的是农民小生产者的利益，保护的是小农经济，是落后生产力的代表，如果付诸实践只能带来历史的倒退。从生产力发展的角度看，此论是有道理的，但是忽略了农民平均主义的历史条件——即在当时的历史条件下是否存在着大生产的可能性问题。土地兼并、贫富两极分化和社会化大生产是没有必然联系的，当土地兼并、两极分化导致农民无法生存的时候，这种生产资料的集中给社会生产带来的同样是灾难，在手工劳动的时代，土地集中于地主手中，即使农民都能够租佃地主土地为生，也仅仅是简单再生产的延续，并不必然带来社会化大生产的后果。所以，仅仅从理论上批评农民平均主义的落后与反对，是违背历史主义基本原则的。

因为平均主义的口号纲领具有空前的号召力，表达了农民阶级的生存愿望，在一定范围和一定程度上打击了土地兼并势力，均分了地主官僚的财产，推动了农民起义的发展，而一味地赞扬平均主义的革命性，凡是和平均、均平有关，都一味赞扬，把历史上的农民平均主义当做革命的旗帜，无视其消极的一面，看不到平均主义的历史局限性，也是缺少辨证观点和实事求是精神的。

对农民平均主义性质和作用的评价，之所以会有如此大的分歧，既和研究者对经典作家的理论理解有关，又和新中国成立以后政治形势发展有关。新中国建立以后，首先进行的是土地改革，均分地主富农的土地，这虽然解决了农民的土地问题，但是这和社会主义制度是背道而驰的。社会主义的经济基础是生产资料公有制，土地改革实行的是小土地私有制，必然产生土地兼并、两极分化，发生新的经济剥削。所以，土地改革只是建设社会主义新中国的过渡阶段的手段，必须实行生产资料公有制，才能彻底消灭剥削，同时才能像苏联那样，进行机械化大生产，解放生产力，极大地丰富物质财富，才能使人民世世代代过上幸福生活。而农民平均主义恰恰维护小私有制，不仅会导致新的剥削，而且无法从事机械化大生产，是束缚生产力的桎梏，所以要予以批判。但是，平分土地是中国共产党发动农民参加新民主主义革命的有力武器，曾经是消灭地主剥削的成功经验，是新民主主义革命胜利的有力保证，就发生在眼前的事实已经说明，平均主义能够号召农民参加革命取得胜利，显然不能一概否定。反映在农民战争的平均主义的评价上，着眼于社会主义公有制机械化大生产者，就重点批评平均主义的反动性；着眼于中国共产党发动农民打土豪、分田地，打击地主官僚经济剥削和政治压迫者，就赞扬平均主义的革命性。

"文革"结束以后，人们总结 1957 年"反右"以后极左思想的灾难，痛感人民公社化"一大二公"的生产资料所有制形式和"一平二调"的劳动产品分配形式的危害，转而批评、否定农民平均主义。在人民公社制度下，土地公有，共同劳动，平均分配，无偿调拨，是典型的绝对平均主义分配方式，挫伤了社员的劳动积极性，阻碍了生产力的进步。这种平均主义是历史上农民平均主义的发展，应该坚决批判和抛弃，于是部分学者转而对农民战争中的平均主义予以坚决的否定。显然，这是另一种性质的农民战争的现代化，和学术研究的距离是不言而喻的。

第七章 “让步政策”与“反攻倒算”问题

“让步政策”与“反攻倒算”的争论源自农民战争历史作用的具体解释，源于对毛泽东在《中国革命和中国共产党》中对中国封建社会农民战争历史作用论述的理解。毛泽东指出：

> 地主阶级对于农民的残酷的经济剥削和政治压迫，迫使农民多次地举行起义，以反抗地主阶级的统治。从秦朝的陈胜、吴广、项羽、刘邦起……直至清朝的太平天国，总计大小数百次的起义，都是农民的反抗运动，都是农民的革命战争。中国历史上的农民起义和农民战争的规模之大，是世界历史上所仅见的。在中国封建社会里，只有这种农民的阶级斗争、农民的起义和农民的战争，才是历史发展的真正动力。因为每一次较大的农民起义和农民战争的结果，都打击了当时的封建统治，因而也就多少推动了社会生产力的发展。只是由于当时还没有新的生产力和新的生产关系，没有新的阶级力量，没有先进的政党，因而这种农民起义和农民战争得不到如同现在所有的无产阶级和共产党的正确领导，这样，就使当时的农民革命总是陷于失败，总是在革命中和革命后被地主和贵族利用了去，当作他们改朝换代的工具。①

毛泽东的这一段论述，既是对中国历史发展的高度概括，又是为当时中

① 毛泽东：《中国革命和中国共产党》，《毛泽东选集》第2卷，修订2版，人民出版社，1991年，第625页。

国共产党所从事的革命事业做出的历史解释，同时又被革命实践所证明。毛泽东是中国革命的领袖，他率领中国共产党和各族人民取得了新民主主义革命的胜利，建立了伟大的社会主义新中国，并且正在率领全国各族人民从事社会主义经济、政治和文化建设。新中国成立以后，无论是在普通农民、工人、各级干部，还是在知识分子心目中，毛泽东都是伟大的、正确的和科学的代表，毛泽东关于中国历史问题的叙述逻辑地成为新中国成立以后史学界的研究指南。对农民起义历史作用的表述，更是直接指导着农民战争史的研究。

毛泽东的上述论断，主要说明两个问题：第一，在中国封建社会里，只有农民的阶级斗争、农民的起义和农民的战争才是历史发展的真正动力。第二，历次农民战争的结局总是陷于失败，失败的原因是没有先进政党的领导。至于农民起义是历史发展“真正动力”的具体表现是什么，这“总是陷于失败”的结果和历史发展的“真正动力”之间有无矛盾，农民战争是怎样打击封建统治的，毛泽东没有做出具体的说明。

1951 年 2 月，翦伯赞在《学习》杂志第 3 卷第 10 期发表《论中国古代的农民战争》一文，根据毛泽东的论断，对中国农民战争的历史作用提出这样的解释：“每一次大暴动之后，新的封建统治者，为了恢复社会秩序，必须对农民作某种程度的让步，这就是说必须或多或少减轻对农民的剥削和压迫，这样就减轻了封建生产关系对生产力的拘束，使得封建社会的生产力又有继续发展的可能，这样就推动了中国历史的前进。”也就是说，农民战争对历史发展的推动作用体现在封建统治者“必须对农民作某种程度的让步”。这是新中国成立以后首次用“让步”这个概念表述农民起义的作用。不过，用统治者对农民的“让步”表述农民战争的历史作用，并不始于翦伯赞，而是蔡雪村在 1933 年的《中国历史上的农民战争》一书中首先提出。蔡雪村在该书《自序》中说，从战国末期以后，全国性的农民战争有七八次之多，“在此若干次斗争中，农民曾以伟大之群众力量，踏平土地集中形态，推翻统治阶级政权，而且犹以余威胁迫利用战争崛起之新兴政权不得不对农村施以相当让步与改良，历来流血苦斗之代价类仅如此”[1]。吕振羽在《史前期中国社会研究》一书的《绪论》中也谈到了农民起义以后地主阶级的“让步”问题。吕振羽在总结封建社会发展规律问题时谈到封建社会农民战争的历史作用，他说，从秦朝到鸦片战争之前爆发过多次农民和地主的阶级斗争，战争的结局有两种形式：“其一是农民阶级被其同盟者或者流氓领袖所拍卖，归结为地主的政权在改朝换代的形式下得到延续。其一是在进行战争的两阶级间的胜负快到决定的时候，农民军往往为地主阶级引来的他族统治集团的力量所压服，因而地主阶级的政权，乃在另一种朝代更换的形式下得到延续。”“不过，每一次战争的结局，由于地主阶级武装在反对农民军过程中的烧杀抢掠和肆行破坏，特别在其对人民肆行残杀而引起人口的大量减少，和人口的大量迁移，便常使地主阶级的经济，一时呈现衰退。另一方面，大暴动的结局，又常迫使地主阶级向农民做些让步，而实行一些改良，又往往使阶级间的矛盾，暂趋缓和，生产得到发展。直至矛盾的发展以达到某种局势，阶级间的战争，便又重新爆发。”[2]后来，陈伯达也使用了“让步政策”这一专门术语。新中国建立以后，全面阐释毛泽东论断，将“让步”与毛泽东的论断相结合，则始于翦伯赞，而为史学界全面接受。

1954 年，赵俪生、高昭一发表《试论中国农民战争的特点》，对毛泽东的论断做出了和翦伯赞相同的阐释，对毛泽东的“多少推动了社会生产力的发展”这句话解释说：“我们可以从旧时代每次改朝换代之后，新朝廷采取的休养生息、奖励农桑、薄赋敛、均田地、减力役等一系列的政策中体会出来。这些政策，和由这些政策导致来的生产的恢复与发展，是不应该被理解作统治者‘行仁政’的结果，而应该被理解作统治者经历起义农民的打击，被迫不得不采取的暂时的妥协与让步。只有从这些方面才能看出中国农民战争的意义来。”[3]后来，孙祚民、漆

① 蔡雪村：《中国历史上的农民战争 · 自序》，亚东图书馆，1933 年。

② 吕振羽：《史前期中国社会研究》，三联书店，1961 年。

③ 赵俪生、高昭一：《中国农民战争史论文集》，新知识出版社，1954 年。

侠等人又作了进一步的发挥。孙祚民说:“农民暴动和战争,一方面打击或颠覆了旧的腐朽的封建政权,同时也给后来建立新政权的统治阶级及其代表人物以深刻的教训,使他们慑于农民起义的巨大威力,不得不向农民让步,实行一些轻徭薄赋、与民休息的政策。这样减轻了封建生产关系对于生产力的束缚,使生产力获得继续向前发展的可能,把历史一步步推向前进。”①漆侠等在系统研究秦汉农民战争以后总结说,新当权的封建统治集团在革命压力下,不得不对农民实行让步政策,对当时人们所最痛恨的剥削和压迫制度的某些环节加以改变或调整,从而缓和、减轻了剥削压迫的程度。每次大规模农民战争后,总是出现这种情况,由此体现了农民阶级和地主阶级间矛盾关系的这一规律性的发展:革命斗争—被迫让步,再斗争—再让步。② 至此,“让步”的内容和表现逐步系统化和公式化,被称为“让步政策”论。在1950年代,它得到大多数人的赞同,成为普遍流行的观点,在各种通史、断代史、专门史著作以及高校历史教科书中普遍用“让步政策”说明农民战争的历史作用。虽然有些分歧,但只是对不同条件下的让步的程度和方式的认识有所区别而已。

到1950年代末1960年代初,随着中国农民战争研究的深入,有些学者开始对公式化的“让步政策”论提出异议,认为农民战争的作用是多方面的,仅从统治阶级的“让步政策”方面来考察是很不够的,于是在史学界便展开了有关农民战争历史作用的讨论。讨论的全面展开则始于孙达人于1965年9月22日《光明日报》发表的《应该怎样估价“让步政策”》一文。在这篇文章中,孙达人明确提出了与“让步政策”论完全相反的看法,他说:“伟大的农民战争冲破了封建罗网,根本改变了地主和农民的关系,才使农民获得了自由。相反,在农民战争失败之后,封建政权的‘让步政策’实质上恰恰就是剥夺农民所夺得的这种

① 孙祚民:《中国农民战争在历史上的作用问题》,《中国农民战争问题探索》,新知识出版社,1956年。

② 漆侠、段景轩等:《秦汉农民战争史》第四章《结论》,三联书店,1962年。

自由，重新束缚农民。”他认为每一次较大的农民战争对封建统治的打击，表现在推翻和改造了封建王朝，削弱了封建的生产关系，“没有什么根据说农民战争的历史作用非要透过‘让步政策’不可”。因为当时政治上阶级斗争为纲的趋势明显，孙达人的观点和当时强调的阶级分析方法一致，所以论文一经发表，立即引起了广泛的关注，各地史学会、大专院校历史系纷纷召开专门讨论会、座谈会，赞同者有之，反对者亦有之，争论更加激烈。讨论过程中，人们把孙达人的观点概括为“反攻倒算”论。当时中国的政治形势朝着极左的方向迅速迈进，阶级斗争这根弦在理论界、学术界绷得越来越紧，随着“反攻倒算”论的提出，迅速开始了对“让步政策”论的批判，讨论呈一边倒的态势，反驳的声音微乎其微，到了“文革”期间当然是“反攻倒算”论一枝独秀。1970 年，又掀起了一个批判“让步政策”论的高潮，完全把一个学术问题政治化。“文革”结束以后，讨论回到了学术的轨道上来，争论才在真正的学术意义上展开。

一、“反攻倒算”论

从 1965 年 9 月 22 日孙达人《应该怎样估价“让步政策”》的文章发表以来，史学界就“让步政策”与“反攻倒算”展开大规模讨论，分歧主要集中在两个问题上：农民战争后新王朝统治者实行的是什么政策，新王朝的“轻徭薄赋”是“让步”的体现还是“反攻倒算”的体现；“让步政策”能否体现农民战争的历史作用。

农民战争之后，新王朝的统治者不会实行“让步政策”。这个观点是由孙达人开启端绪而逐步形成的。

孙达人说，为什么在近代、现代的革命斗争失败之后，统治者加给人民的是白色恐怖，倒算革命斗争的胜利果实；而古代农民革命失败之后，农民却如此“幸运”，博得了统治阶级的“让步政策”，减轻了封建剥削和压迫？难道古代封建地主阶级对农民特别“仁慈”一些么？在农民战争之后，革命压力确实是存在的。但对地主阶级来说，压力是无时不有的。从阶级分析的观点出发看问题，一个昨天刚刚镇压了农民起义的封建政权，今天决不会变得“仁慈”起来，改变本性，对农民实行什么“让步政策”。封建政权是地主阶级的政权，是保护地主阶级、镇压农民阶级的工具，封建政权究竟将采取什么政策，决定于地主阶级当时的利益，即决定于地主阶级的本性，“革命的压力”等等所能影响的只能是政策的形式。农民战争之后，地主阶级的利益，仍然是继续采取各种形式对农民实行镇压，夺回他们在战争中失去的一切。基于此，封建政权所要采取的，首先便是重新束缚农民的政策，其次即是直接劫夺农民在战争中获得的资财，并给地主阶级种种特权和优待，弥补他们在战争中的损失的政策。敌对阶级之间的利益是你死我活、针锋相对的。封建地主阶级决不会做出真正意义上的让步，更不会有什么“让步政策”。①

覃延欢、钱宗范认为，历史上没有什么“让步政策”。农民起义失败之后，新王朝的统治者往往实行某些在客观上有利于恢复和发展社会生产的措施，这不是什么统治者对劳动人民的让步，而是统治阶级用以统治人民的一种两面政策。这是统治阶级长期积累起来的统治经验。因为农民起义推翻了旧王朝，打击了封建统治，农民都多少争得了一定程度的人身自由和生产资料的所有权，社会形势和阶级对比发生了变化，统治者便不得不改变一下统治手法，采取一些旨在缓和阶级矛盾的措施，维持其统治地位。这种政策实施的结果，是农民战争的胜利果实被重新侵吞，封建统治和封建剥削逐步加强。因此，它是统治阶级的进攻手段。朱元璋所采取的各项措施客观上有利于当时生产的恢复，但是那些在元末农民战争中摆脱了元代暴政的大批流亡农民，重新纳入明政权的科赋和徭役的封建剥削之下，它们并非什么“让步政策”，而是政治欺骗和武装镇压交替使用的两面政策。②

---

① 孙达人：《应该怎样估价“让步政策”》，《光明日报》，1965 年 9 月 22 日。

② 覃延欢、钱宗范：《封建统治阶级的两面手法》，《光明日报》，1965 年 11 月 3 日。

肖镞认为,因为地主阶级的本性不会改变,所以它们始终没有也不能接受它前辈失败的“教训”。从尽力榨取人民和奢侈腐化来看,“清醒开明”的唐太宗,同昏庸残暴的隋炀帝,完全是“一丘之貉”,根本没有什么“教训”可言。主张“让步政策”论者的依据是农民革命的压力迫使地主阶级让步,这是不能成立的。革命压力压不出“让步政策”,因为地主阶级的本性是根本不会改变的,其剥削欲望是永远不满足的,对农民的反抗与革命,地主阶级只有一个宗旨:就是能够消灭的一定消灭之,暂时不能消灭的准备将来消灭之,或血腥屠杀,或政治欺骗,或双管齐下;地主阶级脱离劳动,轻视劳动,与劳动人民对立;专制主义思想更使他们狂妄自大,根本不会想到自己会被推翻;新上台的统治者虽然看到了前朝被推翻,但他们不愿想到更不相信自己会蹈前朝的覆辙,根本不会清醒地判断人民的力量,去实行什么“让步政策”。新王朝初期政策变动的只是政策的形式,以千变万化的手法保持其不变的反动本性,所谓轻徭薄赋不过是欺骗的手段而已。①

殷学东认为,政策是反映统治阶级根本利益的统治措施,是为本阶级根本利益服务的行动准则,所谓新王朝的“轻徭薄赋”政策都是统治阶级根本利益的需要,和横征暴敛在本质上都是一丘之貉,二者的区别:一个是猖狂挥舞杀人屠刀的统治政策,一个是更加奸险地玩弄政治欺骗的统治手腕。从“轻徭薄赋”中得到好处的是地主而不是农民。每次大规模农民战争之后,地主官僚受到沉重打击,而农民则认识到封建政权并不是不可推翻,皇帝也不是什么神仙偶像,加强了冲破封建罗网的决心。在这个形势下,地主阶级只好宣扬“轻徭薄赋”,以麻痹农民的反抗意志,软化农民的斗争情绪,争取喘息时间,准备更残酷地掠夺剥削农民。所以,“轻徭薄赋”是地主阶级对农民阶级疯狂进行反攻倒算的政治骗局,根本不是什么“让步”。②

① 肖镞:《从“教训”谈到“让步政策”》,1966年1月13日《文汇报》;《革命压力压不出“让步政策”》,《学术月刊》1966年第4期。

② 殷学东:《所谓“让步政策”是一种什么理论》,《文汇报》,1966年3月7日。

祝求是认为,历史上统治阶级的“让步”,一般总是在革命形势已经到来而革命的总起义又尚未发生的期间出现的。因为只有在此时实行“让步政策”对统治者才有实际的现实意义。它的根本目的是为了消除统治阶级“上层”的危机,弥合统治阶级内部的矛盾,从而堵塞“给被压迫阶级的愤怒和不满造成一个爆破的突破口”,以逃避更大的致命性的打击。如果被压迫阶级的总起义已经爆发或已被镇压,从统治者的实际利益出发,“让步政策”已失去任何意义,所以在这时候统治阶级从来也不会采取“让步政策”。在新王朝刚刚建立,各方面的矛盾还没有暴露出来,对人民的统治正处在相对稳定时期,完全不是统治阶级向人民“让步”的时候,所以不存在“让步政策”问题。①

韩儒林说,历史上的农民战争虽然在军事上都失败了,但是每次都沉重打击了地主阶级,缓和了土地问题,出现更多的自耕农,农民劳动兴趣就会高一些。所谓的轻徭薄赋、与民休息是新兴地主由于取得的政权和地位还不稳定,为了巩固既得利益而采取的欺骗策略。对于农民而言,轻徭薄赋、与民休息是流血牺牲从统治阶级手中夺过来的,而不是“让步政策”的结果。

冯友兰说,在中国历史上,无论哪个朝代,在扑灭农民起义以后,头一件要做的事情就是恢复秩序,重整纲纪。他们所要的秩序和纲纪都是为维护封建生产关系服务的。他们首先要做的就是要加强封建生产关系,这是对农民的反攻而不是让步,是对生产力加强束缚而不是发展,其间即使真有一点小恩小惠也是不折不扣的欺骗。

郑天挺认为,农民起义对封建统治的冲击面远远超过让步政策的范围,封建王朝所宣布的“让步政策”只是封建统治阶级被迫接受的一部分,并不能说明农民起义的全部作用;“让步政策”和农民有关的只是很小的一部分,更多的内容看似和农民有关实际是满足地主阶级内部要求;就是这有限的“让步政策”在历史上也没有认真执行过。

① 祝求是:《对“让步政策”要有阶级分析观点》,《学术月刊》1966 年第 2 期。

华山认为,“让步”这一历史现象是客观存在,关键是用什么样的观点看待它。无产阶级反对一切人剥削人的现象,反对一切剥削制度。尽管剥削制度是历史上必然出现的东西,是不以人的意志为转移的,但不能因此得出结论:剥削制度在无产阶级看来也是“合理的”、“应该的”。在封建社会里,确实有过轻徭薄赋,但不能认为这是什么“让步”。封建制度本身就是不合理的制度,就是罪恶的制度,不论剥削多少,总是不合理的,不存在让步不让步的问题。①

熊铁基先是有保留地赞成“让步政策”论,认为历史上有过“让步政策”的现象,是农民起义打击封建统治的表现之一,客观上有益于社会生产的恢复和发展,但是必须看到“让步政策”的阶级实质是维护统治阶级的根本利益,要充分看到统治阶级的欺骗成分,不能把“惠而不给”的谎言都看成“让步政策”。后来他改变了看法,认为,秦末农民起义后,汉政权的建立,本身就是对秦末农民起义的“反攻倒算”,它的许多政策和措施,包括建立各级政权以及优待新老地主阶级的各种办法,都可以说是农民起义后的“反攻倒算”。西汉初年,农民很苦,没有什么东西可拿,所谓轻徭薄赋主要对地主阶级有利,不应该像历代统治者那样歌颂它。熊铁基对“让步政策”论的理论依据进行分析,认为马克思、恩格斯、列宁等经典作家都曾说过统治阶级向被统治阶级让步的问题,但是不能引以为“让步政策”的理论依据,因为马克思、恩格斯、列宁所说的“让步”都有特定的历史条件和特定的历史内涵。马克思所说的资产阶级对工人的“让步”现象都发生在资本主义成熟时期。列宁所说的“让步”都是在人民革命的高潮中实行的,而当革命失败,统治阶级就将原先的让步统统收回,只剩下“反攻倒算”了。所谓的“让步”和改良是反革命两手的体现,是革命的副产物。经典作家们指出改良或者“让步”的目的是揭露和批判这种“让步”的本质,以便同形形色色的资产阶级改良主义进行斗争,而不是肯定这种“让步”和改良,

① 《新建设》编辑部:《关于“让步政策”问题的笔谈》,《新建设》1966年第3期。

不能作为“让步政策”论的依据。①

赵一民、郭克煜认为,每一次较大的农民起义或者推翻或者打击了旧王朝,打击了地主阶级,打击了旧的制度和旧观念,夺回了被地主阶级强占去的土地,冲击了旧的关系,推动了历史发展。农民起义失败以后,赋税徭役刑法又被重新加在农民头上。尽管新王朝的赋税徭役要轻于旧王朝,但视之为“让步政策”则是违背阶级分析立场的。新旧王朝都是地主阶级政权,都是以维护地主阶级利益、剥削压榨农民阶级为存在的前提,其中的任何一个都不会对农民有“让步”。历史上,新旧王朝对农民的剥削有轻重之别,那是因为二者所处的历史条件不同。由于刚刚停息的农民战争对生产关系的冲击,土地兼并被部分地冲毁,农民重新得到部分土地,而在社会大动荡之后建立的新王朝基础薄弱,全力巩固统治,来不及否定战争中造成的既成事实,阶级矛盾比较缓和。这种缓和和人们所说的“让步政策”没有任何关系。②

朱活全面赞同孙达人的观点,认为政策是有阶级性的,封建统治者的任何政策都不可能超越维护地主阶级专政的范围;“让步政策”是地主阶级对农民阶级实行专政的手段,是封建统治者压迫剥削农民更狡猾、更隐蔽、更毒辣的手段,是阶级压迫的另一种形式。封建统治者实行“让步政策”的第一个目的是调和阶级矛盾,消灭农民革命于未然;第二个目的是将农民束缚在土地上,让农民替他们创造财富。③

牛致功以吴晗《朱元璋传》为例,认为明朝初年所采用的移民屯田、开垦荒地、承认自耕农开垦荒地的产权、兴修水利等并不是对农民的“让步”,而是重建剥削秩序,是十足的对农民阶级的“反攻倒算”。所谓的移民垦荒就是把地主阶级在元朝失去的土地和人口重新控制起

---

① 熊铁基:《对“让步政策”的看法》,《光明日报》,1965 年 10 月 20 日;《西汉初没有实行过“让步政策”》,《光明日报》,1979 年 1 月 16 日;《“让步政策”论的理论依据质疑》《华中师范学院学报》1979 年第 2 期。

② 赵一民,郭克煜:《论中国农民战争的历史作用问题》,《光明日报》,1966 年 3 月 9 日。

③ 朱活:《让步就是进攻》,《光明日报》,1966 年 1 月 12 日。

来,把农民已经打烂了的枷锁重新套在农民的脖子上,是地主阶级政权建立以后,迫不及待地要恢复以往的经济政治地位的体现。产权明确了固然可以使农民拥有土地,但这只是次要方面,地主官僚才拥有绝大部分土地,本质上是在保护地主阶级的土地所有制。兴修水利有利于发展生产,但是大部分土地为地主贵族和皇室占有,兴修水利的劳动力是农民,这是借人民群众的力量发展地主经济,正是地主阶级剥削农民的一种手段,都是地主阶级向农民阶级进攻的体现。①

田昌五认为,大规模农民革命战争所起的作用,和这种战争过后封建统治阶级执行什么政策,是两个不同的命题,不应把农民起义的历史作用全部归结为封建统治阶级的政策。尽管大规模农民革命战争对后继封建王朝的政策都有影响,但这不是农民起义所起的主要作用,也不是全部作用。这种作用一般说来是间接的,是根据农民战争所造成的社会条件按照封建统治阶级的利益而采取的政策,而不是什么对农民阶级的“让步政策”。农民战争的作用应当从战后社会关系的变动中寻找,而不能用统治阶级的政策来说明。西汉初年社会关系的变动和发展并不是刘邦君臣采取的轻徭薄赋政策的结果,尽管汉初轻徭薄赋政策对当时社会经济的恢复有着积极作用。“让步政策”论的错误不仅仅在于把大规模农民起义失败后建立的新王朝所执行的某些有利于社会经济发展的政策,毫无根据地说成是对农民阶级的“让步政策”,更主要的是把农民革命战争作为历史发展的动力归结为“让步政策”,认为只有通过封建统治阶级的“让步政策”,农民革命战争才能成为历史发展的动力。这实际上是把封建统治阶级的“让步政策”作为历史发展的动力。在阶级斗争中会出现“让步”和把“让步”看成历史发展的动力,是两个不同的命题,不能混为一谈。②

① 牛致功:《朱元璋何曾有过什么“让步政策”》,《光明日报》,1966 年 3 月 9 日。

② 田昌五:《论秦末农民起义的历史作用——兼评“让步政策”论》,《文史哲》1979 年第 1 期。

二、"让步政策"论

所谓"让步政策"是指农民起义之后,统治阶级迫于农民起义和农民革命的压力,调整政策,限制对农民经济剥削和政治压迫,实行轻徭薄赋政策,主动缓和阶级矛盾,改善农民生产生活状况,从而推动了历史进步。新中国成立以后一致被认为是农民战争推动历史前进的体现。

在新中国的农民战争史研究中,"让步政策"是翦伯赞首先阐发的。翦伯赞在1951年的《论中国古代的农民战争》一文中曾经认为"在每一次大暴动之后,新的封建统治者,为了恢复封建秩序,必须对农民作某种程度的让步"。1961年又对这个观点进行了修改和补充,表达得更周全和婉转。翦伯赞说:在经历了大的农民战争之后,封建统治者为了恢复封建秩序,有时对农民做出一定程度的让步,但并不是对每一次农民战争都让步,他们对那些小的局部性的农民战争是不会让步的。让不让、让多少,要决定于阶级对抗的形式,决定于农民战争带来的阶级力量对比的变化。农民战争是历史发展的动力,但不能理解为单一的公式:起义—让步—再起义—再让步。主张在处理农民战争问题时,应该区分农民战争规模的大小,时间的长短,对封建王朝打击的广度和深度,进行具体研究,并不是只要有农民起义,不管这个起义对封建王朝影响的广度和深度如何,统治阶级就马上让步。如果打击没有到使统治阶级非让步不可的程度,它们是不会那样胆小的。他们有时让步,有时不让步。让步是一种恢复封建秩序的手段,在封建秩序恢复以后,地主阶级要用加倍的剥削来收回因让步而受到的损害。而且即使让步也有程度的差别,让步的多少决定于农民反抗力量的大小。反抗力量大,让步就多;反抗力量小,让步就小。统治阶级的让步可以出现、也可以不出现社会经济的繁荣。这种繁荣决定于让步的多少,不是只要让步就会出现社会经济的繁荣。①

王玉哲、陈振江认为，农民阶级与统治阶级这一对矛盾，在封建社会中，有时相对缓和，有时又会激化成为激烈战争。在相对缓和时期，统治阶级是矛盾起主要作用的方面，不会自动向农民提出什么“让步政策”。在大规模农民起义和战争期间，农民阶级变成矛盾的主要方面，统治阶级即使想让步，农民也绝不会接受，因为农民革命的目的是想消灭封建制度。在农民起义和战争失败、封建统治阶级又转化为矛盾的主要方面之后，统治阶级尤其是继起的新王朝，看到控制全国的封建政权被农民群众打垮，不能不有所畏惧。为了长久地保持统治，他们自然地想到如何缓和一下阶级矛盾，对农民做出一定的让步。“让步政策”是阶级斗争的产物。②

张博泉、李春圃认为，历史事实和经典作家的论断，都说明在中外历史上存在“让步政策”。统治阶级对人民实行“让步政策”是在不违反本阶级根本利益的前提下进行的，在这里谈不上其阶级本性的问题；统治阶级的让步是有限度有条件的，他们以局部的、暂时的退让换来更大的剥削利益，是阶级斗争形势变化而引起的统治阶级政策的变化。封建社会历史发展动力不是统治阶级被迫实行的“让步政策”，而是农民反抗地主阶级的斗争。但是马克思主义并不完全否认统治阶级的让步对历史发展所起的相对的、暂时的、不稳定的某些积极作用。比较历史上那些对人民残酷剥削、压迫与屠杀的统治者和对农民采取让步或改良措施使农民能够稍得休养生息机会的统治者，他们对历史发展的作用毕竟有所不同。减轻赋税徭役，限制高利贷，救灾赈灾等在一定程度上地实行，都有可能对社会经济的恢复与发展起一定的促进作用。③

---

① 翦伯赞：《对处理若干历史问题的初步意见》，《光明日报》，1961 年 12 月 22 日；《翦伯赞谈中国农民战争问题》，《人民日报》，1961 年 11 月 18 日。

② 王玉哲、陈振江：《如何正确地理解“让步政策”》，《光明日报》，1965 年 11 月 3 日。

③ 张博泉、李春圃：《根据马克思主义观点应该怎样看待“让步政策”》，《光明日报》，1965 年 12 月 1 日。

尹金翔、杜文凯认为,“让步政策”是农民战争的产物,是阶级斗争的手段。否定“让步政策”的存在,也就否定了阶级斗争对统治阶级制定政策起过作用。就政策的实质来说,镇压和让步没有什么区别,都是为地主阶级利益服务的,都是地主阶级本性的反映。但是承认这一点是要说明“让步政策”的剥削实质,而不是要否认“让步政策”的存在。生产力决定生产关系,生产关系影响着生产力的发展,当生产力和生产关系发生矛盾,不对生产关系的某些环节进行调整就阻碍生产力发展时,调整就成为必要。这个调整是农民战争历史作用通过地主阶级实行“让步政策”“折射”的反应,“让步政策”就是这种调整的实现途径之一。“让步政策”之所以能在一定程度上促进社会经济的发展,正是农民战争历史作用的一种反映。①

葛金芳认为,“让步政策”是一定历史条件的必然产物,是在大规模农民战争冲击之下封建社会政治、经济关系和阶级力量对比变化之后在国家政权上的反映。农民战争所取得的成果鼓舞了农民群众,使他们多少认识到自己的力量,提高了阶级觉悟,而地主阶级的政治、经济力量在农民战争中受到沉重打击,削弱了统治力量,表现在国家政权上就是机构不健全、军队疲劳、财政力量微弱等等,他们不得不实行一些让步,以局部的退却求得长远利益的保障。旧王朝末年的横征暴敛、穷兵黩武,使社会生产遭到极大的破坏。新王朝的统治阶级为了充实国家活动所必需的经济力量不得不实施有利于生产恢复的措施。而农民摆脱旧王朝的统治,新王朝还没有建立起系统的基层组织和剥削机构的时候,可供统治阶级搜刮的财富和供统治阶级衣食的人口都有限,统治阶级只好暂时限制剥削欲望。所有这些决定了“让步政策”存在的必然性。②

漆侠认为,“让步政策”是封建统治政策的同一个组成部分,是阶

① 尹金翔、杜文凯:《农民战争与统治阶级的“让步”》,《光明日报》,1965 年 12 月 15 日。

② 葛金芳:《关于让步政策的若干问题》,《文汇报》,1966 年 2 月 24 日。

级斗争的一种表现形式，是在阶级力量对比不利于统治阶级时出现的。从全局上、战略上、根本上看，农民战争没有粉碎封建制度，实现农民彻底解放的要求，是失败的。从局部上、战役上、非根本上看，大规模农民战争推翻旧王朝，农民革命取得了一些胜利，从这一点说，是农民打败了地主阶级，迫使新王朝的统治集团不得不减轻其剥削压迫的程度。“让步政策”的出现，意味着革命农民的胜利和地主阶级的失败，意味着失败者在农民革命的胜利面前订立一个“城下之盟”。这不是地主阶级的良心发现，而是被农民革命打出来的，其性质没有超出封建制度的范围，是新王朝统治政策的组成部分，是新王朝软硬兼施中软的一手。人们可以完全否认“让步政策”的存在，但不应该完全否认起义前后社会情况的某些变化，跳到另一个极端。①

宁可认为，农民战争以后是存在统治阶级的让步的，但是“让步”仅仅是新王朝采取的各种措施的一个部分。新王朝的政策主要有把部分荒地授给贫民、部分承认战后土地占有关系的变化，招来流民，开垦荒地、兴修水利、劝课农桑、鼓励婚嫁、免奴为良、轻徭薄赋、抑制豪强、整肃吏治、减省刑罚等等。概括说来，包含三个方面的变化：一是反映了生产力水平的变化，统治者从阶级的长远利益出发正视战争所造成的人口锐减、财富贫乏的现实，实行恢复生产的措施，对农民的剥削有所限制。其次是反映了阶级力量对比的变化，统治者感到农民力量的可怕，产生对农民让步的思想，新王朝的政策法令在一定程度上承认了战后地主与农民阶级力量对比的变化，在对农民让步的同时，又不遗余力地加强地主阶级力量，那些轻徭薄赋政策固然有利于农民发展生产，同时也给地主阶级的兼并创造了条件。三是承认地主阶级内部力量对比的变化，旧势力受到沉重打击，新兴地主掌权，他们与旧地主集团根本利益虽然一致，但在土地占有、对待农民态度、社会势力高低等方面也有一定的矛盾，新型地主集团运用国家力量打击旧贵族、旧官僚和部分地方豪强的政策，一方面保持了阶级关系的缓和，另一方面巩固了新

① 漆侠：《农民战争与让步政策》，《光明日报》，1966 年 3 月 10 日。

兴地主集团的统治地位。综合来说，对农民让步是它的重要内容，但不是唯一的内容。把农民战争以后新封建王朝所采取的各项政策都称为对农民的让步，或者只谈对农民让步的那部分政策，都是不确切的。把农民起义的作用归结为起义与让步的周而复始的变动更不准确，这样把复杂的历史过程简单化，容易使人把农民革命的作用仅仅归结为封建王朝被迫让步这一点，难免把和让步没有关系的政策也说成是对农民的让步。①

胡如雷认为，新封建王朝的统治者尽管是阶级大搏斗中的胜利者，但却必然会为自己的“长治久安”而“居安思危”，所以他们“利用”“胜利”对农民实行“让步”以换取“比较长期的休战”，并不是什么不可思议的事。当然，并不是说任何胜利者都会对失败者“让步”。大致农民起义越是能在推翻腐朽王朝中取得较大的“成功”，“让步政策”的推行就越是有效，“文景之治”、“贞观之治”是这一方面的例子；如果农民起义只能在推翻旧王朝方面起间接的作用，“让步政策”的推行就会略逊一筹，黄巾起义、黄巢起义以后的情况说明了这一点。②

李春棠认为，封建国家是地主阶级专政的工具，为了保证地主阶级的权益，需要避免地主与农民在阶级大搏斗中同归于尽，因此应当缓和它们之间的冲突，使之保持在一种有利于地主阶级权益的“秩序”之内。缓和冲突的手段是多种多样的，有时封建国家迫使地主或代表地主对农民作出适当让步，这更是符合缓和冲突需要的。封建国家的历史作用，是完全可以容纳封建统治者对农民让步的。③ 孙祚民认为，地主阶级剥削压迫农民的本性是不会改变的，但这种阶级本性只决定于他们不论在何时何地都要进行剥削和压迫，却并不排除有时可以剥削得少一点，压迫得轻一点。因而在“一定的条件”和“一定的前提”下，

① 宁可:《对农民战争后封建王朝一些政策的分析》,《新建设》1963 年第 3 期。

② 胡如雷:《“让步政策”是客观存在的》,《光明日报》,1979 年 1 月 16 日。

③ 李春棠:《封建统治者实施过让步政策》,《湖南师院学报》1979 年第 1 期。

是可以向农民阶级实行“让步政策”。①

陈许吾认为,把农民战争的历史作用完全归结为“让步政策”并将其公式化是不对的,但并不能因此说承认“让步政策”就是承认农民和地主阶级都是社会发展的历史动力,成为两个动力论者。历史上农民战争以后出现的新王朝的轻徭薄赋、与民休息的政策和近代史上出现的白色恐怖、反攻倒算是不能相提并论的。不能把历史上新王朝的建立看做反革命势力的复辟,而没有看到这种新王朝的建立是历史的前进。按照这个逻辑推演下去,势必得出汉初不如秦末、唐朝不如隋末,汉高祖比秦二世更凶恶等结论。这抛弃了历史唯物主义,从根本上离开了阶级分析。②

陈寿才等认为,让步是客观的存在,是农民战争的必然结果。“让步政策”的实行不是决定于统治阶级主观上愿意与不愿意,而是由农民革命“改造”封建统治的结果。农民战争打击了地主阶级、惩办贪官污吏、削弱了地主经济,改变了阶级斗争局面,农民阶级自身也蒙受了巨大的牺牲。面对这一现实,新建立的封建政权,才从巩固统治出发、从人为提供剥削的可能出发,必须相对减轻剥削,不得不部分承认农民的革命果实。轻徭薄赋,是农民战争制止了封建王朝残暴性的结果。③

此外,有的学者对“让步政策”的历史渊源进行了探讨。王瑞来认为,“让步政策”在中国历史上是有其历史渊源的,这个渊源就是先秦以来的民本思想。民本思想尽管产生于先秦,是奴隶主阶级的统治思想,但是由于阶级利益的一致性、意识形态的继承性,封建社会确立以后,民本思想也就成了封建社会的统治思想,成为统治者制定政策的依据。“让步政策”决定于农民战争以后一系列客观条件,同时有其理论基础,这个理论基础就是民本思想。封建统治阶级的思想武库中,民本思想作为其中的一种,不独在新王朝建立之初被实行,在统治阶级的整

① 孙祚民:《论让步政策》,《社会科学战线》1980 年第 2 期。

② 陈许吾:《“让步政策”具有进步作用》,《光明日报》,1966 年 1 月 12 日。

③ 陈寿才、翟鹏举、胡汉生:《“让步政策”不是统治阶级的恩赐而是农民战争的必然结果》,《学术月刊》1966 年第 2 期。

个统治过程中都是实行的，只不过施行的程度不同。起码“重民”作为一种虚伪的招牌，是一切封建统治者都没有放弃的。而在新王朝建立之初，刚刚过去的农民起义的风暴，使新上台的统治者惊悸未定，加之社会经济凋敝，对“水亦载舟水亦覆舟”的道理认识较深，所以很容易与传统的民本思想发生共鸣。因此统治者为重建封建秩序，恢复社会经济，对民本思想特别重视，成为影响和指导其实行“让步政策”的理论根据。以后，随着统治秩序的建立，社会经济的恢复和繁荣，统治者便放弃了“让步政策”，那么自然对民本思想也就不特别重视了。因而此时民本思想也就不足以影响其政策的制定了，但这并不等于民本思想作为统治阶级的一种思想就已经消失，而是像一种武器暂时不用而搁置起来一样。随着阶级斗争形势的发展与被压迫者的教训，民本思想自然又会对统治阶级发生影响。①

三、“让步政策”与“反攻倒算”兼而有之论

这种观点认为，农民战争之后，统治阶级实行的政策是“让步”与“反攻倒算”兼而有之，只强调某一方面都是片面的。问题是站在什么角度、如何分析。

立早认为，农民革命形成或在王朝初年，统治阶级会在政治上经济上采取一些政策，如赈济灾民、轻徭薄赋、移民屯垦等等，这些政策应当说属于“改良”或者“让步”的范围。但是承认“让步”政策并不等于承认剥削阶级对下层人民真正的让步，这是两个性质的问题。在剥削制度下，统治阶级政策的本质是对被统治阶级的进攻，“让步”本身就是另一种形式的阶级进攻，是一种伪装得十分巧妙的圈套。尽管王朝初年的“让步”比较充实，但是要看到这些“让步”没有触动统治阶级的根本利益，其作用极其有限。将这些政策和前朝相比可以说是“让步”，若和农民革命相比则是一种进攻，“轻徭薄赋”对无徭无赋是一种否

① 王瑞林：《让步政策理论渊源初探》，《史学月刊》1984 年第 2 期。

定，农民再也不能随便占有土地，自由被剥夺，新的阶级统治降临在他们身上。这种“让步”本质上是新王朝对下层人民在革命年代所取得的革命果实的限制、削弱和否定，体现了卷土重来的地主阶级在革命战争后对农民的第一次进攻。①

朱绍侯认为，农民战争后，统治者经常是“让步”和“反攻倒算”两手互用和并用，甚至在同一政策、同一道诏令中，就是两者兼而有之。如刘邦入关，约法三章：“杀人者死，伤人及盗抵罪”，从而使地主阶级的生命财产得到了保障，从这个意义上说，约法三章具有“反攻倒算”的性质。但是，刘邦在约法三章的同时，又宣布“余悉除秦苛法，诸吏人皆案堵如故”，这对平民显然是有利的，起码把饱受秦法之苦的平民解脱出来，赢得了关中吏民的拥护，这就有着“让步”的性质。汉初和唐初一系列恢复秩序和生产的措施都有着这种双重性。这里有个如何对比的问题。以农民起义和封建政权重建相比，应该承认，地主阶级重建政权本身就是“反攻倒算”，而新建的封建政权，也一定会施行一些反攻倒算来保护地主阶级利益。但是，也必须把新建的封建政权，和农民起义前的旧政权相比，只有这样才能看出新政权在哪些问题上作了“让步”，对社会经济、文化的发展起了哪些积极作用。只有看到这两种对比，才是符合历史实际的。完全抛弃封建枷锁当然比重新套上封建枷锁好，但这只是幻想。过分夸大“让步政策”的作用，说大起义大“让步”，小起义小“让步”，把“让步政策”公式化，甚至把农民起义的作用只通过统治阶级的“让步”来体现，固然违背了历史实际，但是，片面强调阶级分析，认为统治阶级只会“反攻倒算”，甚至完全否定轻徭薄赋的积极作用，同样错误。正确的做法是按照历史唯物主义方法，一切以有利于社会生产力提高、社会文化的发展为标准。②

窦连荣认为，西汉初年统治阶级的许多措施，既可以说是“让步”，

① 立早：《揭露封建王朝“让步”政策的欺骗本质》，《学术月刊》1965年第12期。

② 朱绍侯：《关于历史发展动力和农民战争作用问题》，《河南师大学报》1980年第1期。

又可以说是“反攻倒算”，前者是与秦王朝暴政相比，后者是同农民起义过程中取得的胜利果实相比，这不过是看问题的角度不同，对比的前提各异而已。①

李桂海认为，农民战争失败以后，统治阶级普遍采用的是疯狂和野蛮的镇压措施，地主阶级妄图用这种残酷的报复手段吓住农民反抗。农民在没有能力发动大规模起义的情况下只好逆来顺受，但是准备着更大规模的反抗。而农民起义以后新建立起来的封建王朝往往采取缓和矛盾的措施，对农民“让步”。采取“让步政策”，不是开国君主的圣明，也不是农民阶级迫使统治阶级接受自己的要求，而是决定于当时的阶级斗争形势，是阶级斗争形势迫使统治阶级采取的“让步”，不“让步”就难以统治下去。如果镇压能够统治下去，统治阶级是不会节制自己对农民“让步”的。所以，将缓和矛盾的政策仅仅理解为农民的要求，或者是统治阶级的“让步”都不够全面，“应该说它既是农民的要求，也是统治阶级的愿望，是两个阶级共同妥协的结果”。农民战争失败以后，从农民阶级来说，无力发动大规模进攻的条件下，必须采取妥协退步的姿态。统治阶级镇压了农民起义也损耗了自己很大力量，对农民是进攻还是退让，不是取决于农民战争对封建统治阶级打击的程度，而是取决于统治集团对阶级斗争形势的估量。当然，统治阶级对形势的估计和受打击程度有关，也与总结农民战争的经验教训有关。但这不是决定因素。唐朝农民起义对封建统治打击不可谓不严重，黄巢起义失败以后，唐朝中央和地方藩镇以及后来的五代政权对农民盘剥压榨程度空前剧烈。“而在统治阶级没有经过农民起义的打击，由于一些地主阶级政治家看到了当时阶级斗争形势，也可以主动地进行一些缓和矛盾的让步措施，做一些妥协和退让。如北宋的王安石变法，当时北宋并没有经过大规模农民战争的打击，不过王安石认识到了阶级矛盾和民族矛盾的严重，如不及时变法，推行一些缓和矛盾的措施，汉

① 窦连荣：《就汉初政策论“让步政策”与“反攻倒算”》，《宁夏大学学报》1980 年第 3 期。

末张角和唐末黄巢的'横行天下'、'变置社稷'的事就可能发生"。明朝张居正也是通过改革而整治了腐败、补充国库,减轻了农民负担,使已经激化了的矛盾有所缓和。至于"统治阶级对农民进行屠杀和镇压更是常事,并非一定发生在农民战争失败以后。所以,把统治阶级的缓和让步政策或进攻镇压的措施,说成是农民战争引起的结果,甚至是农民战争所取得的成果,就不能解释历史上的一系列现象"。①

四、调整改良论

这种意见认为,把农民战争后统治者的政策概括为"让步"或"反攻倒算"都不科学,而是现实主义的改革或改良。因为新王朝初年面临的首要问题是发展生产恢复经济,而处理阶级关系处于次要地位。实行缓和阶级矛盾、安定社会秩序、发展经济的政策,对农民和地主都有利,无所谓"让步"或者"反攻倒算"。

邱树森认为,作为历史的客观存在,新王朝初期实行的政策,既有对农民们的"让步",也有对农民的"反攻倒算"。例如"文景之治"的措施中,轻徭薄赋就是让步,而不符合农民阶级根本利益的、巩固地主阶级专政的部分,则属于"反攻倒算",因此,不能将"让步政策"和"反攻倒算"割裂开来。事实上,在农民起义失败后,新王朝的封建统治者通过农民战争期间的社会实践,汲取了正反两方面的经验教训,实行了一种把"让步"和"反攻倒算"相结合的政策。这两重政策应该叫做"改良政策",不宜单纯称之为"让步政策"或者"反攻倒算"。②

诸葛计认为,农民战争后新王朝统治者被迫实行的有利于社会生产发展的政策和措施,应该叫做"改革(或改良)措施"更为恰当。因为这比"让步政策"更准确地反映了统治政策变化这一历史现象。"改

① 李桂海:《对农民一个历史侧面的考察》,河北教育出版社,1988 年,第 119~123 页。

② 邱树森:《不要把让步和反攻倒算割裂开来》,《光明日报》,1979 年 3 月 13 日。

良”与“让步”的意义并不是在任何情况下都相同,“让步”的含义比“改良”大得多。更重要的是,改良或改革所要削弱、缓和的,一定是阶级之间的斗争,也必然是一种失败的尝试,而“让步”则未必如此。①

苏双碧认为,历史上的农民战争之后,大部分新王朝不是对农民实行报复性的掠夺,而是采取轻徭薄赋、休养生息以促进生产的恢复和发展的措施。从长远来说,这是为了更多地剥削农民。但生产的恢复和发展,毕竟使农民也获得喘息机会。因此,很难说是对农民的“反攻倒算”。把这些政策措施叫做“让步政策”,也是不确切的。地主阶级在镇压了农民起义、建立起新王朝之后,还要对暂时失去反抗力量的农民“让步”,这从逻辑上说很牵强。再说新王朝在采取对农民有某些现实利益的措施同时,往往也采取措施扶植新的地主势力以巩固它的统治。确切地说,新王朝的政策是缓和阶级矛盾的政策,是地主阶级的国家为了建立一个“秩序”,为了“使阶级冲突得到缓和”而采取的政策,这是地主阶级的阶级政策。②

肖黎不同意把农民战争以后新王朝统治者所采取的轻徭薄赋、发展生产、安定社会的措施称之为“让步”,而应该和其他历史时期统治者所采取的发展生产、调整生产关系的措施一样,都称为“改良”。肖黎说,作为一个政治术语,“改良”是相对于革命而言的,是指在阶级社会中,统治阶级为了缓和阶级矛盾而进行的一种非暴力的、自上而下的社会改革。由于它顺应历史的发展,因而对社会起推进作用。肖黎把中国封建社会的“改良”分为四种:第一是为确立封建制度的“改良”。当一种剥削制度代替另一种剥削制度时,在特定的历史条件下,通过“改良”也是可能的。众所周知的商鞅变法,就是一次成功的“改良”。第二是农民战争推翻旧王朝之后,新王朝统治者进行的“改良”。汉初、唐初、明初的统治者都直接经受过农民战争,吸取前王朝灭亡的教

① 诸葛计:《关于中国农民战争历史作用的初步考察》,《中国农民战争史研究集刊》第1辑,上海人民出版社,1979年。

② 苏双碧:《试论唐初经济发展的原因》,《历史教学》1979年第8期。

训，采取一系列缓和阶级矛盾的政策，取得一定成效。肖黎认为，把这些“改良”称之为“让步”是不正确的。因为农民起义和农民战争既然已被镇压下去，或者是农民政权已经转化为封建政权，新王朝的统治者面临的主要问题不是向农民“让步”，而是经济凋敝的现实。面对这种情况，设法恢复和发展生产，增加财富，这是任何一个统治者都明白的道理，因为“君主在任何时候不得不服从经济条件，并且从来不能向经济条件发号施令”。同时，农民战争这个“幽灵”经常在新王朝统治者的头脑中盘旋，为保证自己统治政权的长治久安自然要革除积弊。这里既没有统治阶级的恩赐，也没有对农民的“让步”。“让步”现象在历史上是有过的，但它不是出现在阶级斗争缓和时期，而是往往出现在阶级斗争炽热化的时候，正如列宁所说“沙皇在革命进攻加强时就作些让步，进攻削弱时就把这些让步统统收回了”。第三种情况是长期分裂之后，统一新王朝进行的“改良”。这些统一新王朝的开国皇帝都是比较有作为的政治家，注意发展经济，巩固中央集权。第四是在封建政权面临各种危机时，统治阶级内部中的有识之士提出的“改良”。王安石变法就是一例。对这些“改良”的历史作用，要实事求是地评价，不能从既定的观念出发，过高或过低地评价其作用。①

在上述讨论中，众多学者都曾引用马克思、恩格斯、列宁的相关论述，作为历史上存在“让步政策”的理论依据，反对者则抓住经典作家们对让步的批判而否定之。因为论辩的需要，对经典作家论述的理解存在争论，要解决“让步政策”的争论，必须对经典作家的论述进行历史的考察。谢天佑对经典作家们在十月革命爆发以前各个历史阶段出现的让步、改良的历史现象的论述进行了系统分析，认为在经典作家笔下，让步是一个普遍存在的现象，有各种各样的让步，有阻止农民革命的让步；有资产阶级民主革命爆发过程中企图以改良终止革命发展的让步；有的让步是在革命失败之后；有的让步包含进步性；有的则是反动的。让步内容有经济有政治，或者兼而有之。经典作家们是既承认

① 肖黎：《试论我国封建社会的改良》，《史学月刊》1981年第2期。

让步又具体分析，作本质的说明，而不是一概肯定和否定。谢天佑说，“让步政策”论者引用经典作家的论述时，往往脱离历史背景，忽略他们的具体说明和本质分析，存在断章取义的弊病；“反攻倒算”论者则抓住对“让步政策”的本质说明而否认让步的普遍存在；而这都有合理性和局限性。对让步的正确分析，必须做到：第一，坚持剥削阶级贪得无厌的本性不会改变的观点。从总体上看，让步从来不会使剥削阶级的根本利益受损，相反是为了保住政权和所有制这个根本利益。第二，注意对剥削率变化的分析。剥削率高低决定于生产力水平和生产方式，生产力和生产方式越高剥削率就越高，剥削方式也越先进，说明阶级社会不是在让步而是在对抗中发展，“让步政策”论者有意无意地忽视了社会经济在对抗中发展的原理。第三是对阶级斗争作用的分析。人生活于阶级社会中，自然受到阶级关系的制约，剥削阶级更是如此，它既自觉又不自觉，在总体上是不自觉的，在局部问题上是自觉的，追求剥削最大化是自觉的；采取什么手段就不那么自觉了。由不自觉转为自觉就要靠阶级斗争了。第四，不应将揭露剥削阶级本质与肯定改良、让步对立起来。①

五、轻徭薄赋的实质和“让步政策”的历史作用

新王朝初期统治阶级对农民阶级“让步”的核心体现是“轻徭薄赋”、发展生产的措施，因为所持观点不同，对“轻徭薄赋”的性质和作用的认识自然发生分歧，也是认识“让步政策”历史作用的关键。综合说来大体上有三种观点。

第一种观点认为，新王朝的“轻徭薄赋”是当时条件下最大限度的剥削，与旧王朝的“横征暴敛”都是“一丘之貉”。孙达人认为，历史上每当出现一个新封建王朝，由于他们在镇压农民战争的过程中和以后，

---

① 谢天佑：《马克思、恩格斯、列宁是怎样分析让步这种历史现象的》，《华中师院学报》1985 年第 2 期。

采取了杀光、抢光、烧光的反动政策,广大农民家破人亡,经济凋敝,生活艰苦,已经没有多少东西可拿。在这样的情况下,新封建王朝有时虽然也减少过一点赋徭,但这在当时已经是最大限度的剥削,是当时当地的横征暴敛,当然不是什么"轻徭薄赋",更何况,它是对地主阶级有利的。所谓轻徭薄赋的汉初并没有给农民带来福音。在土地占有极不平均的汉代,减轻田税和免除田税是"上惠不通,威福分于豪强"的政策,是"适足以资豪强"的政策。人们所艳称的西汉"文景之治"时期的轻徭薄赋的真相根本不是封建史家所说的那样,传世记载有不少是"以无为有"的材料,是封建史家的夸大其词,现代学者以假为真,把文景之治视为"让步政策"有着缺乏客观依据的缺陷问题。孙达人认为:农民战争对封建统治的打击体现在两个方面。第一表现在推翻或改造了封建王朝,这是生产力发展的必须前提。因为封建王朝是地主阶级的国家,地主阶级以封建王朝为武器,对农民实行越来越残酷的统治,迫使农民破产流亡,不仅社会简单再生产无法继续,而且社会濒临着毁灭的边缘。农民战争以雷霆万钧之势摧毁封建王朝,就制止了地主阶级对生产力的野蛮破坏,挽救了社会的毁灭;在战争中,农民摆脱官府的束缚迁移到地广人稀之地,受到的封建王朝的束缚得到减轻。第二表现是起义军镇压了许多地主分子,剥夺了他们的土地和财产,从而削弱了封建生产关系。①

熊铁基认为,汉初人民很苦,没有什么东西可拿,统治者采取所谓"轻徭薄赋"政策,还有很大的欺骗性。实际上对当时广大劳动人民来说,徭既不轻,赋也不薄,而且"轻徭薄赋"也对地主阶级有利。② 殷学东认为,不论是"苛政暴敛"或"轻徭薄赋",都是根据封建统治阶级的根本利益制定的政策,都是"一丘之貉"。它们之间的区别,仅仅在于

① 孙达人:《应该怎样估价"让步政策"》,《光明日报》,1965 年 9 月 22 日;《农民战争是历史发展的动力》,《文汇报》,1970 年 10 月 23 日;《论"文景之治"的几个问题》,《中国农民战争史集刊》第 1 辑,上海人民出版社,1979 年。

② 熊铁基:《西汉初没有实行过"让步政策"》,《光明日报》,1979 年 1 月 16 日。

一个是猖狂地挥舞杀人屠刀的统治政策，一个则是更加奸险地玩弄政治欺骗的统治手段，农民战争失败后，由于地主阶级的疯狂反扑和残酷镇压，全国到处出现了尸横遍野、十室九空的残破局面，这时新王朝实行的所谓“轻徭薄赋”，就已经是对农民的最大限度的剥削和掠夺，根本不是什么“让步”。①

覃延欢、钱宗范认为，如果说农民起义的历史作用是通过“让步政策”表现出来的，就等于说推动封建社会发展的真正动力除了农民的阶级斗争之外还有一个统治阶级的“让步政策”，而且只有在农民战争以后统治阶级实行了让步政策才体现了农民战争的历史作用，这是阶级调和论。在封建社会里，农民和手工业工人通过对封建统治进行不懈的斗争，每一次较大的农民起义的历史作用就表现在用革命手段改造了封建统治，是生产力和生产关系、经济基础和上层建筑之间的矛盾得到暂时的一定的缓和，才使封建社会得到发展。②

朱活认为，农民起义的历史作用和“让步政策”是针锋相对的。“让步政策”不允许动摇地主土地所有制和地主阶级专政，而农民起义则是打破封建秩序，把封建王法、纲纪统统抛掉。农民战争剥夺大批地主财产，土地占有关系被改变，地主阶级统治被削弱，才是农民起义的历史作用的体现。农民起义失败以后新王朝的所谓繁荣盛世即是建立在农民起义所创造的新基础之上的。唐朝盛世不是“让步政策”的结果，而是农民起义创造了物质前提的结果。农民革命实践、生产实践直接推动历史进步，而不是统治阶级的“让步政策”。③

第二种观点和上述相反，认为“让步政策”在一定程度上体现了农民战争的作用。新王朝的“轻徭薄赋”比旧王朝的“横征暴敛”，剥削程度有明显的差别，可使一部分农民得到实惠，有利于生产力进步，促进

---

① 殷学东：《所谓“让步政策”是一种什么理论》，《文汇报》，1966 年 3 月 7 日。

② 覃延欢、钱宗范：《封建统治阶级的两面手法》，《光明日报》，1965 年 11 月 3 日。

③ 朱活：《让步就是进攻》，《光明日报》，1966 年 1 月 12 日。

了封建社会的发展，是农民战争推动历史前进的体现。

王玉哲、陈振江认为，若看不到“让步政策”与“苛政暴敛”之间的区别，认为统治阶级的政策都是“一丘之貉”，这是一种简单化的看法。① 束世澂认为，拿唐初剥削制度和隋朝相比，隋制规定一夫一妇交租粟每年三石，唐朝减为二石。隋朝规定年五十以上的人才可以“输绢”代替服劳役，唐初则放宽这种限制，改为人人都可输绢代役。在刑法方面，唐初废除隋末暴刑，“尽削大业所用烦峻之法”。这都是大家熟习的事实。这些小小改良对农民的生活也有一点好处，我们不能抹杀事实给予完全否定。②

胡如雷认为，农民战争以后由于统治者的残酷劫掠，劳动人民确实更加贫困，新王朝对农民剥削确实是残酷的，但就剥削程度而言，还是有所减轻的。在农民战争前夕，地主阶级对农民的剥削是没有任何限度的，不但占去了全部的剩余劳动，而且占去了必要劳动的相当部分，迫使农民无法生活而发动起义。那种把旧王朝剥削数量超过新王朝归结为旧王朝时农民可供剥削的财物多于新王朝的观点是错误的，既不符合历史事实，也为最腐朽最残暴的像秦朝、隋朝的统治者减轻了罪责。因为大规模农民战争以后地主土地所有制都受到打击，自耕农数量有所增加，对于这一部分农民来说，受到轻徭薄赋的实惠是理所当然的。所以，从整个农民阶级进行分析，不能片面否认轻徭薄赋的存在。③

陈许吾认为，轻徭薄赋、与民休息并不完全是“惠而不给”的谎言和诱骗农民下山的“花言巧语”，而是在客观上确实是有利于社会生产发展的政治措施。“让步政策”的阶级本质当然是巩固封建统治、保证地主阶级的最大特权。但是，统治阶级的贪婪欲望要受到不以它的意

① 王玉哲、陈振江：《如何正确地理解让步政策》，《光明日报》，1965 年 11 月 3 日。

② 束世澂：《不能歌颂改良、让步，也不能完全否定改良、让步》，《学术月刊》1966 年第 4 期。

③ 胡如雷：《“让步政策”是客观存在的》，《光明日报》，1979 年 1 月 16 日。

志为转移的客观条件的制约，它不能随心所欲地主宰历史，统治者不得不根据农民起义以后变化的阶级力量和现实状况制定政策，不得不探讨前朝灭亡的原因，吸取教训，从而采取异乎前朝的措施。农民是历史的主人，也不能按个人的主观意志创造历史。在阶级社会里一切都不能不受阶级斗争的制约。①

尹金翔、杜文凯认为“让步政策”的出现是农民战争历史作用体现之一。农民起义打击地主阶级、剥夺地主特权和财产固然是农民战争历史作用的体现，但是如果认为只有剥夺了地主的土地和财产才体现了农民战争的作用，就把历史简单化了。农民在起义过程中得到现实利益是理解农民战争历史作用的一个方面，更应该看到农民战争对政策变化的更深远的影响。在阶级社会中，生产关系占统治地位的是剥削阶级，生产关系不可能不通过剥削阶级而影响生产力的发展。封建社会农民处于被剥削地位，不可能有农民制定任何政策，但可以影响统治阶级政策的改变，这就是通过阶级斗争来实现的，“让步政策”就是农民阶级影响统治阶级改变政策的结果。中国封建社会之所以能够不断发展，原因就在这里。②

葛金芳认为，“让步政策”的历史作用体现在三个方面：第一，既然“让步政策”是统治阶级对被统治阶级实施的多少改变这个阶级处境的措施，那么农民的生产和生活多少有所好转。他们不同程度地以种种方式获得土地所有权，并在短时期内受到国家权力限制兼并的保护，赋役剥削减轻。第二，“让步政策”在法律上确认了封建政治经济受到冲击的既成事实，并在封建制度的某些方面做出相应的改善和调整，从而对封建制度由野蛮向文明的发展起了某些促进加速的作用。第三，“让步政策”确认农民革命对封建大土地所有制的冲击，农民重新与土地结合，封建生产关系得到正常维系，小农经济再生产的必要条件（小

① 陈许吾：《“让步政策”具有进步作用》，《光明日报》，1966 年 1 月 12 日。

② 尹金翔、杜文凯：《农民战争与统治阶级的“让步”》，《光明日报》，1965 年 12 月 15 日。

农与土地的结合)有了某种保障。一句话,“让步政策”加速了封建社会的发展,从而加速了它的末日的到来。①

漆侠认为,“让步政策”既然是封建统治政策的组成部分,旨在维护巩固封建统治、维护地主阶级的根本利益,在分析“让步政策”是首先应揭露批判其阶级实质,不能夸大“让步政策”的作用,把“让步政策”看做历史发展的动力。但是,也应当承认,“让步政策”在客观上对历史的发展有一定的推动作用。新当权者在革命的压力下减轻了剥削压迫,和前朝毕竟有所不同,多少有利于社会的发展。②

宁可认为,新王朝的在特殊历史条件下的阶级政策有其进步性,农民战争对封建制度和地主阶级的落后、黑暗、腐朽、反动的方面进行了狂风暴雨式的扫荡,阶级矛盾缓和,农民最迫切的要求是保持在斗争中获得的一些权益,要求地主阶级剥削轻些、社会安定。封建王朝的政策尽管是从地主阶级利益出发,但是它肯定了农民斗争的某些直接成果,给农民发展生产、给社会经济的繁荣创造了有利的客观环境,在一定程度上符合农民愿望,顺应了历史发展趋势;同时地主阶级在农民创造的物质财富基础上进一步发展了封建文化。不过,必须充分看到新王朝政策的阶级本质。这些政策充分照顾了地主阶级的利益,政策全部由地主阶级的代表者执行,自然对地主阶级更加有利。有些政策限制或者损害了地主的部分利益而受到他们的破坏和阻挠;同时因为社会发展的区域差异,新政策在有些地方难以落实。所以这些新政策,特别是那些对农民“让步”的政策,是不可能长久实行下去的,对农民的“让步”,是地主阶级对自己腐朽本性强行压制的结果,一旦羽毛丰满就露出本来面目,变本加厉剥削农民;而土地兼并的不可避免的趋势,必然将那些有利于农民的政策变成具文。只看到前者而忽视后者是不对的。③

---

① 葛金芳:《关于让步政策的若干问题》,《文汇报》,1966 年 2 月 24 日。

② 漆侠:《农民战争与让步政策》,《光明日报》,1966 年 3 月 10 日。

③ 宁可:《对农民战争后封建王朝一些政策的分析》,《新建设》1963 年第 3 期。

胡如雷认为,“让步政策”能够体现农民起义的历史动力作用,这并不是宣传英雄和奴隶共同创造历史的观点。把杰出人物、“让步政策”的作用同农民起义的动力作用完全对立起来,是不正确的。农民战争后新王朝的“轻徭薄赋”,不仅使农民有可能改善生活,而且有可能提高生产垫支能力,即有可能进行扩大再生产。农民起义打击封建统治以后所以能够推动生产的发展,原因之一就是剥削量和剥削程度的有所减轻。对“轻徭薄赋”的进步作用,必须给以一定的肯定。当然,从阶级本质上说,“让步政策”是地主阶级的阶级政策,可以说是地主阶级对农民阶级进行斗争的一种特殊方式,它不能在任何程度上代表农民阶级的利益,农民在“让步政策”中得到的微末利益实际上是一种诱饵,但并不能因此否定“让步政策”的作用。因为“让步政策”是农民战争的成果之一,是农民阶级占领的斗争阵地的扩大,肯定“让步政策”是对农民阶级斗争的肯定;而封建生产力只能在封建生产关系内求得发展,衡量一种政策的进步与否关键要看它是否促进社会生产的发展,不能把阶级性和进步性完全对立起来。①

孙祚民在1950年代的文章中曾认为唯有透过统治者的“让步”,才能彻底理解农民战争的动力作用。到1980年代,他改变了这一看法,但仍然认为“让步政策”一般是促进生产力的恢复和发展,这是农民战争的“间接作用”。他还认为在起义规模大、打击程度重、迫使封建王朝“让步”程度大的情况下,“间接作用”促进生产发展的作用,往往比农民战争的“直接作用”还要大,因为农民战争直接打击的只限于起义军所到的地方,而封建王朝、特别是统一的中央集权封建大帝国的“让步政策”,则可以在全国范围内贯彻实施。②

方之光、倪景熙等认为,“中国封建社会的农民革命战争,归根到底是为了改造和推翻不适合生产力发展要求的生产关系,具体地说来,也就是改造和推翻历代封建地主阶级的黑暗统治”。“但是,既然封建

---

① 胡如雷:《“让步政策”是客观存在的》,《光明日报》,1979年1月16日。

② 孙祚民:《论让步政策》,《社会科学战线》1980年第2期。

社会发展不同阶段的农民战争具有不同的性质,那么不同阶段发生的农民战争对历史所起的作用,亦应有所不同。例如封建社会上行阶段的农民战争的作用一般说是起了推动封建生产关系的发展和完善的作用,而生产关系的发展和完善又进一步推动了生产力的发展”。“在封建社会下行阶段农民战争对封建社会所起的历史作用就完全不同了。它起的作用主要推动封建生产关系日益衰落和灭亡。元末的农民起义和太平天国就是最好的说明。元末农民起义后,出现了‘仁宣之治’,生产力有了进一步的发展,工商业也日益繁荣因而产生了封建社会里的新因素——资本主义萌芽,而这种新因素,正是封建社会内部孕育着它灭亡的种子。太平天国的革命,更是震动了封建社会的基础——封建社会土地所有制,客观上促使资本主义新因素更迅速的发展。毛泽东同志曾把这一革命视做资产阶级旧民主主义革命准备阶段是完全有道理的”。封建社会长期延续下来的原因不是什么农民战争,“完全是由中国地主阶级对农民实行穷凶极恶的政治压迫和经济剥削的结果”。①

方诗铭、刘修明以汉唐初年的“无为而治”为例,认为“让步政策”作为一个历史名词可以使用,但对“让步政策”的性质和农民战争的作用做出了自己的分析。他们认为,“让步政策”的实质是新王朝的封建统治者的无可奈何,是他们找不到出路的出路,是新王朝的封建统治者“无为而治”的一种特殊表现形式。从本质上看,“无为而治”是新王朝统治者以退为进、重建剥削关系的统治策略,而不是封建统治者出于主动、发自善心的“让步”。统治者的“无为”是为了“无不为”,为了“更有为”,是为了发展和巩固统治的经济基础,重建地主阶级对农民阶级的统治,在“无为而治”指导下的一系列社会经济措施,是典型的地主阶级政策。“无为而治”在生产关系上的实质,是原有的封建生产关系

---

① 方之光、倪景熙、潘风之、郭省三、刘茂林:《论中国封建社会农民战争的几个问题——学习“中国革命和中国共产党”的一些体会》,《光明日报》,1960 年 8 月 18 日。

经过农民起义打击后松动的结果和表现。原有的封建生产关系经过打击松弛了,地主分子逃的逃、死的死,被强行压抑的生产力得以恢复和发展。统治者顺其自然,相应地采取一些措施。事实说明,束缚生产发展的封建生产关系(土地占有和人身依附关系等)在多数情况下是不可能通过统治阶级自身来调节的。地主阶级的贪婪本性是不变的,只有经过农民起义的打击,新的统治者才能清醒,不得不承认大乱之后的社会现实而采取某些改革措施。造成“无为而治”政治局面的是农民可歌可泣的阶级斗争;在“无为而治”恢复社会经济中起决定作用的也是农民坚苦卓绝的斗争。尽管农民战争在客观上有破坏生产的一面,但是,历史上任何革命,只要有暴力,都有破坏,问题在于它破坏了什么。农民战争冲击的是严重束缚生产力发展的封建生产关系和封建国家机器。它不能建立新的生产关系和新的国家机器,却能打击和改造封建生产关系,推翻和改造封建王朝。农民战争对生产力所造成的破坏是在地主阶级的封建统治已经使社会生产无法进行前提下发生的,地主阶级才是名副其实的生产力的破坏者。把农民战争以后经常出现的土地荒芜、赤地千里、人口骤减的责任单方面地强加在农民战争头上,是不公正的。①

第三种观点认为,地主阶级可以自行调节生产力和生产关系的矛盾,不一定非要农民起义压迫而后做出“让步”。

戴逸认为,“让步政策”论是为了说明阶级斗争、农民战争的历史作用而提出的一种理论,把农民战争同生产发展挂上了钩。要不然,农民战争怎么样推动生产发展呢。“让步政策”论并不完全错误,但还有缺陷,至少会给人一种印象:统治阶级、剥削阶级不能够自动提出对生产发展有利的措施,因而,必须通过农民革命迫使他们“让步”。事实上,统治阶级从自身的阶级利益出发,在一定历史条件下也是能够提出有利于生产发展的措施来的,并不一定需要农民迫使他们“让步”。农

① 方诗铭、刘修明:《“无为而治”和“让步政策”——兼论农民战争的历史作用》,《中国农民战争史研究集刊》第2辑,上海人民出版社,1982年。

民固然是创造社会财富的主人，是要求发展生产的。但是，剥削阶级为了多剥削一点，通常也是希望发展生产的。不能只承认农民要求发展生产，而不承认剥削阶级从自身利益出发，也可以采取有利于生产发展的措施。矛盾对立的双方，是互相依存、互相贯通、互相渗透的，处于一个统一体。地主与农民处于一个统一体内进行斗争，彼此必然有一些共同的东西。譬如，在一定的条件下都要求发展生产，在遭到外来侵略时，都要求抵抗侵略。不能孤立地只强调对立的一方面，而不承认事物还有统一的方面。地主和农民，如果不存在同一性，那么，统一体就要破裂，封建社会也就不可能延续。①

戎笙认为，对于大多数农民战争来说，"让步政策"论是缺乏事实依据，至于"反攻倒算"论更是抹杀了历史事实、漠视客观经济规律。其声讨封建制度的愤怒、歌颂农民战争的热情可嘉，"但是，道义上的激情不能代替科学上的分析"，无视生产关系一定要适合生产力这个客观规律。阶级斗争形式多样，农民的阶级斗争除了战争的形式，还有其他许多形式。农民战争之后的新王朝的统治者虽然不能自觉地意识到和运用经济规律，但却可以直观地感受到客观经济规律的惩罚，从而自行调整一部分不适应生产力发展的生产关系。当一部分生产关系不适应生产力发展时，在客观经济规律的自发作用下，仅仅由于经济上的不合算，地主阶级中就会有人部分改变生产关系中不适合生产力发展的内容。例如，同样是在封建生产关系条件下，榨取劳役地租不如实物地租有利，实物地租不如货币地租有利，他们会在经济利益的驱使下加以改变。而这种改变和生产力进一步发展是相适应的。②

赵克尧认为，封建王朝政策既然是封建统治阶级制定的，毫无疑问，随着政治经济形势的变化，封建统治阶级也会改变自己的政策与策略。新王朝初期统治政策的调整未必都是农民战争压力的结果。隋朝

① 戴逸：《关于历史研究中阶级斗争理论的几点看法》，《社会科学研究》1979年第2期。

② 戎笙：《只有农民战争才是封建社会发展的真正动力吗》，《历史研究》1979年第4期。

并不是农民战争以后建立的，照样能调整政策。贞观年间统治方针的调整也不是因为农民战争，而是根据隋朝灭亡的教训而制定的，不是什么“被迫”、“不得不”而采取的，而是主动地、自愿地实行的。有的论者往往夸大农民战争对封建统治者制定政策的“教训”作用，其实，新王朝的统治者是以吸取前朝灭亡的教训为主的。①

六、结束语

综上所述，各种争论的核心问题是“让步”和“反攻”，兼而有之论和调整改良论都只是这两种观点的衍生。

“让步政策”和“反攻倒算”的争论前提是相同的，即都肯定农民战争对历史发展的推动作用，是对农民战争如何打击“当时的封建统治”，“推动了社会生产力的发展”的不同表述。二者都是建立在地主阶级和农民阶级都有了相应的阶级自觉基础上的，农民把地主当做一个阶级来反对，地主也把农民当做一个阶级来统治，二者处于绝对对立的状态，敌进我退、敌退我进。当农民阶级反抗力量强大，地主阶级无法招架，就向后退，表现就是调整剥削制度和政策，减轻一些农民的负担，等到农民斗争的浪潮平息以后，剥削自然加重。如此循环往复，就是中国封建社会发展的图谱。“反攻倒算”论者认为，农民以暴力的手段打倒地主，摧毁封建国家机器，挣脱封建压迫和剥削的枷锁，获得了完全的人身自由，而封建政权重建以后，农民又不得不接受新的剥削，重新被套上封建剥削的枷锁，所谓轻徭薄赋，不过是为了更长久地剥削农民阶级罢了，让步只是手段，剥削才是目的。

毫无疑问，“反攻倒算”论的提出与当时以阶级斗争为纲的政治形势紧密相连，是现实阶级斗争你死我活的政治环境启发了“反攻倒算”论的提出，较“让步政策”论具有更多的“革命”色彩，给人以强烈的意

① 赵克尧等:《封建统治阶级会主动调整统治政策》,《光明日报》,1980 年 2 月 26 日。

识形态感。但是,从思维方式上看,“反攻倒算”论的提出又是“让步政策”论的逻辑延伸,又有着内在的一致性。这也是“反攻倒算”与“让步政策”兼而有之论和调整改良论的思维前提。因为二者都不是建立在历史分析基础上的,而是根据既定观念的逻辑推定:阶级矛盾既然是敌对性质的,双方的斗争是绝对的存在,不过有时缓和有时激烈而已;徭役再轻、赋税再少,也是对农民的剥削;轻徭薄赋的目的是为了长久地保证对农民的剥削,是为了实现对农民更多的剥削,是战略意义上的对农民的反攻。所以,不能被轻徭薄赋的表面现象所迷惑,把地主阶级对农民斗争手段的改变当成了农民战争的成果而陶醉其中。因此,“让步政策”和“反攻倒算”是同一问题的两个方面,不存在哪一个观点更科学一些的问题。因为,他们对“轻徭薄赋”的认识都是不正确的。

从形式逻辑的层面分析,说轻徭薄赋是迫于农民起义和农民战争的压力而做出的“让步”,其历史前提是轻徭薄赋政策的制定者和执行者必须是和农民起义、农民战争的打击对象同一个阶级或者同一个集团,无论是刘邦和秦二世,还是朱元璋和元顺帝都是一丘之貉,而且刘邦和朱元璋主观上都自觉地以前朝继承者自居,吸取前朝横征暴敛而速亡的教训,遂改弦易辙,变杀鸡取卵为养鸡下蛋,而采取轻徭薄赋的政策。很显然,历史果真如此的话,把轻徭薄赋解释为“让步政策”,那就不如解释为“反攻倒算”更符合刘邦、朱元璋的本意。显然,用历史的眼光看问题,这个前提是不存在的。刘邦也好,朱元璋也罢,他们和前朝统治者绝非一丘之貉,他们更没有以地主阶级最高利益代表自居的自觉,他们的轻徭薄赋就是为了恢复秩序、恢复生产、保障民生以巩固其江山千秋万代。只要承认社会秩序是社会发展的前提、保障社会秩序是国家的基本职能,而赋税徭役是国家机器存在和运转的基础,那就要承认赋税徭役的合理性,就要承认轻徭薄赋的正义性和进步性。虽然在理论上说,徭役再轻,赋税再少,也不如没有任何徭役赋税好,没有任何负担才是理想,但是,这仅仅是梦想。如果说可能实现的话,就是时光倒转,回到野蛮的原始时代,没有国家机器,没有赋税徭役。但是,那可不是福音,而是更大的噩梦。

当然,在战争状态下,起义农民暂时没有了国家的赋税徭役,也无须正常地向地主缴纳地租,可以没有任何负担、逍遥自在了。但是,这个“逍遥自在”是现代人的想象,无论是起义的农民军还是普通农民,都想早日摆脱战火及社会的无序状态,能够过上安稳的日子。这些,无须对历史事实做详细的考证,看看现代中国社会变迁史就不难明白了。

所以,对农民战争作用的解释,无论是“让步”还是“反攻倒算”,都是不恰当的。探寻农民战争的历史作用,不是从新王朝政策本身找答案,而应该从新王朝政策的背景找答案,也就是从当时社会结构、社会关系与王朝政策的内在联系方面找答案,将新王朝统治者的主观自觉和现实基础统一起来,才能抓住历史变迁的必然性。这样才能透过历史现象,看到历史发展的本质,得出科学的结论,真正揭示农民战争的历史作用。

第八章 农民战争与历史发展动力问题

历史发展的动力问题,是史学研究中的一个基本理论问题。自马克思主义传入中国以来,马克思主义史学逐步形成,阶级分析学说即贯穿于史学研究之中。马克思主义史学家们用阶级分析的理论分析中国历史上的矛盾运动,极大地推动了对历史发展本质的认识。在中国封建社会,农民起义和农民战争是阶级斗争的最高形式,自然成为研究的重点。

新中国成立以后,史学界一致认为农民的阶级斗争、农民的起义和农民的战争是历史发展的真正动力,或者唯一动力。所谓"让步政策"、"反攻倒算"的争论均是建立在这个基础之上的,分歧在于对农民战争的历史动力作用的方式认识不同而已。当然,这个争论,有着极强的时代特点,特别是"反攻倒算"论提出以后,农民战争历史作用的讨论越来越现代化和政治化,但是,就参与讨论的学者来说,则是真诚的理论思考。"文革"开始以后,这个学术讨论成了政治运动的一部分,完全背离了学术的轨道而无法进行,直到"文革"结束,才旧话重提。

1979 年 3 月,中国社会科学院在成都召开中国历史学规划会议,戴逸在会上作了题为《关于历史研究中阶级斗争理论问题的几点看法》的发言,提出了推动历史前进的主要的直接的动力是生产斗争。①

---

① 戴逸:《关于历史研究中阶级斗争理论问题的几点看法》,《社会科学研究》1979 年第 2 期。

刘泽华、王连升发表《关于历史发展的动力问题》，也提出了“生产斗争是历史发展的最终动力”的观点。[①] 随后戎笙在题为《只有农民战争才是封建社会发展的真正动力吗》的文章中认为“即使在阶级社会里，阶级斗争也不是社会发展的唯一动力”[②]。他们都对阶级斗争是历史发展的唯一动力这个传统观点提出了异议，将生产斗争作为历史发展的动力。随后，董楚平[③]、刘昶[④]发表文章，分别提出了农民战争是造成中国封建社会长期延续的原因之一的见解。当时正是全国学术界拨乱反正，解放思想，反思十年“文革”危害以及新中国成立以来逐步左倾的意识形态对学术消极影响的时期，这些看法关系到新中国成立以来史学理论核心的认识问题，所以很快就引起了全国史学界的关注，纷纷发表意见，展开了热烈的讨论。历史作用争论的中心问题主要集中在：农民战争是否促进了生产力的发展，农民战争是否导致了中国封建社会的长期延续，怎样分析农民战争历史动力的作用。

农民战争的历史作用的再认识揭开了历史动力问题大讨论的帷幕，而历史动力大讨论，也把农民战争历史作用问题的讨论引向深入。讨论的问题集中在农民战争对生产力究竟起了什么作用，是破坏了生产力还是解放了生产力；农民战争是否导致了中国封建社会长期延续；农民战争的历史动力作用体现在哪些方面。

一、农民战争是否促进了生产力的发展

生产力是最活跃最革命的要素，生产的发展，社会的前进，首先是从生产力的发展、从生产工具的变革和发展开始的。这是历史唯物主

---

① 刘泽华、王连升：《关于历史发展的动力问题》，《教学与研究》1979 年第 2 期。

② 戎笙：《只有农民战争才是封建社会发展的真正动力吗》，《历史研究》1979 年第 4 期。

③ 董楚平：《生产力是历史发展的根本动力》，《光明日报》，1979 年 10 月 23 日。

④ 刘昶：《试论中国封建社会长期延续的原因》，《历史研究》1981 年第 2 期。

义的基本原理，经典作家曾反复说明过。新中国成立以后的史学研究大约是将这个原理当做了理论常识，并没有展开系统的讨论，而是将阶级斗争作为阶级社会历史发展的动力作为理论指导，农民战争史研究尤其如此。“文革”结束以后，戴逸首先提出这一问题，讨论过程中有两种看法。

第一，农民战争破坏了生产力。戴逸认为，农民战争对生产力的发展不完全是促进作用，也有破坏作用。社会的基本矛盾是生产力和生产关系、经济基础和上层建筑，阶级斗争只是体现了这些矛盾、并受基本矛盾所制约。阶级斗争取决于生产斗争。阶级的划分、阶级斗争的性质和深度，每个阶级的历史命运都决定于生产力的水平。脱离生产力发展谈阶级斗争的作用难以抓住历史真相，会陷入许多矛盾之中。戴逸说，人们长期按照每次大的农民战争之后总要带来生产力大发展这个公式解释农民战争的历史作用，秦末农民起义之后有文景之治，隋末农民起义之后有贞观之治，就是其体现。但是，历史的实际情况恐怕不是那么简单。因为，有些农民战争并没有直接带来生产的高涨，甚至有时还可能带来生产的萎缩。这样一个阶级斗争、农民战争推动生产发展的公式，经常暴露出同历史实际有较大的差距，不完全符合历史实际，对一些历史现象不能解释。阶级斗争、农民战争是历史发展的动力，但不是唯一的动力，同时，我们还要看到另一面，就战争的直接后果来说，是要造成破坏的，历史上的农民革命战争，就它对旧生产关系的打击来说，就它长远的影响来说，对社会前进是有推动作用的。另一方面，就战争直接的后果来说，有破坏生产的一面。①

刘泽华、王连升认为，生产斗争或生产活动是人类活动的最基本内容、一切活动的基础，是历史发展的根本动力。在人类进入阶级社会以后，无论依次出现的哪一种社会形态，都不是仅有一种生产关系。究竟是哪一种生产关系占主导、社会性质是什么、阶级状况怎样及其命运如

---

① 戴逸：《关于历史研究中阶级斗争理论问题的几点看法》，《社会科学研究》1979 年第 2 期。

何,都是由生产力性质和发展水平所决定的。无论是社会形态发生本质变化的革命,还是部分质变,都是由生产力性质与水平决定的。生产力对上层建筑同样具有直接的决定的作用。刘泽华、王连升说,“生产斗争是一种普照的光,是历史发展的根本动力,是一切历史变革的终极原因”。①

董楚平认为,社会发展史首先是生产发展史,生产力是社会发展的动力,离开生产力这个动力,阶级斗争不成其为动力,“与阶级斗争这个动力相比,生产力是更为根本的动力”。董楚平对农民的阶级斗争、农民的战争是中国封建社会发展动力提出质疑说:农民的阶级斗争、农民战争既然是封建社会发展的唯一动力,每次较大的农民战争都起过推动作用,可中国封建社会为什么时间漫长、发展速度缓慢呢?既然社会发展史首先是生产发展史,生产力的发展需要各种矛盾相对缓和、战争较少的和平安定的社会环境,就很难把农民战争看做封建社会发展的动力。中国封建社会发展缓慢的原因之一是战争过多、破坏过甚。中国古代战争有民族战争、统治阶级内部战争、农民战争三大类。农民战争有解放生产力的一面,但是对生产力的破坏是严重的,在战乱期间,社会生产力往往不可能发展是不能否认的。封建社会的大发展都只在阶级矛盾缓和的王朝初期,是有为帝王如刘邦、刘秀、李世民在暴风骤雨式大规模阶级斗争以后,力求缓和阶级矛盾、抓生产斗争的结果。董楚平并不完全否定阶级斗争对社会发展的促进作用,而是反对把阶级斗争特别是农民战争作为封建社会发展的唯一动力。董楚平认为,阶级斗争有多种形式,当阶级斗争成为解放生产力必不可少的手段时,不一定要用暴力革命的形式,改良主义也是阶级斗争的形式,同样推进社会发展。商鞅变法、王安石变法、张居正改革,都是改良主义,日本的明治维新也是改良主义,都极大地推动了社会发展。②

---

① 刘泽华、王连升:《关于历史发展的动力问题》,《教学与研究》1979 年第 2 期。

② 董楚平:《生产斗争是历史发展的根本动力》,《光明日报》,1979 年 10 月 23 日。

戎笙认为,生产力和生产关系的矛盾运动是人类社会发展的动力。这个动力的表现形式在不同时期有不同特点。有时表现为用阶级斗争去改变旧的落后的生产关系以解放生产力,有时表现为用国家权力保护先进的生产关系以促进生产力的发展,又表现为劳动人民用生产斗争、科学实验去发展生产力。即使在阶级社会里,在阶级斗争也不是社会发展的唯一动力,更不能说农民战争是社会发展的唯一动力。农民战争对封建统治的打击,只是为生产力的进一步发展扫清道路,并不是每一次大规模农民战争以后,生产力都有显著发展。相反,差不多同样多数量的大规模农民战争以后的生产力是衰退的,甚至长期处于停滞状态。黄巾、黄巢起义失败以后,社会大分裂,社会生产力长期停步不前。清代白莲教起义、太平天国运动、义和团运动都没有表现出推动生产力发展的作用。至于中等农民起义推动生产力发展的例子就更少见了。①

金景芳认为人类社会发展有两种状态,第一种,生产关系基本适应生产力的发展,社会处于相对稳定状态。第二种,生产力发展到一定程度,和生产关系发生冲突,生产关系成为生产力进一步发展的桎梏;社会进入急剧的社会变革即质变时期,一种社会经济形态为另一种社会经济形态所代替,社会发展又进入了第一种的相对稳定时期。人来社会历史在两种状态中交替前进。生产力与生产关系的矛盾起决定性作用的基础上,在这社会发展的两种状态交替中,包括阶级斗争在内的各种因素交互作用,才是马克思主义动力观。②

汤再林引用了毛泽东在《矛盾论》中关于物质世界内在矛盾运动功能的论断作为依据,论证社会基本矛盾是历史发展的根本动力。毛泽东说:“自然界的变化,主要地是由于自然界内部矛盾的发展。社会的变化,主要地是由于社会内部矛盾的发展,即生产力和生产关系的矛

① 戎笙:《只有农民战争才是封建社会发展的真正动力吗》,《历史研究》1979 年第 4 期。

② 金景芳:《生产力与生产关系的矛盾是社会发展的根本动力》,《吉林大学学报》1980 年第 4 期。

盾，阶级之间的矛盾、新旧之间的矛盾，由于这些矛盾的发展，推动了社会的前进，推动了新旧社会的代谢。"①汤再林据此分析说，社会的基本矛盾包括生产力和生产关系的矛盾、经济基础和上层建筑的矛盾。不仅要看到生产力对于一定社会的生产方式及社会性质起决定作用，也要看到生产关系对生产力的反作用。生产力和生产关系之间的相互作用，构成了一系列的矛盾运动，从而推动新旧社会的代谢。经济基础和上层建筑之间的相互作用和矛盾运动的性质和作用也是如此。所以，"生产力和生产关系的矛盾，经济基础和上层建筑的矛盾是历史发展的真正动力；而其中的生产力和生产关系的矛盾是历史发展的根本动力"。②

杨生民认为，所谓历史发展的根本动力，就是一切社会形态中始终推动社会前进的最终动力。根据历史唯物主义原理，这样的动力只能是生产力的发展，因为生产活动是社会存在的基础，是最活跃最革命的因素，生产力的发展推动着生产关系的发展，决定着社会形态的更替。杨生民从三个方面阐述阶级社会中生产力发展最终决定和制约着阶级斗争：第一，生产力发展决定着阶级的产生、阶级的状况、阶级斗争的性质和内容、各个阶级的前途，以及阶级的消灭。第二，生产力状况决定和制约阶级斗争推动社会前进的程度。第三，要求打破束缚社会生产力发展的社会障碍，是进行阶级斗争的根本动因。杨生民说，仅仅说生产斗争是历史前进的根本动力是不恰当的。因为，混淆了生产力和生产斗争的概念。生产力是人类征服自然的能力和程度，生产力发展包括了劳动者质量（生产经验、劳动技能、平均熟练程度）的提高和数量的适当增长、生产工具的改进、劳动对象的深度和广度的差异等。而生产活动或生产斗争则是指生产过程中人与自然的斗争或从事的生产实践活动，包含不了生产力的丰富内容。再者，仅仅有生产斗争还不足以

① 毛泽东：《矛盾论》，《毛泽东选集》第 1 卷，修订 2 版，人民出版社，1991 年，第 302 页。

② 汤再林：《社会基本矛盾推动历史发展》，《社会科学研究》1980 年第 1 期。

使生产力发展,还需要各种社会条件和自然条件的配合。没有这些条件的配合,单纯的生产斗争并不能保证生产力的发展。杨生民认为,说生产力和生产关系的矛盾运动也不是历史前进的根本动力。因为这一矛盾运动的两个对立的方面,对历史发展有着不同的作用。生产力是主要方面,决定着事物的性质和起着主导作用,历史发展是由这个主导方面所决定的,没有必要因为生产关系对生产力的巨大反作用而将其纳入历史发展的根本动力之中。①

卜凤至认为,只有抓住社会矛盾统一体这个客观的研究对象,才能真正做到从实际出发,才能把社会发展的一系列矛盾理解为辩证统一的过程,把握根本动力和非根本动力的相互转化的过程和规律。否则,就会把前后相关而各不相同的矛盾力量看做一个个体,片面地规定某一矛盾或者矛盾的某一方面为历史发展的根本动力。所谓"生产力根本动力说"、"生产方式根本动力说",都割裂和歪曲了社会内部矛盾的完整性和和辩证性,不能科学地揭示社会发展的根本动力。因为这些观点不能说明社会由低级到高级社会形态转变是如何实现的;即使在同一社会形态内部,工作重点用在了解决生产力与生产关系的矛盾上面,也要更细致更全面地用大量精力去解决经济基础与上层建筑之间的矛盾。这是适用于任何社会的普遍规律。在生产方式中,生产力是矛盾的主要方面,他决定生产关系的性质和变革。在社会形态中,经济基础是矛盾的主要方面,它决定了上层建筑的性质和变革。生产关系和上层建筑在一定条件下有决定性的反作用。在社会统一体中,生产方式和社会形态矛盾双方,生产方式的矛盾制约着社会形态的发展,而社会形态矛盾的解决又推动着生产方式矛盾的解决。整个人类社会就是在这种社会基本矛盾运动中前进的。②

在历史动力问题大讨论中,除了生产力根本动力说、或者生产力与

---

① 杨生民:《略谈历史发展的根本动力问题》,《教学与研究》1979 年第 4 期。

② 卜凤至:《从社会矛盾统一体看历史发展的动力》,《辽宁大学学报》1980 年第 4 期。

生产关系矛盾运动动力说，社会基本矛盾运动说等观点以外，还有各种力量的综合作用说，简称为合力说，人的欲望说等各种看法。彼此之间虽然有分歧，但都是以重新认识农民战争历史作用为前提的，有的是直接质疑，有的是间接分析，无论是直接质疑还是间接分析，都提出或者包含了农民战争对生产力的破坏作用问题，对新中国成立以来农民战争历史作用的主流认识提出了批评。这些，都促进了人们对农民战争历史作用的进一步思考。

第二种观点认为农民战争推动了生产力的发展。与上述看法相反，更多的学者认为农民战争起了推动生产力发展的伟大作用。张国祥、张海瀛认为，在社会发展史上，生产力虽然起最终的决定作用，但在阶级对抗的条件下，超越阶级剥削和阶级压迫的生产力是没有的，恰恰相反，阶级社会的生产力反倒是在阶级斗争的推动下发展起来的。在阶级社会里，阶级斗争是保证社会再生产正常进行、推动社会生产力向前发展的决定力量。在以生产资料私有制为基础的阶级社会里，剥削阶级在其贪得无厌的剥削情欲的支使下，经常出现侵吞劳动者的必要劳动、破坏社会再生产正常进行的现象。在这种情况下，只有劳动人民的阶级斗争，才是剥削阶级节制其贪欲、保证社会再生产的唯一力量。如秦始皇统一六国后，大修骊山墓、建阿房宫、筑长城、开驰道等，役使了全国壮年男子的三分之一，许多贫苦农民已被夺去土地，依然要交纳赋税，形成了“僵尸满野”、“死者相望”的惨剧。再如在中国封建社会里，由于大地主的土地兼并，种田人“无田可耕”，“有弥望之田”者“足不及田畴，面不识佃户”。在这种情况下，只有农民的阶级斗争、农民的起义和农民的战争，才迫使剥削阶级节制其剥削欲，才打击了富豪的土地兼并，调节了生产关系与生产力之间的矛盾，从而推动了生产力向前发展。①

漆侠认为，生产力与生产关系的矛盾运动是人类社会发展的根本

① 张国祥、张海瀛：《阶级斗争是阶级社会历史发展的真正动力》，《光明日报》，1979 年 10 月 30 日。

动力,阶级斗争是阶级社会发展的根本的动力,片面强调生产力的作用,忽视了人们社会关系的矛盾,无法解释社会历史发展的螺旋式上升的特征。更不能抓住战争对生产力的破坏作用就否定农民战争的历史动力作用。因为不光农民战争,任何形式的革命战争,都无法保证对生产不起破坏作用。不过,认真研究起来,造成这一“破坏”的根源在于封建剥削压迫制度。在镇压农民革命中,诸如隋炀帝对起义人民的大肆诛杀,曾国藩辈血洗太平天国革命,他们不仅对生产进行了大破坏,而且也阻碍了社会的前进。我们有什么理由根据农民起义的那点“破坏”而否定其伟大的动力作用呢?农民战争的伟大作用就在于除旧布新,使整个封建政治经济诸大关系发生相应的变化,为社会生产力的发展扫清道路,成为两千年来封建社会前进的真正动力。这个动力作用表现在政治上就是达到推翻和改造封建统治的目的。不推翻摧毁那些腐朽的旧王朝,农民简单再生产都无法维持,只有推翻它们,生产才能继续。新建立的王朝在这个基础上,改变统治政策,称之为“让步”、“反攻倒算”或者改良,都无法否认轻徭薄赋对社会生产的积极后果。两千年以来的封建生产关系也都因为农民战争的作用而发生变化,战国秦汉时代奴隶制残余、魏晋南北朝士族门阀政治所代表的庄园农奴制等,均因为农民战争而改变,因此之故,才有宋代高度发达的租佃关系,如果不是元朝代宋,中国是有可能早于欧洲进入资本主义社会的。①

刘大年认为,在阶级社会里,经济发展、生产力的前进,不能自然而然地改变历史,要通过阶级斗争、伟大的革命运动来改变历史。最有说服力的事实是十月革命时的俄国、进行社会主义改造时的中国,生产力相对落后或者落后得很远,但建立起了社会主义制度;反过来,一些西方国家生产力水平相对较高,以至高出很多,至今仍在资本主义社会。这集中说明生产力的发展不能自行变革历史,它只有通过阶级斗争、社

① 漆侠:《农民战争是推动中国封建社会历史发展的动力》,《光明日报》,1979年12月18日。

会革命，才能推翻旧社会、旧制度，建立新社会、新制度，改变历史的进程。历史反复证明，“在私有制社会里，阶级斗争是推动历史前进的动力”。刘大年强调，阶级斗争是历史发展动力，主要是讲新社会、新制度取代旧社会、旧制度的那种急剧社会转变而言，所谓暴力是新社会的助产婆就是这个意思。革命的阶级斗争推动历史前进并不是说私有制社会里每日每时都要爆发革命历史才能前进。私有制社会里，不可能一次革命马上就表现为生产力的进步，有时要经过相当长的时间才能表现出来。如从直接结果看，看不到太平天国对生产力的推动作用，但是它把分散的人民反抗斗争集中起来，对封建宗法社会的全部权力、秩序加以扫荡，加速了清王朝和封建制度的覆灭；它在组织、思想各个方面都远远超出以往的农民战争。这些都不属于推动生产力发展的范畴。但是，把太平天国革命放在旧民主主义革命向新民主主义革命转变的进程中考察，把它看做推翻半殖民地半封建社会的重要一步，就可以说它推动了生产力的发展。刘大年认为，生产斗争同阶级斗争究竟是谁推动了生产力的发展，和研究对象、任务是联系在一起的。历史学的任务是揭示生产规律、生产力和生产关系发展的规律、社会经济发展的规律。生产力状况、生产斗争、经济发展是阶级构成和阶级矛盾的物质基础，阶级斗争的客观条件、斗争的结局等都要从生产力状况和经济结构中找原因。但是绝不能因此而以生产力、生产关系等研究代替阶级斗争研究。历史唯物主义的基本任务就是研究历史上的阶级以及阶级斗争。①

苏双碧认为，不同社会形态的更迭，生产力的发展是决定因素。只有生产力发展到一定高度才有变更社会形态的要求。但是伴随着生产力发展所产生的生产力和产关系、经济基础和上层建筑的矛盾，只有通过阶级斗争才能解决。在同一社会形态内部，阶级斗争是社会进步的动力是应当肯定的。但是，同一社会形态内部的阶级斗争和社会形态更替的阶级斗争的性质是不同的。社会形态更替时的阶级斗争涉及政

① 刘大年：《关于历史前进的动力问题》，《光明日报》，1979 年 11 月 27 日。

治、经济、文化以及意识形态领域的全面更替，最终导致社会性质的变革。同一形态内部的阶级斗争既不会使政权性质改变，也不会使政治、经济、文化和意识形态发生质变，这个时段的阶级斗争的任务是促进“社会机体”向更高的形式过渡，“是为了推动各该形态向更高的形式发展”。苏双碧以封建社会农民和地主的阶级斗争为例说，农民和地主的斗争，其任务是推动封建社会内部经济的发展。由于地主阶级的极端残酷和贪婪，总是破坏和阻碍生产力发展，农民对地主阶级特别是对地主阶级中那些最腐朽势力的打击，才使得封建社会的生产力能不断地向前发展。在旧王朝极端腐败、生产力严重破坏的时候，只有农民起义和农民战争才能推翻极端腐朽的封建王朝。在农民战争之后建立的新王朝出于本阶级的利益考虑，实行一些“轻徭薄赋”的措施，出现了封建盛世的繁荣，正是阶级斗争的动力作用的体现。即使那些局部性的小规模的农民战争并没有推翻旧王朝，但是并不能否定其动力作用。如李顺、王小波起义，只限于川蜀地区，只有两年时间，但对北宋统治打击不小，不仅使北宋改变对川蜀统治政策，还使北宋君臣不时记起起义的教训，对川蜀地区经济发展起到了有利作用。又如太平天国运动，并不是像有的人认为那样没有对社会发展起任何作用。太平天国起义之后，清王朝再也不能继续其闭关锁国政策了，一些镇压太平天国起义的头子成了洋务运动的头头。鸦片战争时期，进步思想家魏源、林则徐曾提出“师夷之长技”的口号而遭到保守势力的强烈攻击，而太平天国起义之后，“师夷之长技”被洋务派当成一种富国强兵的手段加以提倡。洋务运动破产之后，继之而起的是维新变法运动，它要求从根本上改革封建政治。这些历史潮流的变迁，应该说和太平天国运动是有关的。①

沈定平认为，战争不可避免地要破坏一部分社会生产力，但中国农民不是生性好斗，是残酷的封建剥削和奴役迫使他们不得不起来斗争。

① 苏双碧：《略论历史发展的动力问题》，《社会科学研究》1979 年第 3 期；《阶级斗争与历史科学》，上海人民出版社，1982 年，第 14 ~ 20 页。

千百万群众参加的农民大起义，总是有一种社会要求为其背景，而腐朽的制度则阻碍这种要求得到满足。这个“社会要求”，就是生产力突破封建制度设置的障碍不断地发展的要求。在剥削制度下面，生产力和生产关系的矛盾只能是表现为不可调和的对抗性质，这就必然导致历史上周期性的革命动荡，这便是中国历史上农民战争如此频繁的原因。如果不从剥削制度本身去找社会发展缓慢的原因，而归咎于阶级斗争影响了封建经济的发展，农民战争带来了生产的停滞，这无异于说，只要农民安分守己，封建社会历史就能迅速发展。沈定平强调，分析历史要从事物总和出发，抓住事物之间的根本联系，而不能割断事物之间的联系，更不能从个别事物中抽绎出规律性的结论来代替已经为历史发展所证明了客观规律。从事实的总和、全部事物之间的联系看问题，太平天国、义和团运动当然为解放生产力、推动生产力的发展做出了不可磨灭的贡献。黄巾起义、黄巢起义之后虽然没有出现社会安定、生产繁荣的景象，但是，并不能否定它们对生产力发展的促进作用，只是这个促进作用以长期的曲折的形式表现出来而已。在封建社会里，农民起义和农民战争是阶级斗争的最高形式，除此之外，农民平时还以各种形式反抗地主阶级的压迫剥削，也属于阶级斗争的一部分，这种平时在日常生活和生产中的阶级斗争和农民起义之间是涓涓细流和汪洋大海之间的关系。正是这种阶级斗争迫使统治者调整统治政策。统治阶级的改良对社会有促进作用，但是这种改良是革命的副产品。没有阶级斗争，统治阶级不会因为经济上的不合算就改变、就会自发地或部分地改变那些不适应生产力发展的生产关系的内容。①

王宗虞、王彝认为，把封建社会的发展全部归结为农民战争的作用尽管存在着理论和事实上的缺陷，但不能因为农民战争的破坏性就否定其为生产力发展扫清道路的作用。农民军所进行的革命战争，需要千百万群众流血牺牲，需要百姓在人力、物力上的支持，在同反动军队拼死搏斗中，甚至会毁掉一些城镇。不承认这种破坏性，是不符合历史

① 沈定平：《关于封建社会发展的动力问题》，《中国史研究》1979年第4期。

实际的。但是,只讲农民战争的破坏性,把农民战争视为破坏生产力的一种力量,这就从根本上否认了这种农民战争在当时的合理性、进步性和必要性。再就实际情况来看,农民战争虽然不可避免地带来种种惨祸、暴行、灾难和痛苦,但它确是促进生产力发展的重要手段:第一,打击了当时的封建统治,为生产力的发展开辟了道路;第二,拯救了处于饥饿死亡线上的饥民,拯救了大批劳动力;第三,使一部分劳动力得到不同程度的解放;第四,注意保护和发展生产。可见,农民战争虽然也有破坏性,但它的主要方面是为了解放生产力,促进生产力的发展。①

谢天佑、王家范从封建社会再生产的分析入手论证了农民战争对生产力发展的促进作用。他们分析说,中国封建社会地主大土地所有制占据主导地位,佃农则是封建社会再生产的主要承担者。要使再生产正常延续,就要保证佃农个体生产方式的稳定,具有个体经济的租佃农民是封建社会生产方式的基本要素。但是,地主无限追求地租的本能和专制国家的无限制的赋税徭役剥削又不断地摧残农民的个体经济,导致再生产的中断,是中国封建社会农民战争周期性爆发的原因。国家的赋税徭役剥削和地主的地租或平行或交叉,而地主则以种种特权或手段将赋税徭役转嫁到农民头上。地主与地主之间的利益是相通的,他们与农民之间是阶级对阶级的关系,不是个别人对个别人的关系,封建国家是地主阶级的代理人,是地主阶级和封建国家的共同剥削导致了再生产的中断,而引发了农民起义。所以,首先,不是农民战争引起再生产的中断,而是再生产的中断导致农民战争。其次,由于中国封建社会出现周期性的再生产中断和周期性的农民战争,使中国封建社会的发展呈现周期性的大起大落的状况,但这种周期性的循环并非原地踏步,而是螺旋式上升的。中国封建社会的粮食单产,汉武帝后较战国增长43%,唐较汉增长31%,宋较唐增长106%,明清又较宋增长41%强。粮食单产这种曲线上升,反映了社会经济在曲线上升。而整

① 王宗虞、王彝:《关于评价农民战争历史作用的几个问题》,《史学月刊》1980年第2期。

个中国封建社会，生产工具的改进极小，土地肥度的提高也有相当限制，这种单产提高的原因就在于经过大规模农民战争之后，封建生产关系发生了局部变化，从而提高了农民的生产积极性。农民战争、生产关系的局部改变、生产发展，这三环是紧扣的。它说明中国封建社会大规模的农民战争次数多，并未拖封建经济发展的后腿。①

朱绍侯认为，主张生产斗争、生产力是社会发展动力说的文章，只是在文章标题强调生产斗争、生产力是"最终决定力量"、"最后的决定作用"等等，把决定作用和历史动力混为一谈。历史发展的动力，是指当历史发展、主要是生产力的发展，受到生产关系和上层建筑的阻碍和窒息时，必须有一种力量突破这种窒息，为社会发展、生产力发展扫清道路。这种力量，在阶级社会就是阶级斗争以及它的最高形式革命战争。"到了阶级社会，生产力和生产关系的矛盾就表现为剥削阶级和被剥削阶级之间的矛盾。这种阶级矛盾，即使在统治阶级处于上升时期，也表现为对抗的形式"。朱绍侯分析了阶级斗争的三种形式：阶级斗争最初表现为怠工、破坏工具、逃亡等消极手段，迫使统治阶级把剥削限制在被统治者可以容忍的范围内，没有这样的阶级斗争，起码的生存条件难以维持。随着剥削阶级的残酷压榨和剥削，人民生活陷于绝境，只有用暴力的手段，才能为生产力发展开辟道路。中国封建社会历次农民起义就是在这样的形势下爆发的。第三种情况是，随着生产力发展，新的生产关系、新的阶级已经在旧社会的母体中成长起来，但是旧的势力不肯退出历史舞台，妄图扼杀新兴势力，这时，暴力起着革命作用，成为新社会的助产婆。这三种动力作用，只靠生产斗争是无法实现的。尽管生产力、生产斗争在历史上起决定作用，但不能把决定作用和动力作用混为一谈。否则，就会造成理论上的混乱，而在实践中也会忽视调整生产关系的重要性，忽视阶级斗争、忽视无产阶级专政的必要性。关于农民战争对生产力的破坏问题，朱绍侯认为，农民起义以后，

① 谢天佑、王家范：《中国封建社会的再生产与农民战争的历史作用》，《学术月刊》1982年第4期。

确实有过破坏,但不是主流。农民起义所造成的破坏主要来自反动的官军,特别是农民军趋于失败的时候,地主阶级的疯狂报复、反动官军的野蛮屠杀,不仅对农民军斩尽杀绝,更有杀良冒功的行为,才是生产力破坏的罪魁祸首。相反,农民军在其控制的地域内总是用各种方式发展农业工商业,改善民生。这些虽然改变不了封建经济结构,也不能取得长久的经济效果,但仍然要予以肯定,把它作为宝贵的遗产加以总结。即使起义期间对生产力有过破坏,也应由统治阶级承担责任,农民是受害者,不应当承担这个责任。①

田昌五认为,在经典作家那里,生产力和阶级斗争是密不可分的,二者是一致的,都是社会发展的基础和动力。从事生产斗争和阶级斗争的都是劳动人民,劳动人民代表着生产力而在生产关系中处于被剥削的地位,剥削阶级代表着生产关系侵占劳动人民的剩余劳动和产品,因而生产力和生产关系的矛盾就是阶级矛盾,阶级斗争是生产力和生产关系冲突的体现。阶级社会中的生产关系是一种剥削与被剥削的关系,如果不改造以至于变革这种关系,劳动人民就不可能用生产斗争和科学实验发展生产力。中国封建社会进行再生产的基本前提是农民能够维持自身的生存,当农民无法生存时自然谈不上用生产斗争和科学实验发展生产力。农民只好起义,争取生存,改造当时的社会关系,使社会生产得以延续,在可能的条件下扩大再生产。田昌五认为,以生产力解决的是人与自然的矛盾为依据,否定阶级斗争是阶级社会发展唯一动力的观点也是不能成立的。因为,在阶级社会中,生产对象以至于生产手段大部分为剥削阶级所有,有时连劳动者也被剥削阶级所占有或彼此结成政治隶属关系;而劳动者在劳动时,一般要受到剥削阶级或其代理人的监督,起码他们在直接为剥削阶级进行的劳动时是这样。所以,在阶级社会中,人与自然的矛盾从属于阶级矛盾。劳动者不是或不完全是自己使用的生产资料的主人,往往不能支配自己的命运。如

① 朱绍侯:《关于历史发展动力和农民战争作用》,《河南师大学报》1980 年第 1 期;《重视生产是中国农民战争的优良传统》,《史学月刊》1980 年第 2 期。

封建社会土地是主要的生产资料,农民则很少或者没有土地,要解决人与自然的矛盾,发展生产力,必须将土地归农民所有,起码农民要有一些土地。这就需要进行阶级斗争,离开阶级斗争是无法解决人与自然的矛盾的。只有阶级斗争,才能改造旧的生产关系、摧毁保护旧的落后的生产关系的上层建筑。每一个阶级社会内部的生产力和生产关系不仅是矛盾的,而且有时生产关系的某些环节也会严重阻碍生产力的发展,需要用强力解决。中国封建社会农民起义的作用就在于打击了封建统治,冲击了落后的生产环节,推动生产力的发展。不经过大的农民起义,封建统治者是不会自动调整生产力和生产关系的矛盾的,即使他们想这样,往往也是要失败的。田昌五强调说:“在阶级社会,阶级斗争、特别是革命战争,都是代表着一定的客观社会要求,围绕着经济解放而进行的。封建社会的农民战争也是这样。尽管农民对当时的社会需求缺乏自觉认识,他们为经济解放的斗争也带有曲折性和反复性,但我们不能否定其为经济而进行斗争的总趋势,也不能仅仅抓住革命战争本身所伴随的破坏因素而否定其推动社会发展的作用。”①

二、农民战争是否阻碍了封建社会的历史进程

中国封建社会长期延续的问题,从 1930 年代开始讨论,到 1980 年代上半叶的深入展开,都关系到农民战争的历史作用问题。有两种完全相反的观点。

第一种观点认为,农民战争打断了封建化进程,保护了小农经济,是中国封建社会长期延续的原因之一。

这一观点的提出可以追溯到 1930 年代中国封建社会长期延续大论战,由莫非斯系统提出。1935 年 11 月 1 日莫非斯在《食货》半月刊第 2 卷第 1 期发表《中国社会史分期的商榷》一文,提出中国历史发展

① 田昌五:《坚持社会发展动力的一元论》,《中国农民战争史论丛》第 2 辑,河南人民出版社,1980 年。

特点是循环,“循环的原因,完全由于农民暴动”,并按照它的循环理论把战国至清朝的历史划分为十个循环期。莫非斯认为春秋以前是“封建社会”,战国以后始终处于由“封建社会”向资本主义的过渡阶段,因为农民暴动导致这个过渡始终没有完成,因为农民的暴动,使“中国社会组织不断破坏,不断重建,这便形成一治一乱的二十四姓家谱”。蒙达坦1942年发表《与李达先生论中国社会发展迟滞的原因》一文,认为农民战争造成生产力的大破坏是封建社会发展迟滞的六条原因之一。蒙达坦说,中国历史上战争虽然很多,但是破坏性则以农民战争最突出,农民战争“以其破坏及毁灭生产手段之甚,对于生产力的发展起着根本的妨碍作用”。又因为“中国农民战争爆发于封建社会并无解体象征之时,而不是封建社会解体的子夜”,这样的农民战争当然是没有进步性的,“像这样的战争,当然只有破坏的作用,没有一点建设性可言,其妨碍社会的发展自不消说了”。①

新中国成立以后,史学界一致将农民战争作为封建社会发展动力。虽然也有学者探讨封建社会长期延续问题,但一直没有将农民战争作为封建社会发展缓慢的原因。直到“文革”结束以后,人们在反思“以阶级斗争为纲”的危害时,才将农民战争与封建社会长期延续问题联系在一起。这是由董楚平首先提出的。董楚平说,“中国封建社会发展缓慢的原因之一,就是战争太多,破坏过甚”。“农民战争有解放生产力的一面,战争时期的破坏是必要的代价。但对社会生产的破坏是严重的”。中国封建社会长期延续,与阶级斗争尖锐、农民战争频繁,有一定的关系。西欧封建经济的起点低,农民战争很少,却最先进入资本主义社会;中国封建经济的起点高,农民战争最多,却未能发展成资本主义社会。这是事实。当然,这不是主要原因,更不是唯一原因。农民战争多,责任不在农民,是中国封建制度的特点造成的。在中国封建社会里,农民战争是起着生产力发展的清道夫的作用的。但是,对农民

---

① 蒙达坦:《与李达先生论中国社会发展迟滞的原因》,《文化杂志》第2卷第1号,1942年3月25日。

战争的"清道夫"作用要具体分析,要看到农民战争的消极作用。①

刘昶认为,农民战争打断了中国封建化的正常进程。刘昶以欧洲封建形态为模本,提出封建化的标志是农民农奴化、土地庄园化、政治多元化。这在西欧只经历了一次变化就完成了,而中国始终没有完成。这和农民战争频繁有直接关系。刘昶认为,中国封建社会的专制主义中央集权制度是建立在小农经济基础上的。构成中国封建社会人口最大多数的小农,一直对中国封建社会发挥着潜在的决定性作用。他们的政治影响不仅表现为统一的专制集权,还表现在周期性爆发的大规模农民起义和战争上。中国自秦以来始终存在大量农业和家庭手工业相结合的小农经济,这是封建王朝盛衰治乱的基础,是专制统治者极力维护的对象。由于小农经济天生的弱点,加上大土地所有制的兼并,以及专制集权统治自身的一系列活动,小农分化破产成为不可避免,从而使专制王朝走向衰落,当统治者的改革、改良等自救措施宣告失败以后,便召唤战场上的暴力来为自己开辟道路,农民起义和农民战争便充当了改革家的遗嘱执行人的角色和改朝换代的工具。于是社会走出了旧王朝的螺旋圈,开始新的轮回。每一次大规模的农民起义,用暴力横扫旧王朝和大土地所有制,重新造就大量小块土地所有制。这种经济基础又必然要产生一个新的全能的主宰,一个拥有无限权力的专制皇帝。在中国封建社会里,农民起义壮举虽然可歌可泣,但是每一次大规模农民起义都严重地打断了封建化进程,葬送了已经取得的封建化成果,使社会重新退回到封建化的起点上去。因此,从长远的历史发展观点看,农民战争非但没有推动历史前进,反而在一定程度上阻碍了历史的进步。农民战争事实上是专制制度借以摆脱王朝危机、实现改朝换代的工具,是专制制度对抗封建化的一个特殊机制,专制制度便通过这个机制不断再生重建,顽强地横亘在封建化变革的道路上。②

---

①　董楚平:《生产力是历史发展的根本动力》,《光明日报》,1979 年 10 月 23 日;《农民战争在中国封建社会发展过程中的作用》,《浙江学刊》1980 年第 1 期。

②　刘昶:《试论中国封建社会长期延续的原因》,《上海师院学报》1980 年第 4 期;《历史研究》1981 年第 2 期。

周继旨认为,农民起义和农民战争保护了小农经济,是封建社会长期延续的原因之一。周继旨说,在中国几千年的封建社会中,一家一户是实现社会再生产的基本单位,这种经济结构形式是以家族亲属关系为纽带结合起来的,实行的是男耕女织式的自然分工。这种结构十分牢固,具有顽强的再生能力。整个封建王朝庞大的上层建筑就建立在这个以家族为本位的自然经济基础之上,王朝盛衰与小农经济结构息息相关。所谓"治世"就是这种小农经济结构的对稳定。历史上每次大规模农民起义,虽然推翻了一个腐朽的封建王朝,但却没有阻止封建生产关系的再生;在打击了封建统治阶级的同时,往往也破坏了封建生产力的积累,新的生产关系也随之失去基础。一个新的封建王朝开始的时候,不得不安抚流亡、恢复生产、制定田制,再建以小农经济为主的经济结构,农民多少获得休养生息的机会,生产力发展又走上一个新的螺旋。农民起义和农民战争便作为这种经济结构的自我调节、更新、复制机能的杠杆发挥作用,再建以小农经济为主的经济结构,使其稳定机制不被打破。①

王存才说,自给自足的小农经济,在中国封建社会一直占主导地位,它具有因循守旧、停滞不前的特征,它使中国封建社会里资本主义萌芽得不到应有的发展,对外国的资本主义经济也有顽强的抵抗能力,因而使封建社会不能迅速瓦解。在中国封建社会里,农民起义的目的就是保护小农经济,建立开明的新王朝,冀求在新王朝的统治下,生活较安定,有一块土地或租佃地主土地耕种,能生存下去。农民起义以后,得到一块土地或租佃地主的土地就具备了简单再生产的条件,于是便首先进行简单再生产,待生产的物质资料慢慢丰富起来,再去进行扩大再生产,这样社会财富就逐渐增多,形成封建社会的繁荣期,小家庭也多了起来。作为封建社会统治基础的小农经济相对稳定,封建统治就能得以相对稳定。农民起义和农民战争就是这样保护了自给自足的

---

① 周继旨:《略论中国封建社会发展进程及其政治结构与思想体系的基本特征》,《安徽大学报》1980 年第 1 期。

小农经济。从农民起义来说,它打击或推翻了当时的封建统治,但从长远的历史眼光看,却保护了封建统治。因而,就使得中国封建社会具有较强的生存能力,形成发展缓慢、延续时间长的特点。但是,必须指出,应负责任的是地主阶级,因为农民起义是他们逼的,是他们残酷的经济剥削和政治压迫的结果。封建社会向前发展的动力还是农民战争,但这个动力保护小农经济,所以,它推动社会发展像老牛拉破车一样,前进是前进了,却慢得很。①

李增瑞、王世华也持有和王存才相似的看法。他们认为,中国封建社会长期延续的原因固然是多方面的,但和历代农民战争的特点及本质有着更为本质的联系。他们说,中国封建社会之所以能长期延续,是因为它通过封建王朝的不断更迭走完封建社会全过程,最本质的原因就是中国封建社会所特有的规模大、次数多的农民起义对地主阶级的打击。农民起义的这一性能在资本主义萌芽出现以前来说是有积极意义的,它促进了封建经济政治的发展,也利于多民族国家的统一和巩固。然而,与此同时,也正是这种中国封建社会的这种完善和长期延续,使中世纪时西欧十分普遍的与农村对立的城市及市民阶层——资产阶级的前身——在中国姗姗来迟,因而就整个人类历史发展来看根源于农民起义的这种封建社会长期延续,又不能不具有消极影响,它推迟了中国资本主义萌芽出现时间。农民起义的这种消极影响就是这样孕育于其积极作用之中。②

杨希珍把小农经济作为专制主义的基础,而农民战争巩固了小农经济。他认为,封建专制主义之所以在中国经久不衰,根本原因在于它有小农经济这样一个基础。这个基础虽然遭到大地主大工商业者和大高利贷者的周期性破坏,但是,却又不断地由农民战争使其重建。由于封建国家一直实行重本抑末的政策,缓慢发展的工商业经济不但难以

① 王存才:《中国封建社会长期延续的根本原因》,《学术月刊》1981 年第 10 期。

② 李增瑞、王世华:《试析农民起义与封建社会长期延续的联系》,《新论》第 35 期,1982 年 2 月 17 日。

形成破坏这个基础的力量，而且在一定程度上成为这个基础的补充。中国封建社会漫长的根本原因就在这里。①

梁希哲则以明末农民战争为例，论证明末农民战争为小农经济的恢复和发展创造了条件，而阻碍了资本主义萌芽。梁希哲说，明清时期，资本主义萌芽成长缓慢的原因是多方面的，从根本上说则是农业与家庭手工业相结合的社会经济结构，分散的自给自足的个体小农经济是这种经济结构的广阔基础。而首先，明末农民战争推翻了明王朝，只是充当了改朝换代的工具，虽然清初恢复发展经济的基本措施适应封建生产力要求，但政治对经济干预超过明代，重农抑商、限制经济作物、闭关海禁，对资本主义萌芽的成长不利。其次，明末农民起义遏止了土地兼并和赋役剥削的恶性发展，并不是从根本上否定封建所有制，田土易主和有力者耕无主之田是农民战争中普遍现象，小土地占有比明末增多，剥削关系和土地关系暂时缓和，残破的小农经济暂时恢复，使封建经济从周期性危机中解脱出来，重新走上复苏之路。明末起义反映了破产农民的利益，究其实质，是在封建范畴内争取和维护小农经济的存在和发展，而不是要维护封建制度。小农经济并不是封建生产方式的对立物，不是促进封建生产方式解体的因素，明清时代的小农经济是没有前途的。资本主义生产关系产生的历史过程之一应该是劳动者与生产资料分离，个体农民被赶走，租佃者离开家园。与此相反，明末起义的结果使相当多的破产农民与土地再次结合，为清初生产关系再次调整创造了条件。其三，明末起义迫使清初统治者采取让步政策，轻徭薄赋、奖励垦荒、兴修水利、减免钱粮，对推动“康乾盛世”有巨大意义。但是，这不是有利于资本主义萌芽成长的温床，而是扶持小农经济的土壤。明末农民战争恰恰在这里充当了强有力的杠杆作用。单纯的农民战争总是以封建经济周期性危机、特别是农业生产力萎缩为背景，战后又总是推动封建生产关系的调整和变革，使小农经济犹如枯木逢春，为古老的封建经济结构添加新的生机。总之，明末农民战争既没有为资

① 杨希珍：《封建专制主义制度与小农经济》，《文史哲》1982年第2期。

本主义萌芽成长开辟道路，也没有起着促进封建生产方式瓦解的作用。①

周庆基的看法和刘昶接近。周庆基说，封建化过程就是大土地所有制增长和自由农民沦为大地产中耕作者的过程。中国的封建化过程不是笔直地展开的，而是经历了不止一次的反复，历时近两千年。战国和秦汉时期由于大土地所有制增长，开始了封建化过程，然而很快就被农民大起义所打断。自西汉到西晋经过近五百年的时间，封建化过程刚接近完成，由于民族战争，封建化出现反复。南北朝到唐五代，封建生产关系在质量上已达到完善的程度；到了宋朝，在数量上已经取得优势，封建化过程基本完成。但是，由于少数民族贵族相继进入中原，特别是蒙古贵族建立全国性政权，实行民族压迫，激化了社会矛盾，从而爆发了唐宋以来规模最大的农民起义，涌现了一些新的自耕农，使基本完成的封建化又有了新的展开的余地。到明中叶出现资本主义萌芽以后，由于明末农民起义的结果，至清朝依然存在着相当数量的自耕农，使封建化过程并未就此结束而延续到近代，成为半殖民地半封建的一个内容。在中国，封建大土地所有制和自由农民的小土地所有制此消彼长、反复较量，是世界史上所罕见的，是中国封建化过程极为罕见的特点。②

第二种观点认为农民战争不是封建社会长期延续的原因。持这一观点的学者，首先反对把小农经济作为封建专制制度经济基础的看法。

陈梧桐认为，封建的上层建筑建立在封建的经济基础之上并为之服务。中国的封建经济属于地主制形态，地主土地所有制是封建生产关系的核心，在全部土地关系中占支配地位，对封建社会起着决定作用。封建专制体系就是建立在地主经济基础之上并为之服务的。小农经济不是独立的经济形态，它只是地主经济的附庸和补充，不能对封建

① 梁希哲：《明末农民战争没有为资本主义萌芽开辟道路》，《史学集刊》1982年第2期。

② 周庆基：《论中国的封建化过程》，《河北师范学院学报》1981年第2期。

社会起决定作用。因此,中国的封建制度并不是小农经济的保护者而是地主经济的护法神,不是对抗封建化的因素而是加速封建化的杠杆。它的军队、法律和监狱,无一不是用来保护和强化地主对农民的剥削和压迫的。它制定出一些维护小农经济、打击豪强和贪官污吏的措施,目的是为了保证自己的赋役收入和兵役稳定,是为了把地主阶级的剥削限制在客观经济条件许可的范围以内,以免激起更大规模的农民反抗。农民起义把矛头对准残暴的专制王朝的原因就在这里。只是由于农民的历史局限性,不能设计出代替封建专制的新制度,斗争最后都以失败而告终。至于农民战争失败以后,封建专制制度的重建,那是地主阶级的治绩,不是农民阶级的罪过,这个账是不能算在农民战争头上的。①

孙祚民认为,革命导师所说的"小农的政治影响表现为权力支配社会"和"农民这种分散的个体生产,就是封建统治的经济基础",主要是指封建社会中,在个体小农分散的、落后的自然经济基础上,只能产生专制政府,绝非认为小农是专制统治的羽翼和支柱。孙祚民将中国封建社会小农经济和欧洲庄园经济进行比较以后指出,欧洲庄园经济看起来规模大,实际生产依然是一家一户的小生产,其生产技术、劳动者的生产积极性都远远落后于中国的个体小农,不能根据庄园规模大就得出欧洲庄园经济优于中国小农经济的结论。②

白钢认为,所谓经济基础,是指一定的社会生产关系的各方面的总和。封建专制主义的经济基础,是封建主义生产关系的总和。其中包括生产资料的地主土地所有制,在生产中地主对农民的统治与人身依附关系,以及在产品分配中的地主对农民的剥削等等。小农经济曾存在于不同的社会形态中,从来不是一种独立的社会经济体系,它所处的地位和所起的作用,视各个社会占支配地位的生产关系而定。在封建社会里,小农经济受地主经济支配,时刻处在分化之中。就中国历史实

① 陈梧桐:《关于当前农民战争史研究的一些看法》,《光明日报》,1981 年 8 月 17 日。

② 孙祚民:《中国农民战争历史作用再评价》,《东岳论丛》1982 年第 1 期。

际而言，在封建社会初期，小农经济有奴隶化和农奴化两种趋向，农民起义阻止了奴隶化，但是却被地主阶级拉入农奴化轨道。魏晋以后，农民战争的总趋势是反对农奴化，把个体经济从封建农奴关系中解脱出来，导致了唐宋以后租佃关系的发展。唐宋以后，农民战争则起到了瓦解租佃关系、为资本主义的产生扫清障碍的作用。就中国封建社会小农经济数量而言，越是到后期，数量越少，相反，封建专制主义越强化。因此，把本来不居于主导地位的小农经济看成是封建专制主义的经济基础，并且把它说成是中国封建社会长期延续的“重要原因”甚至是“根本原因”，既违反了历史唯物主义的基本常识，在事实上和逻辑上更是不通。①

孟祥才认为，自耕农的小土地所有制是中国封建社会一种重要的土地所有制形态，尽管它命运多舛、屡遭磨难，却一再显示其强大生命力。在中国，封建社会的曙光照亮大地的时候，济济洋洋、万头攒动的小自耕农奏出了歌颂封建生产关系的第一支乐章。以后，当每一次在农民战争洗礼中诞生的封建王朝向历史显示它的合理性的时候，小自耕农就以其勤劳为这个王朝的繁荣昌盛做出自己突出的贡献。因此，从某种意义上讲，自耕农数量的增减往往标志着中国封建社会的盛衰。但是，小自耕农却不可能在封建经济关系中占支配地位，因为它不能构成封建社会阶级对立的物质基础。封建社会之所以成其为封建社会并不是因为存在大量的自耕农所有制，而是因为存在在全部经济关系中占支配地位的地主土地所有制。由于自耕农的孤立和薄弱，在整个封建社会里，自耕农民是不断破产的命运。终封建社会之世，流民之所以是使统治者感到头痛而又无法解决的问题，就是因为自耕农的破产是不可克服的历史趋势。显然，风雨飘摇中的自耕农土地所有制不能独立为专制主义中央集权提供一个稳定的经济基础，它只能作为地主土

① 白钢：《重新学习马克思主义，把农民战争史研究引向深入》，《光明日报》，1982年1月11日。

地所有制的补充而存在。①

王家范、谢天佑从结构经济学的角度对中国小农经济的特性和功能作出分析。他们首先界定小农经济的内涵和外延，指出学界使用的小农经济包含两层含义：一是指农民的小土地私有制经济，二是指农民使用自己的生产工具进行一家一户的个体小生产，与前者相较，外延和内涵都有所扩大，不拥有小块土地的依附民和佃农都可以包含在内。中西对比，欧洲中世纪也存在着大量的个体经济和个体生产，但其劳动效率、生产积极性、生产创造性都远远落后于中国。中国封建社会小农经济有着顽强的再生机制，因外力干扰而被毁灭后，因其顽强再生能力而在原地或异乡重新恢复其再生产，并通过其劳动投入而扩大再生产。中国封建社会的繁荣就是这种小农经济再生产的进行而创造的。所以，小农经济在历史上不仅有存在的合理性，而且还起过相当进步的历史作用，它曾经是历史的动力而不是阻力；它不是导致封建社会的落后，而是造成了中国封建社会在世界史上的先进地位。但是，中国封建社会的小农经济始终没有突破封建生产关系的束缚，这不是小农经济自身原因，而是中国封建社会经济结构造成的，是产品分配结构——赋税制度、土地所有制度，限制了小农经济外延再生产的扩大。高额赋税和高额地租，榨取了农民全部的剩余劳动甚至部分的必要劳动，随着时间的推移，农民连正常的简单再生产都难以维持，何谈扩大再生产！封建国家强烈的政治干预，不仅导致高赋税的日益严重，而且造成了土地所有制结构的畸重：国有土地和地主土地所有制占据主导地位，个体农民小土地所有制只能在封建土地国有制和地主土地所有制的夹缝中求生存。而地主土地所有制的重心又偏在身份性地主，这些人往往享有免税免役特权，高额赋税自然转到农民头上。个体经济凭借其内涵扩大再生产的潜力，只要能够扩大土地占有面积或者有比较轻的剥削率，就能实现外延扩大再生产。显然，中国封建社会的个体经济不具备这

① 孟祥才：《关于中国封建专制主义经济基础的几个问题》，《山东师大学报》1982年第5期。

两个条件中的任何一个，当然无法实现外延扩大再生产。这是封建经济结构决定的，怎能把封建社会长期延续的原因归结为小农经济的存在。①

孙达人反对把历史上的农民和小农经济作为中国经济文化落后病根的普遍看法。孙达人认为，战国时期，中国进入了小农经济时代，有着世界上最为先进的精耕细作农业，农民阶级有着自身的优点：

第一，具有极强的家庭观念，极强的吃苦耐劳、勤俭节约精神，极强的经验理性精神，简单的男耕女织的经济结构。而从事精耕细作农业必须具备天文历法和土壤物候知识，必须具备相当复杂的耕种管理知识。因此之故，中国的农民就是一批从自然到社会、从生产到经营经验比较全面的人，他们对社会和自然的看法也就比较宏观，比较实在，具有一种以经验为基础的理性精神特色。②

第二，中国不存在始终没有完成封建化的问题，更不能将封建社会长期延续的原因归结为农民起义和农民战争。

陈梧桐指出，说中国没有完成封建化，这意味着中国历史在越过奴隶制以后就始终停滞不前，这显然是违背事实的。按照封建化的基本内容来看，中国的封建化是世界上最早的，起码不比欧洲晚。在中国封建社会前期，中国历史不是停滞不前的，而是螺旋式向前发展的，并且居于世界前列，其所以如此，农民战争的推动作用是其中最为重要的一个因素。说中国封建社会长期延续，是指中国封建社会后期即明清时代资本主义萌芽而迟迟没能进入资本主义时代而言。这个时期的农民战争既不阻碍封建生产方式的瓦解，也不抑制资本主义生产方式的萌芽，显然不是造成封建社会长期延续的原因。相反，此时的农民战争是在继续冲击腐朽的封建生产关系，为资本主义萌芽和发展开辟道路，促进封建社会的瓦解作用。例如明中叶，当明统治者对刚刚破土而出的

---

①　王家范、谢天佑：《中国封建社会农业经济结构试析——兼论中国封建社会长期停滞问题》，《中国农民战争史研究集刊》第3辑，上海人民出版社，1983年。

②　孙达人、王家范、孙如锜、刘九生：《中国农民史论纲》，《史学理论研究》1993年第1期。

资本主义萌芽摧残蹂躏时,三次较大规模的农民起义高潮的掀起,不仅迫使明王朝调整土地占有关系和赋税制度,而且迫使它稍微放松了对工商业的控制和掠夺,海禁政策也在农民起义的浪潮中而松弛。到了明末,农民战争不仅以排山倒海之势摧毁明王朝的黑暗统治,并且第一次提出了触及封建土地所有制的"均田"主张和保护工商业的"公平交易"、"平买平卖"的政策,对资本主义萌芽是十分有利的。太平天国运动不仅提出了一个平分土地的纲领《天朝田亩制度》,在后期还提出了发展资本主义的方案《资政新篇》,鼓励人民发明创造,设厂开矿,兴办交通,经营贸易,发展民间资本主义生产。由于清统治者勾结外国侵略势力联合镇压,这次革命被扼杀了。所以,中国封建社会长期延续这个账不能算在农民战争头上。①

王守稼认为,说农民战争阻碍了生产力进步、导致中国封建社会长期延续,违背了历史唯物主义的基本原理,违背了历史事实。王守稼说,封建化是指封建生产关系的形成和确立,即封建制取代奴隶制。比较中国和欧洲历史,欧洲从公元5世纪西罗马帝国灭亡,进入封建社会,到公元10世纪封建制度的确立,封建化过程用了整整5个世纪。而中国,在欧洲封建制度确立的时候,已经进入了封建制的黄金时期,踏上了封建社会后期的征程。在封建社会中,中国人民创造了辉煌灿烂的文化,出现了许多至今足以引以为豪的创造发明,对世界文明起了很大的作用,这与中国封建化完成得早是紧密相连的。中国根本不存在没有完成封建化的问题。中国封建社会陷入周期性危机时,农民战争充分体现了农民创造历史的伟大作用。这是因为,在封建社会正常发展时期,农民处于分散状态,农民力量的积聚需要漫长的过程,等到封建危机成熟时,才会像火山那样爆发出来。同封建生产方式周期性危机相适应,农民起义也表现为周期性爆发。战争当然带来破坏,农民战争也不例外,但是每一次农民大起义都冲击了封建生产关系的最腐

① 陈梧桐:《关于当前农民战争史研究的一些看法》,《光明日报》,1981年8月17日。

朽部分，使封建生产关系得到调整以适应生产力，封建生产力就出现螺旋式的发展，中国封建社会就这样螺旋式前进的。①

朱孝远从方法论角度，对中国始终没有完成封建化论者提出批评。朱孝远指出，之所以会认为中国封建社会发展不充分、欧洲封建社会发展是充分的，是因为他们不是从封建社会自身特征来探讨"充分封建化"的问题，而是把西欧比中国先进入资本主义社会这个"结果"作为探讨的出发点。他们断定，早进入资本主义社会的西欧封建社会就是充分发展的封建社会，体现了封建社会发展的"共同规律"。这个方法论的错误，就使他们陷入自相矛盾之中：一方面他们指出了中国封建制度无比强大，无比专制；另一方面又认为这种非常强大的封建制度反倒是一种不典型、发展不充分的、低级阶段的封建制。②

白钢也从比较史学的角度对中国没有完成封建化的观点提出批评。白钢说，有人"应用中外比较的方法来探索中国封建社会长期延续的问题时，没有弄清拿来作比较的各个国家的历史发展时期是否可以互相比较"，也不顾历史发展的统一性与多样性的基本原理，搞欧洲中心论，认为只有欧洲的才是"典型的"、"正常的"，中国封建社会则是"畸形和变态"，说中国封建化过程不断被农民战争所打断，始终没出现西欧 9 世纪以后那种农民农奴化、土地庄园化和政治多元化的局面，因而没有完成封建化，处在没完没了的封建化过程之中，造成封建社会的长期延续。殊不知，从世界史的角度看，封建制度有三种类型：即建立在领主制基础上的西欧型、建立在农村公社基础上的亚细亚型（如印度、爪哇等）、建立在地主之上的中国型，而以建立在地主制之上的中国型最为发达。就中国历史具体看，由于中国自古以来就是多民族的统一国家，国内各民族各地区的不平衡，呈现复杂局面：中原汉族的封建社会是地主型，藏族的封建社会是领主型，傣族的封建社会是亚细

① 王守稼：《评〈试论中国封建社会长期延续的原因〉的若干观点》，《中国史研究》1981 年第 3 期。

② 朱孝远：《发展的充分化是社会形态长期延续的原因——兼谈中国封建社会为什么这样长》，《复旦学报》1981 年第 4 期。

亚型。客观历史如此复杂,怎能因为中国汉族的封建社会与西欧不同,就以西欧为标准,否定中国的地主型封建社会的典型性,说它只是处于没完没了的封建化过程之中,而未曾完成封建化呢?正确的比较研究,应该揭示中国与西欧封建社会的异同,分析各国封建社会的共同规律和各自特点,而不是以对比的一方去否定另一方。①

苏双碧指出,主张农民战争阻碍了历史前进的观点的学者,无法回避这样一个事实:即农民战争的爆发原因是腐朽的封建王朝使社会生产处于停滞状态,而农民战争的爆发则解开了这个停滞的纽扣。一般说来,大规模农民战争基本上都达到如下的两个结果:一是推翻和打击了极端腐朽的旧王朝,推动了封建社会历史的前进;二是改造了地主阶级的统治手段,促进社会向更高阶段发展。封建化进程有着自身规律,是螺旋式向前发展的,期间虽然屡屡遭到地主阶级腐朽势力的破坏,发展速度不快,但历史进程从来都没有停止过,而是每次农民战争之后,社会或多或少地有所进步。根本不可能存在什么农民战争打断封建化的事实。至于社会"重新退回封建化的起点",这种说法实际上把社会发展退回到进化论以前一切静止的形而上学观点上去。按照辩证唯物主义和历史唯物主义观点,社会历史总是向前发展的,历史不可能重复的。如果说"每一次大的农民起义都严重地打断了封建化的进程,断送了封建化已经取得的成果",岂不等于说鸦片战争前夕的中国封建社会和春秋战国之间的封建社会一样?这当然不符合事实,违背了起码的社会发展原理。②

王家范、谢天佑认为,通过对封建经济结构的比较分析,明白了封建社会小农经济在封建社会的优越性以后就不难明白,说农民战争阻碍了封建社会经济发展的观点是不能成立的。这只要比较一下农民战争前后经济结构的变化就可以了。大体说来,大规模农民战争之后经

① 白钢:《中国封建社会长期延续问题的探讨》,《光明日报》,1982年10月20日。

② 苏双碧:《关于农民战争史研究的几个问题》,《中南民族学院学报》1982年第1期。

济结构有三个变化:户口锐减,高消费和非生产人口锐减——使国家剥削量降低,自耕农土地所有制和庶族土地所有制扩张——自耕农获得发展机会。小农经济扩大外延再生产的两个条件——土地面积扩大和国家赋税剥削率降低,都因农民战争实现了,农业经济因此奇迹般地复苏、上升,创造了封建经济结构中的可能有的最佳状态。所以,责难中国农民战争是没有道理的,它的爆发是因为封建官僚军事系统超负荷的膨胀,诱发分配结构与所有制结构失调,导致了生产结构功能紊乱、萎缩以至于停转。农民无奈铤而走险,何罪之有?而它的作用是对中国古代经济起了谁也替代不用了的负反馈调节作用——用暴力的强制的手段使封建经济社会结构返回到最佳状态,封建社会中期的各种变法、改革的徒劳无功说明了农民战争的这种功能的积极作用。正是农民起义所带来的所谓“周期性政治震荡”,那些腐朽、陈旧的生产关系或生产关系中某些落后的环节不断被淘汰,而较适合生产力发展的生产关系的新环节得以取而代之,直至资本主义萌芽破土而出。所谓中国封建社会长期停滞,是指资本主义在中国的难产,但它既不是绝对稳定,更不是“超稳定”。更不能把这笔账算在农民战争的头上。①

三、农民战争历史动力作用的体现

新中国成立以来关于农民战争历史作用的讨论中,绝大多数学者认为,农民战争起着促进生产力发展、推动历史前进的积极作用。但在具体论证这一问题时,论述的角度和肯定的程度不完全相同,体现了对生产力与生产关系、经济基础与上层建筑矛盾运动的不同看法。这除了上述“让步政策”论者和“反攻倒算”论者两种意见外,还有以下几种不同意见。

第一种观点认为,只有推翻封建王朝,农民战争对历史才有推动作

① 王家范、谢天佑:《中国封建社会农业经济结构试析——兼论中国封建社会长期停滞问题》,《中国农民战争史研究集刊》第3辑,上海人民出版社,1983年。

用。这一观点由尹湘豪首先提出的。尹湘豪认为，农民起义是能够推动封建社会前进的，这主要是指农民革命能够推翻旧政权，给封建统治阶级以沉重打击而言。如果农民革命不能推翻旧政权，反而过早地为统治阶级的反革命的势力所扼杀，那就要将历史带入更艰苦的过程，反动统治阶级对人民的统治便更加黑暗，更加疯狂，历史上出现的便是黑暗与混乱。①

但是，许多学者反对这一说法。孙祚民根据毛泽东在《中国革命和中国共产党》中对农民战争历史作用的论断，认为历史上每一次较大的农民起义和农民战争，都起了推动社会生产力发展的作用。只是这种作用，因各方面条件的不同，对统治阶级打击的轻重表现为不同程度而已。如果断言只有"推翻了旧政权"的农民起义才能够推动历史发展，那么便不能不认为在中国历史上，仅仅是秦末、西汉末、隋末、元末等几次农民大起义才起了推动历史的作用，因而一笔抹杀了其他一切农民起义的作用。②

吴雁南认为，要正确理解毛泽东关于农民起义和农民战争的论述，首先要把农民的阶级斗争、农民的起义和农民的战争作为统一的过程来理解。农民反对地主的阶级斗争形式多样，武装斗争、逃亡、抗租等都是阶级斗争的表现；这些阶级斗争无论推翻封建政权与否，都打击了封建政权和封建统治，都是社会发展的真正动力。总的说来，无论大大小小的阶级斗争、革命战争都是推动社会发展的。把农民战争能否推翻封建政权作为推进或推迟社会发展的标志在理论上可能导致农民战争阻碍了社会发展的结论，和历史实际更是不相符合的。如黄巾起义虽然没有推翻东汉政权，但是它在实际作用上不仅冲垮了东汉统治，而且也教训了后来的一些统治者，三国时曹操的屯田、蜀汉的发展经济的措施，决不是凭空而降的。新的统治者实行让步措施，使生产得到发

① 尹湘豪：《问题解答》，《新史学通讯》1955 年第 12 期。

② 孙祚民：《中国农民战争在历史上的作用问题》，《中国农民战争问题探索》，新知识出版社，1956 年。

展，应该说是农民战争的功劳。至于黄巾起义后的军阀混战、分裂割据的局面，应该说是东汉长期以来历史发展的结果，不应该算在黄巾的账上。①

梁作檊认为，不能把历史上的"黑暗与混乱"和农民起义混为一谈，农民起义以后的"黑暗与混乱"的背后也体现着农民战争对历史发展的推动作用。梁作檊说，没有理由认为黄巾起义所引起的东汉帝国瓦解不是历史的进步，更没有理由说三国分裂造成了比东汉末年更坏的结果。因为东汉的瓦解是有利于生产力发展的。三国时代战争虽然继续，但是经济在恢复，西晋的统一实行占田制，大部分农民多少都得到了一些土地，全国出现了生产发展的新情景，黄巾起义的作用就表现在统一帝国的重新建立。不管三国混战的几十年间是如何的"黑暗和混乱"，但这种"黑暗和混乱"最终以西晋的统一而结束。农民虽然为这种极小的进步付出了沉重代价，但这个代价是必要的。西晋统一较三国分裂进步；三国鼎立较东汉末年的腐朽统治进步。因为东汉末年的腐朽统治使整个社会都陷入危机，而三国分立则引导着社会走出危机。同理，五代十国的分裂混乱较唐朝末年的黑暗统治来说，也是进步。唐末农民在贵族、官僚、地主、商人、寺院地主的土地收夺和官府苛捐杂税的重压之下，加上官府的敲诈勒索，除了武装反抗已经没有第二条路可走。王仙芝、黄巢起义失败了，但是大唐帝国崩溃了，这本身就是农民起义进步现象。五代十国时期的各国统治者为了巩固政权仍然进行了旨在自己领域内恢复经济秩序的工作，南方的一些城市不仅成为当时的政治中心，而且成为新的手工业和商业中心。历史的发展，是螺旋线上升的，从唐的统一到宋的统一，这一旋矩中，就有了唐末和五代十国这一段迂回的螺线。这一段螺线本身仍然是上升的。②

第二种观点认为，农民战争在封建社会的不同阶段起着不同的作

① 吴雁南：《关于农民起义和农民战争的历史作用》，《光明日报》，1960 年 11 月 24 日。

② 梁作檊：《略论历史上的"黑暗与混乱时期"》，《光明日报》，1956 年 8 月 16 日。

用。按照社会发展史的一般理解,任何一种生产关系都有一个上升阶段和下降阶段。在上升阶段,生产关系是适合或者基本适合生产力发展的;在下行阶段,生产关系不适合或基本不适合生产力的发展。封建社会的生产力和生产关系也是如此。农民战争在封建社会的不同时段,其作用也就相应的有所不同。而且由于战争本身的规模、结局和对封建统治打击程度的不同,每次农民战争的作用也各不相同,要具体情况具体分析。

方之光、倪景熙等认为,封建社会上行阶段的农民战争,一般说是起了推动封建生产关系的发展和完善的作用,从而推动了生产力的发展。如刘邦建立汉朝,不但"承袭秦制,并进一步发展和完善了秦的封建制度。他取消的是秦朝不适合生产力发展的一些规章制度,特别是暴政和繁重的徭役,而保留的则是秦基本的制度。所以秦末农民战争确实起了摧枯拉朽的作用,而使封建制度进一步发展和完善了"。封建社会下行阶段农民战争的作用,主要是推动封建生产关系日益衰落和灭亡。如元末农民起义后,出现的"仁宣之治",生产力有了进一步的发展,工商业日益繁荣,从而产生了资本主义萌芽,孕育了封建社会灭亡的种子。太平天国的革命,更是震动了封建土地所有制,客观上促进资本主义因素更迅速的发展。当然,中国封建社会农民战争规模有大小,结局有差别,作用也就有所不同,一般地说,规模大的农民战争比规模小的对社会生产力的推动要大一些,农民战争取得胜利结局的比中途失败的,对社会生产力的推动作用要大一些,因为前者对封建制度的打击比后者要大一些。①

李荫农阐释毛泽东关于农民战争历史作用的论述时认为,从根本上说,农民战争在打击封建统治的基础上改造了封建统治,调整了封建生产关系,改变生产关系束缚的生产力发展的状况,又扫除上层建筑与

① 方之光、倪景熙、潘凤之、郭省三、刘茂林:《论中国封建社会农民战争史的几个问题——学习〈中国革命和中国共产党〉的一些体会》,《光明日报》,1960年8月18日。

经济基础不协调的因素，使封建社会生产力获得发展。但是其打击封建统治、调整封建生产关系在不同历史时期有不同的体现。在封建社会的上行阶段，封建生产关系还能给生产以充分发展的余地，每一次较大的农民起义和农民战争的结果，是在打击封建统治的基础上改造了封建统治，迫使统治者实行让步，调整了封建生产关系，使之更加完善，更加能够促进生产力的发展。在封建社会下行阶段，封建生产关系逐渐成为生产力发展的桎梏，这时农民战争的历史作用，除继续前一阶段改造封建统治、调整封建生产关系、使其多少给生产力发展让路外，主要还在于予封建统治以毁灭性的打击，动摇封建生产关系，促进封建经济的分解，从而在客观上有利于资本主义萌芽的成长。①

宁可认为，农民革命的历史作用除了其他方面的表现外，很大程度上是通过革命后新王朝和地主阶级的活动间接地、曲折地体现出来的。但是，各地农民起义和农民战争爆发的历史条件、斗争特点、规模大小、地区广狭、时间长短和斗争结果各不相同，所以农民革命后封建王朝政策的内容、实施情况与历史作用就有许多复杂的情况，必须进行具体的分析。直接推翻旧王朝，促使新的统一的封建王朝的建立，新王朝的政策就比较集中地反映了农民战争后社会生活的变化，并且可能在较大程度和较广地区上贯彻实施。还有不少农民起义，爆发于部分地区，规模不很大，时间也不很长，起义既没有推翻也没有瓦解原来的封建王朝。起义后封建王朝政策的变化及其作用有三种比较常见的情况：第一类是爆发在新王朝建立初期的农民起义，没有也不能决定历史发展的总进程，并没有引起封建王朝政策的重大变化。第二类是爆发在王朝中期的农民起义，给了地主阶级和封建王朝一定的但不是沉重的打击，促使封建王朝的政策作了一些改变但变化不大，施行也不彻底。第三类是王朝末期，作为全国性农民战争的前奏而出现的地方性的、规模较小的农民起义，起义后看不出封建王朝的政策有重大变化，改造社

① 李荫农：《如何理解毛主席关于中国农民战争历史作用问题的论述》，《史学月刊》1960 年第 9 期。

会、推动历史前进的任务就直接由全国性的农民战争来承担。①

第三种观点认为，农民战争的历史作用包括“直接作用”和“间接作用”两个方面。所谓直接作用是指农民起义和农民战争对封建官府、封建官僚、地主阶级的直接打击，间接作用是农民起义和农民战争以后新王朝对农民阶级的让步。

孙祚民在放弃唯有透过统治者的让步才能彻底理解农民战争的动力作用的意见之后，认为农民战争既有“直接作用”，也有“间接作用”。他说，在封建社会中，每一次较大规模的农民起义和农民战争，都直接打击了封建统治，改变了原来土地高度集中的情况，使束缚生产力的封建生产关系的基本环节，得到适当的调整，从而促进了社会生产的发展和繁荣。这种作用可称为“直接作用”。而由农民起义和农民战争后新王朝被迫实行的让步政策所起的促进生产发展的作用，则可称为“间接作用”。两者相比，“直接作用”是主要的，而“间接作用”是次要的。但在起义规模大、打击程度重、迫使封建王朝让步程度大的情况下，“间接作用”对生产发展的促进，往往比“直接作用”还要大些。只有既承认“直接作用”同时也承认“间接作用”，才能全面地充分地肯定农民战争的历史作用。②

谢天佑、简修炜等认为，农民战争的历史作用表现在两个方面：一是革命暴力打击封建统治，局部地改变了阶级关系状况的直接作用；二是农民起义对新的王朝所执行的政策起间接的影响作用。前者是客观的社会现状的改变；后者是如何反映改变了的客观现实，改变了的客观现实一定要对封建政策的制定起限制作用。在地主阶级占统治地位的条件下，在封建生产关系还有容纳社会生产力发展余地的条件下，农民起义的作用不可能不通过新王朝的政策反映出来。此外，在评价农民战争的历史作用时，也不能将眼光囿于经济上。革命阶级本身的发展，

① 宁可：《对农民战争后封建王朝一些政策的分析》，《新建设》，1963 年第 3 期。

② 孙祚民：《论让步政策》，《社会科学战线》1980 年第 2 期。

在斗争中得到锻炼,革命经验的积累,思想认识的提高,也将列入分析农民起义作用的视野之内。①

谢天佑指出,农民战争除了直接打击腐朽的上层建筑和生产关系、直接为生产力发展扫清障碍以外,还有着影响统治阶级政策的间接作用。这个作用可以分为消极作用和积极作用两个方面。消极方面是反攻倒算,积极方面是实行所谓让步,让步与反攻倒算都是客观存在,是同一问题的两个方面。农民起义失败,新王朝建立,大举赏赐土地给功臣新贵,这些土地主要是掠夺农民所得,其性质无疑是“反攻倒算”。至于“让步政策”,要作具体分析。首先要认识到“让步政策”是农民战争的副产品,是统治阶级制订的反映农民战争之后改变了的历史实际的一种政策:土地关系的变化、阶级对比的变化、政权结构模式的变化。新王朝政策只有适应这个变化才能巩固统治。其次要深入分析新政策的具体内容,不能只看表面现象。如租与税的关系问题,有时租税合一,有时分离。租税分离时,税是地租的再分配。地租不变,轻税有利于地主,并不减轻地主对佃农的地租剥削,谈不上通过减税对农民的“让步”。再如,赋税徭役的组合,劳役、实物、货币剥削的不同组合,尽管剥削率不变,因为组合方式不同,有的因素比重大,有的因素比重小,剥削形式在进步,对农民生产生活影响就有不同。这就要求用整体观分析其作用,避免各执一词。从本质上说,在阶级利益上是没有什么“让步”的。任何剥削阶级在维护本阶级利益这一点上是自觉的,他们的所作所为都是在其贪欲和权势欲的支配下进行的,但是,在什么是本阶级的真正利益这一方面是不清醒的,经常陷入盲目,要被剥削阶级用各种形式的斗争迫使他们接受或者迫使他们由不自觉转为自觉。新王朝调整统治政策,把剥削暂时控制在一定的限度以内就是这个历史作用的反映。②

---

① 《中国农民战争简史·写在前面》,上海人民出版社,1981 年。

② 谢天佑:《对中国农民战争的历史作用的研究》,《安徽史学》1986 年第 5 期。

第四种观点认为,农民战争的历史作用在于促使整个封建社会政治经济关系发生相应的变化,为社会生产力的发展开辟了道路。

田昌五认为,农民战争的历史作用主要不应从战后封建统治阶级执行的政策中去寻找,而应从封建社会的客观矛盾的变化和推移的过程中去寻找。在整个封建社会中,社会基本矛盾和主要阶级矛盾贯穿封建社会的全过程,但封建社会发展的各个阶段,这种矛盾是有变化的。推动这种变化的,便是农民的阶级斗争、农民的起义和农民的战争。例如秦末农民起义前后社会关系发生的一些显著变化,包括封建土地制度、农民的社会地位、关中和关东的关系以及汉族和南方少数民族的关系的变化,都是上述矛盾发展变化的反映。只是有了这些变化,社会经济才得以继续向前发展。在封建社会中,只有农民的阶级斗争、农民的起义和农民的战争,才是历史发展的真正动力。农民战争既然推动着社会关系发生变化,当然也会影响到封建统治阶级的政策。一般地说,统治阶级在农民战争以后多少会调整自己的统治政策以适应变化了的社会关系。但是,这些政策仍然是有利于统治阶级的,而不是对农民阶级的"让步"。但是这种调整尽管有利于地主阶级,对社会经济的恢复和发展也是有利的,既要揭露这些政策的阶级实质,也要肯定其对生产的积极作用,不能用"反攻倒算"四个字简单地予以否定。①

漆侠认为,在相当长的时期里,封建生产关系与生产力既相矛盾、冲突,又是相适应的。一些陈旧的生产关系的某些环节,与生产力发生矛盾、冲突;而另一些环节对生产力仍然起着推动作用。农民战争的伟大动力作用就在于:除旧布新,使整个封建政治经济诸关系发生相应的变化,为社会生产力的发展开辟道路。因此,农民起义和农民战争也就成为封建社会前进的真正动力。农民战争的动力作用,首先见之于政治上,达到推翻和改造封建统治的目的。历史上大一统的封建王朝,如秦、新莽、东汉、隋、唐、元、明的腐朽统治,都是由全国性的农民战争摧

① 田昌五:《中国古代农民革命史》第1册《后记》,上海人民出版社,1979年。

垮、推倒的，这就为生产力的发展扫除了障碍。在农民战争过程中或以后建立的新王朝，所采取的“轻徭薄赋”政策，不能不说是农民战争直接造成的，在客观上对社会生产的恢复和发展起着有益的作用。第二，更重要的是，两千年来社会生产力和封建生产关系都是在农民战争的作用下发生变化的。(一)战国秦汉阶段：在农民革命的武器批判下，奴隶制残余逐步缩小并最终消灭了，商鞅变法制定的庶子制受到重创，国家徭役制也有了或多或少的变化。两汉时期生产力的发展，与上述经济关系的变化是分不开的。(二)魏晋隋唐阶段：世族大地主受到隋末农民战争的重创，而在唐末农民战争后彻底垮台了，他们所代表的封建农奴制关系逐渐被封建租佃制代替。建立在均田制基础上的国家徭役制也逐渐变化，包括均田制在内的各种形式的国有土地制度也随之衰落。南方经济逐步发展起来，单产比战国秦汉提高了将近两倍。(三)宋元明清阶段：两宋经济在唐末农民战争开辟的道路上迅速发展，封建租佃制占主导地位，商品生产有较大幅度的增长，两浙地区出现了以货币和以实物为形态的定额地租。如果不是元朝代宋，而是以农民战争推翻宋朝，资本主义萌芽可能要早于欧洲诸国。①

周良宵、张德信认为，农民战争推动历史前进的表现是通过暴力打击封建统治，在一定程度上改变阶级力量对比，把剥削率暂时降到比较有利于劳动人民的生活和维持扩大再生产的限度之内，从而使社会发展成为可能。新王朝初期的某些政令反映了阶级力量对比的变化，使阶级矛盾得到暂时的缓和，也就是所谓的让步。但是必须指出：第一，这些政策的调整是阶级搏斗、是新王朝统治者被迫做出的让步，而不是发自“仁心”的恩赐。第二，它们是农民战争以后，农民在生产关系、生活和生产条件已取得了或多或少的改善这一根本事实在上层建筑的曲折反映。它们是对既成事实的承认，但是，这个承认是打折扣的。第三，新王朝颁布的开明政策包括了禁止兵器、拘捕流亡、重整官府、健全

① 漆侠：《农民战争是推动中国封建社会历史发展的动力》，《光明日报》，1979年12月16日。

军队、严格法律和防止反抗一系列镇压措施，是镇压和安抚并举，镇压是基本的。所以，农民战争的作用，虽然部分地通过新王朝的让步政策曲折地反映出来，但主要还应该从生产关系、生活和生产条件的改变等方面来说明。①

白钢认为，研究农民战争的历史作用，首先要正确把握经典作家关于农民问题的基本原理，区分经典作家分析农民阶级优缺点时的具体条件，是指封建社会农民还是资本主义社会农民，经典作家立论的前提是什么，是从史学研究的层面、从反封建的角度肯定农民阶级的革命性，还是站在无产阶级革命的高度批评农民阶级的缺点；要区别哪些是普遍原理型的论述，哪些是具体问题的分析，二者不可混淆。在把握经典作家关于农民研究的方法基本原理的前提下，不难看出农民战争对封建生产关系的改造作用，体现在：第一，调整封建上层建筑与经济基础的矛盾，就是废除特别腐朽的封建暴政的课役掠夺，为社会生产力的发展扫清障碍。第二，多少改变了土地配置关系，土地兼并是农民战争的主要原因，历次农民战争都打杀或赶跑一批地主，使无地或少地农民有可能获得一些土地，到了封建社会后期，农民起义提出均田口号直至《天朝田亩制度》的问世，都表明农民战争打击了封建地主土地所有制，多少改变了土地占有关系。第三，迫使新上台的统治者改变前朝的某些政策。由杀鸡取卵变为养鸡下蛋。这并非新上台的统治阶级改变了本性，而是由于他们接受现实的制约，刚刚过去的农民战争的威力使他们心存畏惧。所谓与民休息、轻徭薄赋，都调整了生产关系与生产力之间的矛盾，为生产力发展提供了可能。正是在农民战争的这些历史作用的推动之下，中国封建社会从低级向高级不断过渡，成为世界历史上封建制度发展最充分的一个典型。白钢认为，农民战争不仅是封建社会发展的根本动力，而且是资产阶级民主革命的必然伴侣。在欧洲，资产阶级来自于市民，各种各样奴隶和农奴则是市民的后备军，市民反

---

① 周良宵、张德信：《关于农民战争的任务和作用问题的商榷》，《历史研究》1980 年第 4 期。

抗封建贵族的斗争奠定了资产阶级反对封建贵族斗争胜利的基础。即使在资本主义萌芽缓慢的中国,农民战争也在为资本主义萌芽开辟道路。农民战争对封建人身依附关系的打击使农民人身依附关系松弛;主张买卖公平,反对对手工业、商业的残酷掠夺,直接为资本主义萌芽创造条件;农民在反封建斗争中提出的平均平等主张,体现了农民原始的民主愿望,为资产阶级民主革命提供了宝贵的思想资料。①

诸葛计认为,农民战争的动力作用,起码可以从如下的一些方面来加以考察:(一)解除封建暴政对生产的摧残和破坏,推动了封建生产力的发展;(二)推动了封建土地占有关系的变化;(三)推动了封建社会阶级关系的变化;(四)推动产品分配关系的变化;(五)推动了封建社会内部的资本主义因素的萌芽。此外,农民战争还有在政治制度和文化思想方面的推动作用。②

农民战争对社会发展的影响是全面的,除了以上宏观的体现以外,在具体的领域也有体现。就主流而言,人们探讨农民战争历史作用时大都着眼于宏观分析,对某一领域的作用着眼较少,但是,其研究成果还是丰富而有启发意义的。侯外庐说,农民战争不但对社会经济起着很大的作用,而且对意识形态的发展,也有很大的影响。有些进步思想家的理论或理想,就是农民战争中所提出的要求的回响。③

任继愈说,农民的革命战争,对中国哲学史的发展起了极为重大的作用。农民革命在某些时期,在一定的条件下决定着哲学思想的精神面貌,在一定的条件下给哲学家出了题目,在一定的条件下促进了民主思想的产生和成长;在一定的条件下促进了辩证法的发展,描绘了大同世界的蓝图。④

---

① 白钢:《论农民战争的历史地位》,《天津社会科学》1984 年第 1 期。

② 诸葛计:《关于中国农民战争历史作用的初步考察》,《中国农民战争史研究集刊》第 1 辑,上海人民出版社,1979 年。

③ 《新建设》编辑部:《关于中国历史上农民战争的性质、作用和特点问题》,《新建设》1960 年第 12 期。

④ 任继愈:《历代农民革命战争对中国哲学史的作用》,《光明日报》,1959 年 4 月 5 日。

白寿彝认为,在分析农民战争的历史作用时,要注意农民运动是否推动了进步思想。伟大的古典文学作品《水浒传》受农民起义的影响是没有问题的。西汉中叶农民起义后成书的《史记》、在绿林赤眉大起义以后成书的王充的《论衡》、明末农民大起义以后成书的黄宗羲的《明夷待访录》、唐甄的《潜书》,都反映了进步思想,并且也多数反映了作者对农民起义的观感。①

吕振羽说,农民战争对我国民族友好关系的发展起了巨大的促进作用。在封建时代,农民所进行的生产斗争和阶级斗争,特别是农民战争,是促进我国各民族间友好关系的发展和民族团结的真正动力,是使各兄弟民族不断形成和增长互相间的共同性的真正动力,是开创和奠定祖国疆域的真正动力。②

杨炳说,历史上的农民战争是中国作为大国延续下来必不可少的条件。从秦始皇统一全国起直到清代,我国基本上是统一的,分裂时期只有四次。这种分裂多出现在农民战争失败以后。在全国性农民战争取得推翻旧王朝的胜利的基础上建立起来的西汉、东汉、唐、明四朝,是中国封建史上最繁荣昌盛的四个时期,也是中国人民对世界文化贡献最多的四个时期。其他凭借剥削者的力量所造成的统一王朝,国祚都短。历史雄辩地证明,每一次全国性农民战争取得推翻旧王朝的胜利,都进一步加强了国家的统一,而统一局面正是作为大国延续下来的必不可少的条件。历史赋予农民革命的使命是打击封建统治。如果是全国规模的打击并取得胜利,就会迫使封建统治者把剥削率降低到有利于维持或扩大再生产的限度之内,有利于人民的休养生息及统一局面的巩固和发展,有利于作为大国延续下来。③

赵继颜、蔡方新认为,农民战争从各方面推动了历史的发展,即:打

① 白寿彝:《中国历史上的农民战争》,《历史教学》1960 年第 7 期。

② 《新建设》编辑部:《关于中国历史上农民战争的性质、作用和特点问题》,《新建设》1960 年第 12 期。

③ 杨炳:《中国封建社会农民战争的历史作用》,《社会科学研究》1982 年第 4 期。

击、推翻和改造了封建统治，并且促进了地租形态的变化，从而推动了社会生产力的发展；农民在斗争中夺取了土地，为社会生产力的恢复发展创造了有利条件，并在火热的斗争中开垦荒地，直接发展了某些地区的生产；推动参加起义的各族人民互相了解，互相学习和帮助，促进了各族人民的进一步融合；此外，还对文化思想、意识形态的发展，起了一定的作用。①

孙达人、王家范等从结构经济学的角度，分析小农经济和商品经济的相互影响，揭示农民战争的历史作用不仅表现在小农经济的复苏，而且表现在官府抑商政策的松弛方面。孙达人说，战国时代小农经济、城市商品经济的勃兴说明，小农经济的兴起必将引发商品经济同时迅速勃起；商品经济的发展反过来又促进小农经济的分解，造成贫富对立的加深。为扶持小农经济，政府就实行抑商政策。于是保护小农经济和抑制商品经济相结合，即农业上的小土地私有和手工业上的官营或官控相结合成为中国封建社会经济结构的基本格局。重农抑商政策看上去是扶持小农经济，实际上是农民贫困破产、走投无路的杠杆。国家用劳役、租税和盐铁之利等方式不仅拿走了农民的全部剩余劳动而且还拿走部分必要劳动，导致农民破产。如果农工商虞是民间经营，即使剥削太重导致农民破产，沦为佃农，他们向地主提供的剩余仍有可能通过积累而转化为工、商、虞各类产业，导致社会财富的增加和生产的发展。而抑商政策割断了农业和工商业之间的通道。抑商政策一方面使公商业利润转化为实际上的税，作为政府的行政支出和皇帝、官僚的奢侈消费，另一方面商人手工业者将积累的资金用来求田问舍和博取一官半职，结果是社会生产的剩余无法用来扩大再生产而被浪费，农民的经济状况更加恶化，社会生产日益萎缩而陷入绝境，导致农民战争爆发。由此可见，农民战争确实是多少推动历史变动的力量，削弱统治的结果不仅改善农民的土地占有状况，减少封建劳役赋税的剥削，使自耕农数量

---

① 赵继颜、蔡方新:《批判孙祚民〈中国农民战争问题探索〉一书中有关农民战争历史作用问题的几个错误》,《山东师范学院学报》1960 年第 1 期。

明显增加,农民经营状况改善;而且使抑商政策有所松弛,使农、工、商、虞在一定时期内得到交流。但是,这个作用是有限的,夸大其作用无法解释中国封建社会的停滞性。更不能把农民战争看做中国长期落后的根源,因为谁也无法否定中华文明曾经领先于世界的事实。①

四、结束语

在新中国史学讨论中,农民战争的历史作用和历史动力问题,可以说是同一个问题的两个方面。从学理上说,历史动力属于历史哲学问题,农民战争的历史作用属于具体历史问题的研究。但是,在新中国政治背景下,阶级斗争历史动力理论是学界共识,农民战争是封建社会阶级斗争的最高表现形式,农民战争历史动力作用是个不证自明的公理,没有人予以质疑。“文革”结束以后,人们在总结“文革”十年动乱对社会生产和社会秩序的破坏时,开始用生产力动力说代替阶级斗争动力说,从而引发了对农民战争历史作用的再评价。

历史发展的动力,是个无解的问题,站在不同角度、根据不同历史现象,对历史发展内容的不同理解,自会得出不同的解答。但是,在新中国的学术视野里,这又是一个带有根本性的理论问题,既和现实政治相联系,又直接决定着史学研究的价值取向,特别是农民战争史研究。它是“文革”前十七年农民战争史研究成为五朵金花之首的理论基础,也是“文革”后人们质疑农民战争历史作用的理论源头。

在历史动力讨论中,尽管众说纷纭,但是基本观点是生产斗争和阶级斗争说。其实,这二者并不是同一个层面上的问题,各自有其前提和条件,而且相互转化,抽象地人为规定何者为最终动力、何者为真正动力,都无法解释已经发生的历史存在。这里不去详细举证。需要说明的是历史动力问题的讨论对农民战争作用评价的影响。

---

① 孙达人、王家范、孙如锜、刘九生:《中国农民史论纲》,《史学理论研究》1993年第1期。

人们质疑阶级斗争动力理论的时候，把批评的矛头首先指向农民战争，认为农民战争破坏生产力，是中国封建社会长期延续的原因之一，或者说是重要原因。当然，这并不是现代学者的新发明，在民国时代已经有学者提出过。但是对学界和理论界真正发生影响的是“文革”以后的旧话重提。诚然，不加分析地一味歌颂农民战争，歌颂农民领袖是非历史主义的。所谓阶级斗争推动历史发展也有其相应的条件，学者们质疑阶级斗争动力理论、质疑农民战争的历史动力作用，固然是对历史上农民战争研究中种种错误的批评，但更主要的是对建国以来阶级斗争为纲的政治方针的批评，是用历史之酒浇现实政治之块垒。但是，对农民战争历史作用的质疑，则应予以足够重视的。

农民战争的历史作用，从历史现象看并不完全是积极的，一味歌颂农民战争的积极作用，当然是非科学的。但是，把农民战争作为中国封建社会长期延续的原因、认为农民战争破坏了生产发展，同样是非历史主义的，起码不比农民战争唯一动力论高明。

把农民战争当作唯一动力是按照既定观念解释历史，认为农民战争破坏生产力的发展同样是根据既定观念孤立地、表象地看问题。此论的理论前提是农民是落后阶级，农民战争破坏性大，打断了社会正常发展。当人们做出这样的论断的时候，恰恰忘记了自私、愚昧、涣散、保守是否就是农民的属性，农民是否就是落后生产力的代表。在封建社会里，有没有比农民先进的生产力代表。如果没有的话，也就没有理由责备农民愚昧、落后、分散、自私。尽管经典作家曾反复指出农民是分散的、自私的、保守的、愚昧的，但是经典作家所描述的欧洲农民的属性是否适合中国历史，则没有人进行实证性考察。人们在按照经典作家的论断定性中国农民的时候，也没有考察经典作家立论的前提和目的，更没有比较中国和欧洲中世纪社会经济结构的异同。当人们批评农民战争破坏性的时候，似乎忘记了农民起义的原因。所以，人们有理由提出这样的问题：农民走投无路、死里求生而走上武装反抗的道路，却要他们担负破坏社会秩序、破坏社会生产的罪责，那么谁为农民的生存负责？照此逻辑，农民只有死路一条才是正确的，即无论官僚地主怎样剥削压迫,农民都应该逆来顺受,直至坐以待毙。这种孤立地、表面地、片面地倒果为因式的立论,无论如何是得不出正确结论的。所以,质疑农民战争是历史发展动力或者唯一动力,在思想上有助于“文革”结束以后的拨乱反正,但是就其学术价值来说,是存在较大局限性的。

农民战争是社会矛盾的综合结果,是社会矛盾的总爆发。研究农民战争,首先要对当时的社会结构、社会矛盾有全面的认识,把握社会各阶层的生存状况,特别是农民阶级的生存状况及其原因。如果在农民走投无路、流离失所的情况下,社会生产已经不能正常进行,导致农民战争的爆发,是不能把生产中断、社会无序的责任加在农民战争头上的,无论战争过后是统一帝国的繁荣昌盛还是帝国的四分五裂,都不能让农民担负破坏生产、破坏社会秩序的责任。否则就没有了黑白是非之分,没有了正义战争与非正义战争的区别。通观农民战争研究中的所有问题的讨论,把历史问题现代化、政治化、概念化是论辩各方的共同局限,也是新中国史学的时代特征。

第九章　余论:农民战争史研究与当代中国史学

回顾新中国成立以来的农民战争史研究,最突出的印象是强烈的政治感和时代感。1949年以来的农民战争研究的每一个议题的转变都和时代脉搏的律动紧密相连,都是政治形势转变的反映。因此之故,随着改革开放的深入,经济建设成为时代主题之后,人们不再关注历史上的阶级矛盾和阶级斗争,农民战争史研究迅速地淡出了史学研究的视野,有的论者在论及农民战争研究时,不仅是对以往观点的批评,甚至是整体上的嘲弄,认为这是一个非学术性课题,根本没有检讨的意义。

笔者不准备就农民战争研究的种种争论详细发表自己的看法,因为在拜读前贤时哲的论著以后,无论是赞成还是反对,或者是为他们的某些缺陷所惋惜,都被他们真诚的社会责任感和历史使命感所震撼,被他们艰难的理论思索和辛勤的学术劳动所感动,同时为他们所取得的成就与失误所叹服和惋惜,更加感到现在学人历史责任的沉重;而就具体问题的思考来说,就笔者而言,没有理由评论前贤时哲们某些观点的是非短长。因为后人总比前人聪明,总是站在前人的肩膀上向前看,总能看到前人没有看到的东西,总有前人不曾有过的体悟。说前人不如自己高明,总是轻松的,但是容易陷入非历史主义的泥坑。每一种学术观点,都有其历史语境,不能用现代的评价体系去评论前贤具体理论的是非。历史是流动的长河,当年研究农民战争的史家,有的已经逝世,有的早已转移了研究领域,他们的关于农民战争史的研究成果和观点,是那个时代的成就和认识，就其本人来说，可能已经有所改变，在这里就更没有必要进行具体的评论了。所以，在这里，仅就农民战争史研究与当代中国史学发展及其启示谈点认识，作为本书的结束语。

一、农民战争史研究理论溯源

通观新中国成立以来的所有农民战争史研究论著，无论观点有多大的不同，其立论都以经典作家或者革命领袖的论述为基础，区别在于所引用的内容不同和对所引用论述的理解不同；有的论著直接引用经典作家和革命领袖原话作为理论依据，有的是按照经典作家的意思展开。农民战争史研究中所有问题的提出和展开都是从对经典作家论著的解读开始的，如对农民战争和农民政权的性质的认识、对平均主义的评价、对皇权主义分析、对农民起义的历史作用分析等等，就源于马克思、恩格斯、列宁、斯大林、毛泽东对农民落后性与革命性、平均主义的历史功能、皇权主义问题、阶级斗争的历史作用的不同论述。为了便于从学术史的角度把握农民战争史研究与新中国史学发展的关系，首先对此做一个简单的梳理。

（一）关于农民阶级的革命性问题

也就是农民起义的性质问题，即农民起义和农民战争是反对封建统治阶级个别人物、反对封建政府的个别政策，还是反对地主阶级和封建制度？对此，经典作家们有过不同的论述，恩格斯在《德国农民战争》中说：

> 反封建的革命反对派活跃于整个中世纪。革命反对派随时代条件之不同，或者是以神秘主义的形式出现，或者是以公开的异教的形式出现，或者是以武装起义的形式出现。①

恩格斯说的“反封建的革命反对派”指的是造反农民，“或者是以武装起义的形式出现”指的就是农民起义，这种起义属于“反封建的革命”。

① 《马克思恩格斯全集》第7卷，人民出版社，1959年，第401页。

列宁说：

> 农民的生活条件使他们违反自己的意志不自觉地产生一种反对勒索的真正革命的愤恨和坚决反对中世纪制度的决心。①
>
> 农民有更加直觉的革命性，他们急切地想立刻打垮地主政权，立刻创立新制度。农民心中的怒火在燃烧，恨不得马上扑到敌人身上，把敌人扼死。②
>
> 几百年来的农奴制的压迫和改革以后几十年来的加速破产，积下了无数的仇恨、愤怒和拼命的决心。要求彻底铲除官办的教会，打倒地主和地主政府，消灭一切旧的土地占有形式和占有制度，扫清土地，建立一种自由平等的小农的社会生活来代替警察式的阶级国家，这种要求像一条红线贯串着农民在我国革命中的每一个步骤。③
>
> 农民需要土地，他的革命情感、他的本能的、原始的民主主义不可能不表现为向地主的土地伸手。④

从上述引文，可见列宁对农民起义、农民战争性质的一般看法。列宁认为农民有“反对勒索的真正革命的愤恨和坚决反对中世纪制度的决心”，有“直觉的革命性”，要“打倒地主和地主政府，消灭一切旧的土地占有形式和占有制度，扫清土地，建立一种自由平等的小农的社会生活来代替警察式的阶级国家”，有着“原始的民主主义”。由此不难得出农民有着反对封建剥削、封建压迫、封建制度的革命性的结论。

但是，相对于资本主义时代的产业工人而言，特别是共产党领导的产业工人而言，农民不是先进生产力的代表，他们不能有自己稳定的政

---

① 列宁：《各阶级各政党对宗教和教会的态度》，《列宁全集》第 15 卷，第 1 版，人民出版社，1963 年，第 395 页。

② 列宁：《社会民主党在 1905～1907 年俄国第一次革命中的土地纲领》，《列宁全集》第 13 卷，第 1 版人民出版社，1963 年，第 377 页。

③ 列宁：《列甫·托尔斯泰是俄国革命的一面镜子》，《列宁选集》第 2 卷，第 2 版，人民出版社，1972 年，第 371 页。

④ 列宁：《关于我们的土地纲领》，《列宁全集》第 8 卷，第 1 版，人民出版社，1963 年，第 220 页。

权,他们的起义和战争最终只能以失败而结束,这是由农民阶级的阶级地位所决定的。马克思在《路易·波拿巴的雾月十八日》中对法国农民有过如下的分析:

> 小农人数众多,他们的生活条件相同,但是彼此间并没有发生多种多样的关系。他们的生产方式不使他们互相交往,而是使他们互相隔离。这种隔离状态由于法国的交通不便和农民的贫困而更为加强了。他们进行生产的地盘,即小块土地,不容许在耕作时进行分工,应用科学,因而也就没有多种多样的发展,没有各种不同的才能,没有丰富的社会关系。每一个农户差不多都是自给自足的,都是直接生产自己的大部分消费品,因而他们取得生活资料多半是靠与自然交换,而不是靠与社会交往。一小块土地,一个农民和一个家庭;旁边是另一小块土地,另一个农民和另一个家庭。一批这样的单位就形成一个村子;一批这样的村子就形成一个省。这样,法国国民的广大群众,便是由一些同名数简单相加形成的,好像一袋马铃薯是由袋中一个个马铃薯所集成的那样。数百万家庭的经济生活条件使他们的生活方式、利益和教育程度与其他阶级的生活方式、利益和教育程度各不相同并互相敌对,就这一点而言,他们是一个阶级。而各个小农彼此间只存在地域的联系,他们利益的同一性并不使他们彼此间形成共同关系,形成全国性的联系,形成政治组织,就这一点而言,他们又不是一个阶级。因此,他们不能以自己的名义来保护自己的阶级利益,无论是通过议会或通过国民公会。他们不能代表自己,一定要别人来代表他们。他们的代表一定要同时是他们的主宰,是高高站在他们上面的权威,是不受限制的政府权力,这种权力保护他们不受其他阶级的侵犯,并从上面赐给他们雨水和阳光。所以,归根到底,小农的政治影响表现为行政权支配社会。①

① 《马克思恩格斯选集》第1卷,修订2版,人民出版社,1995年,第677~678页。

在这里,马克思从生产和生活方式的层面分析了农民的分散性和落后性,农民因为生产、生活方式和受教育程度有别于其他阶级而可以被看做是一个阶级,这个阶级仅仅“是一袋马铃薯”而已,一袋马铃薯因为有袋子的存在而构成一个整体,袋子里的马铃薯还是分散的。农民之所以可以被看做是一个阶级,是因为他们生产、生活、受教育程度一致,而不是因为他们之间有共同的思想认识、共同的联系、共同的组织。这决定于“经济生活条件”的生产、生活、受教育程度的一致。这种一致性就像使众多马铃薯成为一个整体的袋子,一袋马铃薯看上去是整体,但仅仅是机械的物理组合,袋子里的马铃薯仍然是独立的个体。农民虽然有着生产、生活、受教育程度的一致性,但是彼此之间仍然是独立的、分散的、没有联系的个体小农,所以从共同的思想认识、共同的联系、共同的组织层面来考察,农民又不是一个阶级。就像农民在经济上、政治上处于被统治地位一样,思想上也是处于被统治者的地位,他们没有自己独立的意识形态。这就注定了农民起义和农民战争的思想局限性和必然失败的结局。马克思、恩格斯在《德意志意识形态》中说:

> 统治阶级的思想在每一时代都是占统治地位的思想。这就是说,一个阶级是社会上占统治地位的物质力量,同时也是社会上占统治地位的精神力量。支配着物质生产资料的阶级,同时也支配着精神生产资料,因此,那些没有精神生产资料的人的思想,一般地是隶属于这个阶级的。占统治地位的思想不过是占统治地位的物质关系在观念上的表现,不过是以思想的形式表现出来的占统治地位的物质关系;因而,这就是那些使某一个阶级成为统治阶级的关系在观念上的表现。①
>
> 中世纪所有的大规模起义都是从乡村爆发起来的,但是由于农民的分散性以及由此而来的不成熟,这些起义也毫无结果。②

在这里,马克思、恩格斯把农民思想的从属地位及其极端落后性的根源

---

①② 《马克思恩格斯选集》第1卷,修订2版,人民出版社,1995年,第98、106页。

和作用表述的十分清楚了。列宁也有过清楚的论述。列宁指出：

历次革命的一般进程表明了这一点，在这些革命中，往往有过短时间的、暂时得到农村支持的劳动者专政，但是却没有过劳动者的巩固政权；经过一个短时期，一切都又倒退了。所以倒退，是因为农民、劳动者、小业主不能有自己的政策，他们经过多次动摇之后，终于要倒退回去。①

这些群众——主要是农民——在革命中表明，他们对旧制度的仇恨是多么深刻，他们对现存制度带来的一切苦难的感受是多么痛切，他们向往摆脱这些苦难并找到美好生活的自发愿望是多么强烈。

同时，这些群众在革命中也表明，他们的仇恨还不够自觉，他们的斗争还不够彻底，他们对美好生活的追求还只局限在狭小的范围内。②

对上述引文稍作比较就不难明白：一方面农民受压迫的地位决定了他们有着反对封建的经济剥削和政治压迫的革命性，要求彻底铲除官办的教会，打倒地主和地主政府，消灭一切旧的土地占有形式和占有制度，扫清土地，建立一种自由平等的小农的社会生活。但是同时农民阶级在思想意识、政治觉悟上又不成其为一个阶级，是一个分散的、因而“不成熟”（“极端落后性”）的“阶级”，是一个注定要失败的阶级。

马克思、恩格斯、列宁的看上去自相矛盾的论述，是在不同语境、不同政治需要对农民阶级不同方面做出的分析，是针对特定条件下的欧洲农民运动而言的。中国封建社会的农民阶级的经济地位、思想意识、政治特点是否和欧洲相同，有无区别、有什么样的区别，需要科学的论证以后才能作为自己的理论判断的依据。但是在中国农民战争史研究中，论者往往是不加分析地引用经典作家的相关论述，往往抓住一点，

① 列宁：《在全俄运输工人代表大会上的演说》，《列宁选集》第4卷，第2版，人民出版社，1972年，第496页。

② 列宁：《托尔斯泰和无产阶级斗争》，《列宁全集》第20卷，第2版，人民出版社，1989年，第71页。

不及其余，从而争执不已。主张中国封建社会农民战争反对封建制度、反对地主阶级者以农民阶级是“反封建的革命反对派”、“急切地想立刻打垮地主政权，立刻创立新制度”、“要求彻底铲除官办的教会，打倒地主和地主政府，消灭一切旧的土地占有形式和占有制度，扫清土地，建立一种自由平等的小农的社会生活”为理论依据，认为农民有自己的思想，建立过自己的政权，农民有“本能的、原始的民主主义”，不过是革命性不够彻底、建立的政权不能巩固而已；统治阶级的思想固然占统治地位，但不等于被统治阶级没有自己的思想，被统治阶级的思想不过是不占统治地位而已。反对者则以马克思《路易·波拿巴的雾月十八日》关于法国农民落后性的论述为依据，认为封建社会的农民既然不成其为阶级，就谈不上反对封建制度；所谓农民的反封建只是反对统治阶级的个别人物，农民是封建的纲常伦理的忠实信徒，自己梦寐以求的是向上爬，使自己成为统治阶级的一员；所谓农民政权只是封建政权的翻版。围绕农民战争性质的种种争论由此生发开去而各为其说。

（二）平均主义问题

这是农民战争史研究讨论的重点之一，也是截然相反的评价并存的问题。恩格斯在《反杜林论》中说：

> 平等的要求在无产阶级口中有双重的意义。或者它是对极端的社会不平等，对富人和穷人之间、主人和奴隶之间、骄奢淫逸者和饥饿者之间的对立的自发的反应——特别是在初期，例如在农民战争中，情况就是这样；这种自发的反应，就其本身而言，是革命本能的简单的表现，它在这上面，而且也只有在这上面找到了它成立的理由。①

列宁对平均主义问题有过反复的评论。列宁在《社会民主党 1905～1907 年俄国第一次革命中的土地纲领》中明确指出：

> 在反对旧专制制度的斗争中，特别是反对旧农奴主大土地占

① 《马克思恩格斯选集》第 3 卷，第 1 版，人民出版社，1972 年，第 146 页。

有制的斗争中，平等思想是最革命的思想。农民小资产者的平等思想是正当的和进步的，因为它反映了反对封建农奴制的不平等现象的斗争。①

在《俄国革命的长处和弱点》中，列宁强调：

在农民同农奴地主进行斗争时，平等思想是夺取土地的最强有力的思想动力，在小生产者之间建立平等，就是彻底地消灭所有一切农奴制的残余。因此，平等思想是农民运动中最革命的思想，这不仅因为它是政治斗争的促进因素，而且因为它是从经济上消除农业中的农奴制残余的推动力。②

在《纪念赫尔岑》一文中，列宁针对土地问题再次指出：

"地权"和"平分土地"的思想，无非是为了完全推翻地主权力和完全消灭地主土地占有制而斗争的农民力求平等的革命愿望的表现而已。③

在这里，列宁把农民追求政治上平等和经济上平均统一起来了，平分土地是政治平等的基础，是政治平等的体现。不难看出，列宁对农民起义、农民战争中的平均、平等主张的评价是很高的。但是，列宁在评价民粹派平均分配土地的法案时又说：

土地"平均"使用制……小生产者的这种平等思想是反动的，因为它不是用前进的办法，而是企图用后退的办法来解决社会主义革命的任务。无产阶级提出的不是小业主平等的社会主义，而是公有化的大生产的社会主义。然而这种平等思想却是最完整、最彻底和最坚决地反映了资产阶级民主主义的任务。④

在这里，列宁对平均主义进行了严厉的批评，"小生产者的这种平等思想是反动的，因为它不是用前进的办法，而是企图用后退的办法来解决社会主义革命的任务"，从生产力发展的层面否定了平均主义的进步

① 《列宁全集》第13卷，第1版，人民出版社，1963年，第217页。
② 《列宁全集》第12卷，第1版，人民出版社，1963年，第341页。
③ 《列宁选集》第2卷，第1版，人民出版社，1972年，第418～419页。
④ 《列宁全集》第12卷，第1版，人民出版社，1963年，第340页。

作用。

斯大林在《和德国作家艾米尔·路德维希的谈话》中对平均主义也予以批评：

> 平均主义的根源是个体农民的思想方式，是平分一切财富的心理，是原始的农民“共产主义”的心理。①

斯大林和艾米尔·路德维希的谈话是在1931年，其时的苏联正在进行农业集体化，大张旗鼓地用集体农庄取代分散的个体农业，也就是正在用“公有化的大生产的社会主义”取代农民个体经济，在思想上正在改造农民的小私有者的落后意识。斯大林对平均主义思想根源的分析——是原始的农民共产主义的心理，正是对农民平均主义的批判。

毛泽东也曾经批判过平均主义，他在《关于纠正党内的错误思想》一文中指出：

> 绝对平均主义的来源，和政治上的极端民主化一样，是手工业和小农经济的产物，不过一则见之于政治生活方面，一则见之于物质生活方面罢了……绝对平均主义不但在资本主义没有消灭的时期，只是农民小资产者的一种幻想；就是在社会主义时期，物质的分配也要按照“各尽所能按劳取酬”的原则和工作的需要，决无所谓绝对的平均。②

正是经典作家和革命领袖们对平均主义在不同历史条件下的不同评论，为学者间的争论提供了依据。肯定平均主义历史作用的以在反对专制主义及其所有制斗争中“平等思想是最革命的思想”为依据，因为现实生活中赋税徭役沉重、土地兼并剧烈、生产资料占有的极端不平等使农民无法生存，农民才提出等贵贱、均贫富的要求，从而铲除地主阶级政治权力的基础。中国农民战争史上的平均主义从宋朝的等贵贱、均贫富口号的首次明确提出，到太平天国《天朝田亩制度》的系统化、

① 《斯大林全集》第13卷，人民出版社，1956年，第105页。

② 毛泽东：《关于纠正党内的错误思想》，《毛泽东选集》，第1卷，修订2版，人民出版社，1991年，第91页。

纲领化，是农民革命思想的进步历程，是农民阶级反封建思想发展的体现。反对者则认为平均主义违背社会化大生产的一般规律，是反动的、落后的，是农民原始共产主义心理的表现，是农民小私有意识的自发反映，并且进一步认为平均主义是极端不平等的特权制度产生的温床和存在的基础。

（三）皇权主义问题

这是对经典作家论述的不同理解而导致争论的最典型的体现。斯大林在《和德国作家艾米尔·路德维希的谈话》中评价俄国的农民起义领袖拉辛和普加乔夫时说：

> 我们布尔什维克对鲍洛特尼科夫、拉辛、普加乔夫以及其他这样的历史人物向来是感到兴趣的。我们认为这些人的发动是被压迫阶级自发暴动的反映，是农民反对封建压迫的自发起义的反映。对我们说来，研究这种农民起义的最初尝试的历史总是有兴趣的。但是这里当然不能拿他们和布尔什维克做任何比拟。个别的农民起义，即使不像斯杰潘·拉辛的起义那样带有“强盗性”和无组织性，也不能得到任何重大的结果。农民起义只有在和工人起义结合起来并由工人领导的时候，才能取得胜利。只有以工人阶级为首的联合起义，才能达到目的。除此以外，在说到拉辛和普加乔夫的时候，决不应该忘记他们都是皇权主义者：他们反对地主，可是拥护“好皇帝”。要知道这就是他们的口号。①

这是斯大林首次提出的“皇权主义”概念，但是并没有对皇权主义的含义做出进一步的说明。这在斯大林看来也许是个常识，并没有高深的理论意义；也许斯大林就没有进行过深入的思考，仅仅从批判的角度说明拉辛和普加乔夫所领导的起义军的落后性，不可能有“任何重大的结果”，说明“农民起义只有在和工人起义结合起来并由工人领导的时候，才能取得胜利”，从而突出工人阶级的领导地位和先进性。但是，

① 《斯大林全集》第13卷，人民出版社，1956年，第100页。

既然经典作家兼革命导师将皇权主义和农民起义联系在了一起,中国农民起义和农民战争又是举世无双的,自然也要研究中国农民起义的皇权主义问题,从而把握农民起义的性质。而斯大林的简单话语给学者们的探索留下了广阔的空间,赞成也好,反对也好,赞成和反对兼而有之也好,无不极尽演绎之能事。对于皇权主义含义的种种争论因此而展开。这些以上章节有叙述,这里不再重复。

(四)宗教问题

经典作家们对欧洲中世纪基督教的神学统治是持反对和批判态度的。马克思在《〈黑格尔法哲学批判〉导言》对宗教的本质有过深刻的说明:

> 反宗教的批判的根据就是:人创造了宗教,而不是宗教创造了人。就是说,宗教是还没有获得自身或已经再度丧失了自身的人的自我意识和自我感觉。但是,人并不是抽象的蛰居于世界之外的存在物。人就是人的世界,就是国家,社会。这个国家、这个社会产生了宗教,一种颠倒了的世界意识,因为它们本身就是颠倒的世界。宗教是这个世界的总理论,是它的包罗万象的纲要,它的具有通俗形式逻辑,它的唯灵论的荣誉问题,它的狂热,它的道德约束,它的庄严补充,它借以慰藉和辩护的总根据。宗教是人的本质在幻想中的实现,因为人的本质不具有真正的现实性。因此,反宗教的斗争间接地就是反对以宗教为精神抚慰的那个世界的斗争。
>
> 宗教里的苦难既是现实的苦难的表现,又是对这种现实的苦难的抗议。宗教是被压迫者生灵的叹息,是无情世界的心境,正像它是无精神活力的制度的精神一样。宗教是人民的鸦片。①

宗教是人创造的,是国家、社会创造的,给被统治者以安慰,给统治者以全部的辩护,对人民而言,宗教就是鸦片。恩格斯在《布鲁诺·鲍威尔

① 《马克思恩格斯选集》第1卷,修订2版,人民出版社,1995年,第1~2页。

和早期基督教》一文认为中世纪的基督教是彻头彻尾的“欺诈”和“无稽之谈”。恩格斯说：

> 事情很清楚，自发的宗教，如黑人对偶像的膜拜或雅利安人共有的原始宗教，在它产生的时候，并没有欺骗的成分，但在以后的发展中，很快地免不了有僧侣的欺诈。至于人为的宗教，虽然充满着虔诚的狂热，但在其创立的时候便少不了欺骗和伪造历史，而基督教，正如鲍威尔在批判新约时所指出的，也一开始就在这方面表现出了可观的成绩。①

恩格斯认为，原始宗教在其产生的时候没有欺诈，但是一经发展就不可避免地伴随着欺诈，而作为“人为的宗教”——基督教——一开始就少不了欺诈和伪造历史。无产阶级革命的任务就是揭露这些“欺诈”和还原历史的真相，在揭露基督教的“欺诈”和“伪造历史”这一方面，鲍威尔有着显著的功绩，所以恩格斯给予了高度的肯定。

列宁在《社会主义和宗教》一文中说：

> 宗教是终身给他人劳作、为穷困和孤独紧压着的人民群众到处蒙受的精神压迫的一种。被剥削阶级由于没有力量同剥削者进行斗争，必然会产生对死后幸福生活的憧憬，正如野蛮人没有力量同大自然搏斗而产生对上帝、魔咒、奇迹等的信仰一样。对于工作一生的人，宗教教导他们在人间要顺从和忍耐，劝他们把希望寄托在天国的恩赐上。对于依靠他人劳动而过活的人，宗教教导他们要在人间行善，廉价地为他们的整个剥削生活辩护，廉价地售给他们享受天国幸福的门票。宗教是人民的鸦片。②

在这里，列宁把“宗教是人民的鸦片”的本质分析的明确而具体。

但是，由于中世纪农民的思想处于基督教的麻醉之下，他们的任何政治要求都要在宗教的旗帜下才能得到人们的响应，因而农民战争无

---

① 《马克思恩格斯全集》第 19 卷，第 1 版，人民出版社，1963 年，第 327 ~ 328 页。

② 《列宁全集》第 10 卷，第 1 版，人民出版社，1963 年，第 62 页。

不披着宗教的外衣。经典作家对宗教与农民战争的关系曾经从不同方面有过论述,而以恩格斯的论述最为明确。恩格斯在《论早期基督教的历史》中说:

> 这些起义(引者按:指中世纪被压迫的农民和城市平民)同中世纪的所有群众运动一样,总是穿着宗教的外衣,采取为复兴日益蜕化的早期基督教而斗争的形式;但在宗教狂热的背后,每次都隐藏有实实在在的现世利益。①

在《路德维希·费尔巴哈和德国古典哲学的终结》名著中,恩格斯指出:

> 中世纪把意识形态的其他一切形式——哲学、政治、法学,都合并到神学中,使它们成为神学中的科目。因此,当时任何社会运动和政治运动都不得不采取神学的形式;对于完全由宗教培育起来的群众的感情说来,要掀起巨大的风暴,就必须让群众的切身利益披上宗教的外衣出现。②

在《德国农民战争》中,恩格斯论述云:

> 中世纪是从粗野的原始状态发展而来的。它把古代文明、古代哲学、政治和法律一扫而光,以便一切都从头做起。它从没落了的古代世界承受下来的唯一事物就是基督教和一些残破不全而且失掉文明的城市。其结果正如一切原始发展阶段中的情形一样,僧侣们获得了知识教育的垄断地位,因而教育本身也渗透了神学的性质。政治和法律都掌握在僧侣手中,也和其他一切科学一样,成了神学的分枝,一切按照神学中通行的原则来处理。教会教条同时就是政治信条,圣经词句在各法庭中都有法律的效力。甚至在法学家已经形成一种阶层的时候,法学还久久处于神学控制之下。神学在知识活动的整个领域中的这种无上权威,是教会在当时封建制度万流归宗的地位之必然结果。

① 《马克思恩格斯全集》第22卷,第1版,人民出版社,1965年,第526页。

② 《马克思恩格斯选集》第4卷,修订2版,人民出版社,1995年,255页。

> 由此可见，一般针对封建制度发出的一切攻击必然首先就是对教会的攻击，而一切革命的社会政治理论大体上必然同时就是神学异端。为要触犯当时的社会制度，就必须从制度身上剥去那一层神圣的外衣。①
>
> 另一种异教则有完全不同的性质，这种异教乃是农民和平民的要求之直接表现，并且总是和起义直接结合着的。这种异教虽然也同意市民阶级异教关于僧侣、教皇权力以及恢复原始基督教教会制度的一切要求，但是它却走得更远。它要求在教区成员间恢复原始基督教的平等关系，并且承认此种关系也是市民社会的准则。它从"上帝儿女的平等"推论到市民社会的平等，甚至已经多少推论到财产的平等。它要求农民和贵族平等，平民和城市贵族及特权市民平等，它要求取消徭役，地租，捐税，特权，它要求至少消除那些最不堪忍受的财富差别——这些要求，都是带着或多或少的明确性提出来的，而且是作为原始基督教义的必然结论提出来的。②

恩格斯所说的"异教"就是用来发动农民起义、反映起义农民政治诉求的宗教，起义农民用原始基督教的平等思想反对现实的不平等，从而构成了和官方教会宣传的内容不同的"神学异端"。

经典作家们一方面明确地指出"宗教是人民的鸦片"，另一方面指出中世纪的农民起义总是打着宗教的旗帜，是利用原始基督教的平等思想反对现实，属于"神学异端"，是"异教"。那么怎样分析这些"神学异端"、"异教"和官方宗教、正统神学的区别与联系，就成为农民战争史研究不容回避的问题，同时也是工人运动无法回避的问题。

中国封建社会和欧洲中世纪的社会结构差异巨大，不存在神权笼罩一切的问题，中国的农民起义有的利用宗教，有的和宗教并没有关系。但是，经典作家是中国革命的导师，他们关于宗教与农民起义关系

①② 《马克思恩格斯全集》第7卷，第1版，人民出版社，1959年，第400～401、403～404页。

的论述在中国学者的心目中有着无可争辩的指导意义，必须按照经典作家的论述研究中国农民起义中的宗教问题，讨论中国农民起义中的宗教的性质和功能。主张农民起义是利用宗教实现自己政治目的的，不仅把农民起义所利用的宗教看做是和官方正统神学性质迥然有别的"神学异端"，而且进一步认为起义农民有自己的宗教，是自觉地利用宗教宣传革命主张。反对者则从"宗教是人民的鸦片"这个本质规定性出发，认为农民起义所宣传的宗教并没有什么革命性可言，其甚者则直接从农民阶级的落后性出发，认为农民起义所宣传的宗教比官方神学更愚昧、更落后，东汉末年的五斗米道、太平道，太平天国的拜上帝会，不仅在内容上是荒诞愚昧的，而就其政治性质而言，是十足的"邪教"，应当坚决地取缔。双方的理论依据都有经典作家们的论述。

（五）让步政策问题

这个问题是在分析阶级斗争的历史作用时提出的。马克思、恩格斯在《给奥·倍倍尔等人的通告信》中谈到阶级斗争时，曾认为阶级斗争"是历史的直接动力"①。后来恩格斯在《国际社会主义和意大利社会主义》一文中总结说：

> 自从原始公社解体以来，组成为每个社会的各阶级之间的斗争，总是历史发展的伟大动力。②

列宁在《再论杜马内阁》中说：

> 根据社会主义的学说，即马克思主义的学说（现在还不能认真地谈非马克思主义的社会主义），历史的真正动力是阶级之间的革命斗争；改良是这种斗争的副产品，所以说它是副产品，是因为它反映了那种想削弱和缓和这种斗争的失败的尝试等等。③

在《马克思主义的三个来源和三个组成部分》中，列宁以欧洲特别是法

① 《马克思恩格斯选集》第3卷，修订2版，人民出版社，1995年，第685页。
② 《马克思恩格斯全集》第22卷，第1版，人民出版社，1965年，第560页。
③ 《列宁全集》第11卷，第1版，人民出版社，1963年，第57页。

国历史为例说：

> ……在欧洲各国，特别是在法国，在封建制度即农奴制度崩溃时随之而来的汹涌澎湃的革命，日益明显地表明了阶级斗争是全部发展进程的基础和动力。①

毛泽东在《中国革命和中国共产党》中总结农民起义历史作用时说：

> 在中国封建社会里，只有这种农民的阶级斗争、农民的起义和农民的战争，才是历史发展的真正动力。因为每一次较大的农民起义和农民战争的结果，都打击了当时的封建统治，因而也就多少推动了社会生产力的发展。②

阶级斗争是历史发展的动力，在不同的历史时期，阶级斗争的内容和表现形式是不一样的。自从毛泽东的《中国革命和中国共产党》发表以后，中国学者都众口一词地把“阶级斗争”理解为封建社会农民起义和农民战争反对地主阶级的斗争。但是，毛泽东并没有对农民起义和农民战争推动历史前进的表现形式做出进一步的表述。要将毛泽东的“只有这种农民阶级斗争、农民的起义和农民的战争，才是历史发展的真正动力”的论断具体化是比较困难的，因为毛泽东明确论断农民起义、农民战争的结局“总是陷于失败，总是在革命中和革命后被地主和贵族利用了去，当作他们改朝换代的工具”。失败的原因是“由于当时还没有新的生产力和新的生产关系，没有新的阶级力量，没有先进的政党”。那么，究竟怎样理解“打击了当时的封建统治”所导致的“社会生产力的发展”，就成为必须明晰化的理论问题。于是论者从恩格斯、列宁哪里借来了“让步”的概念。

恩格斯在《工联》中评价19世纪30年代到50年代英国“宪章运动”时说：

> 它（引者按：指宪章运动）失败了，但是斗争给胜利了的资产阶级留下很深刻的印象，所以从那时起，它就甘愿以不断向工人让

---

① 《列宁全集》第2卷，第1版，人民出版社，1963年，第445页。

② 《毛泽东选集》第2卷，修订2版，人民出版社，1991年，第625页。

步为代价来换取比较长期的休战。①

宪章运动虽然失败了，但是依然对工人阶级做出了让步。恩格斯在这里所说的“让步”是指英国政府通过立法的形式限制资本家任意延长工人的劳动时间，给工人一些言论、出版、结社的权利，从而缓和阶级矛盾。这是在被统治阶级的反抗失败以后，统治阶级实行“让步”的实例。

有的“让步”则是统治者迫于被统治者的反抗而主动做出的。1861年2月19日，亚历山大二世鉴于1853年至1856年俄国在克里木战争中的失败和迫于连绵不断的农民起义，为了防止农民革命，主动签署法令，宣布正式废除农奴制度，这就是俄国历史上有名的农奴制改革。恩格斯结合克里木战争评论这次改革说：

一个力量已经消耗一半以上的国家，如果不向人民作重大的让步，它的政府是不可能进行这种战争的，不管这种战争的最终结局如何……这样的让步就意味着革命的开始。②

即1861年的农奴制改革是统治阶级主动“让步”的结果。列宁在《给农村贫民》中说：

在农奴制存在的时候，全体农民群众曾经同那些由沙皇政府保卫、袒护和支持着的压迫者——地主阶级作过斗争。那时候农民还没有联合起来，那时候农民还什么都不懂，农民在城市工人中间还没有帮手和兄弟；可是，农民终究还是尽一切力量进行了斗争。农民没有害怕政府的野蛮迫害，没有害怕体刑和枪杀，农民没有相信神甫的话，神甫们拼命证明农奴制是圣经赞同的，是上帝法定的（当时菲拉列特大主教就曾经这样直截了当地说过！）；农民到处起来进行斗争，政府终因为害怕全体农民的总起义，而让了步。③

① 《马克思恩格斯全集》第19卷，第1版，人民出版社，1963年，第284页。

② 恩格斯：《1877年的欧洲工人》，《马克思恩格斯全集》第19卷，第1版，人民出版社，1963年，第158页。

③ 《列宁选集》第1卷，第1版，人民出版社，1972年，第443页。

列宁这里说的是农奴制时代俄国分散的农民起义，主要是指1861年废除农奴制之前频繁发生的农民起义。其时，农民虽然没有联合起来，政治上也什么都不懂，而“尽一切力量进行斗争”的结果，是迫使俄国政府“让步”，“让步”的原因是“政府害怕全体农民的总起义”。

总而言之，经典作家曾经把“让步”作为阶级斗争的结果，既有统治阶级对失败者的让步，也有统治阶级迫于被统治阶级反抗的压力主动做出的让步。这一切都成为新中国成立以后“让步政策”论的依据，“让步”也被引申为“让步政策”，成为1950年代农民战争史研究的普遍观点。人们不约而同地把分析的重点放在农民战争以后建立的新王朝初期调整统治政策和制度的分析上，就是为了说明“让步政策”的存在。

但是，用“让步政策”解释中国农民起义推动历史前进在逻辑上是存在着矛盾的。因为中国农民起义的结局“总是陷于失败”，而新王朝的建立者并非原来的统治集团，他们本来不是农民起义打击的对象或者不是起义军的主要打击对象，他们不存在列宁所说的“害怕全体农民总起义”的问题，这些新的统治者有必要对农民“让步”吗？新王朝调整统治政策究竟是出于对农民起义的害怕，还是出于对农民起义的防范？如果是后者，就不能看做是对农民阶级的“让步”，因为统治者并没有“让步”的自觉；而中国共产党领导的革命斗争的实践表明，当革命运动失败以后是反革命势力的疯狂报复，“反攻倒算论”因此而提出。

二、农民战争史研究的政治特性

通过上述的简单梳理，我们不难明白我国农民战争史研究理论及其争论的由来：对经典作家理论的理解和运用普遍存在着削足适履的弊端——用中国历史诠释经典作家的理论，按照经典作家的理论解释历史存在，千方百计地把中国历史纳入经典作家所描述的历史框架之内，把经典作家们的具体结论当做普遍真理。断章取义，是各种论点的共同弊端,只是在程度上有所区别而已。

经典作家在不同的条件下,针对不同的对象,或是对某种历史现象的描述,或者是对这种历史现象的本质揭示。所说内容有的是带有普遍性的结论,有的仅仅是对某种现象、某个事件而言,并不具有普遍意义。即使是带有普遍意义的论述也是有相应的历史条件和政治前提的。因为无论是马克思、恩格斯、列宁,还是斯大林、毛泽东,他们不是专门的历史学家,他们对某些历史问题的分析尽管具有方法论的指导意义,但是,他们首先是作为革命家、思想家站立在历史顶端的,他们首先是对现实社会的分析批判,是为了解答现实问题而研究历史的,他们的历史分析是为现实革命服务的,他们对历史问题的分析确实具有他人无法企及的历史和现实的洞察力,但对于史学研究来说,不一定具有指导意义。马克思、恩格斯更没有想到在他们逝世以后、在遥远而古老的中国,学者们会把他们关于欧洲近代农民运动的历史分析当做中国农民战争史研究的指南。

和马、恩、列、斯相比,毛泽东对中国历史当然最具有发言权,关于中国历史发展的高度的理论概括,确实前无古人、后无来者,切中中国历史发展的特点和规律。但是,毛泽东的这些理论依然是为了革命需要,是为了解答中国革命过程中的各种理论问题,而不是学术探讨,毛泽东自己也没有以历史学家自居,更没有把自己对封建社会阶级特点和阶级矛盾的概括作为新中国史学研究理论指导的意思。所以,断章取义、削足适履式的史学研究、特别是农民战争史研究,并不能归因于经典作家们理论本身的局限,而应该从研究主体的历史传统和时代特点上找原因,从而历史地看待农民战争研究和时代政治的依附关系。

用历史的眼光看问题,“解经”是中国的学术传统。自从汉代儒学独尊以后,儒家著作被确立为“经”,学者们对现实问题的关注必须以儒经为依据,建立在对儒经的解释和发挥的基础之上,引经据典是立说的前提,而且这种阐释的学术空间随着时代的变化而日益狭隘,人们的思维最终被限定在绝对化了为君主专制辩护的政治伦理之中。无论是对历史问题的认识,还是对现实问题的分析,必须按照既定的观念展开,否则就有被视为"政治异端"的风险,既为现实政治所不容,也为士林所排斥。降至清代,在严酷的政治高压下,知识分子已经不敢对现实政治有所分析,思维禁锢在钦定的儒家经书及其解释之中。尽管社会现实和儒经主张的理想背道而驰,知识分子却集体无意识,依然沉溺于经书的梦幻之中。当天朝上国被西方列强打得气息奄奄的时候,变法求存成为当务之急,也只能打着孔子旗号宣传时代诉求,尽管如此,绝大部分官僚士大夫仍然不予认同。直到清朝灭亡,军阀混战,列强瓜分中国,摆在国人面前的不仅仅是亡国的问题,而且有着灭种的危险,知识界才开始醒悟,明白经学不能救中国,转而向西方寻求救国救民的药方,开始运用西方的理论包括马克思主义的理论,从不同层面、不同立场、运用不同的理论分析中国的历史和现实,探索中国的已然和应然,并且随着历史车轮的前进,马克思主义理论和方法以其无可代替的科学性逐步扩大其领地。

20世纪上半叶的中国,无论是思想界,还是学术界,都是一个多元的时代。但是,稍作比较又不难发现,每一种思想学说、每一种学术流派、每一种思想观念,无不其来有自,各有其渊源,或者是中国传统的延续,或者是舶来品,真正为当时学人或思想家原创的出于学术研究的微乎其微。当时各种观念、立场、学术观点的交锋,究其实质,都是运用新的或者旧的或者兼而有之的理论、观念解释中国历史和现实的结果,站在不同的立场,在分析中国的历史和社会的时候,又都有着各自的政治判断。从学术思维的角度看,这些都是解经式的学术思维,表面上看,是用西方近现代的理论方法解释中国历史和社会,实际上是用中国的事实说明西方的理论观念。马克思主义史学也是如此。

十月革命的一声炮响,为中国送来了马克思列宁主义。伴随着十月革命的炮声进入中国的马克思列宁主义和近现代西方其他学说不同,它不仅仅是作为一个思想学术流派进入中国的,而是作为一种革命的指导理论来到中国的,并且指导着中国革命,以之作为史学研究的指导理论远非马克思列宁主义影响中国的主流,人们用马克思列宁主义的理论研究解释中国历史与其说是学术研究,不如说是用马克思主义理论占领中国史学阵地。中国共产党领导的革命的成功,证明了马克思主义的正确,马克思、恩格斯、列宁、斯大林的著作成为经典,理论界和学术界迅速地集中到对这些经典的学习和运用之中。如果说此前人们对马克思列宁主义的理论还持有怀疑、观望态度的话,现在绝大多数都自觉地、虔诚地投入到对经典著作的学习中去了。毫无疑问,无论是新中国成立之前,还是成立之初,在中国传播的马克思列宁主义理论都是以革命为中心的,远远谈不上思想体系,人们接受的是经典作家们的部分理论,甚至是只言片语。伴随着经典的系统翻译出版,人们发现,对同一现象,经典作家们往往有不同的分析。然而,既然是经典,就是不容怀疑的,就具有普遍意义,就要予以证明,同时作为自己的理论依据,传统的解经式思维在新的历史条件之下又焕发出新的青春:当对历史的和现实的问题有不同看法的时候,必定要在经典作家那里找到相应的理论依据,一旦找到了自己所需要的理论依据,就像上方宝剑在手而理直气壮。至于经典作家们是在什么样的历史条件下作出的分析判断、所依据的事实是什么、其论述是否适合中国的历史实际,往往不在人们的思考范围之内。明乎此,农民战争史研究中的争论常常源于对经典的解释,也就涣然冰释了。

比如,对平均主义的评价,经典作家有不同的论述。列宁说平均主义是农民起义最有力的思想武器,这是就其在极端不平等的条件下平均主义动员农民参加起义的功能说的。而列宁又说平均主义具有反动性,这是从社会化大生产的角度,站在社会主义生产资料公有制的优越性的立场上说的。斯大林说平均主义是农民原始共产主义的思维,是相对于社会主义生产资料所有制改造条件下对农民小私有观念的批评而言的。毛泽东对绝对平均主义的批评是针对当时红军部分指战员的"绝对平均"观念而言的。他们并不是一个层面的话语,不存在彼此否定的问题。然而,在研究者眼里,他们都是针对平均主义说的,说的是同一个问题,于是根据自己的需要分别引用,而互不相让。强调农民平均主义革命性者认为,平均主义在理论上是对封建社会政治经济社会极端不平等的反动,在实践上是动员民众的最有力武器,在革命实践过程中尽可能地付诸现实,给农民带来了切实的利益。反对者则以经典作家们对平均主义反动性的判断为依据,认为农民平均主义不过是乌托邦而已,不仅在历史实践中没有实行过,而且如果实行导致的将是灾难性后果。

如果说平均主义的争论属于各取所需式研究的话,那么关于皇权主义的讨论则是生吞活剥式的解经。斯大林对皇权主义内容的解释只有"反对地主,但是拥护'好皇帝'"这么简单明白的一句话,没有什么玄妙艰涩之处,而且已经明确表示这是针对沙皇时代的拉辛和普加乔夫而言的。人们置沙皇俄国的社会结构、阶级关系和中国封建时代的差别于不顾,不加分析地拿来皇权主义的概念解释中国一切农民起义,把"反对地主,拥护好皇帝"或者阐释为拥护好皇帝、反对坏皇帝、信奉皇权制度;或者认为是封建制度的法典化、人格化,所谓皇权主义就是封建专制主义,等等。当人们从历史和语言的层面考察斯大林的皇权主义内容时,才发现以上的解释不过是生吞活剥和望文生义的结果而已,这不仅因为斯大林皇权主义概念的历史事实不同于中国,而且还有语言学上的翻译问题,原文仅仅是"沙皇的拥护者",和信奉皇权制度或者封建专制主义相去甚远。

中国经学思维传统的特点是借圣人之口表达自己的想法,打着圣人的旗号,说自己的话。所谓"我读六经,我注六经,六经注我"是这一传统思维的典型表达。中国历史上的经学时代、玄学时代、理学时代、心学时代就是这样走上历史前台的。在中国学术史上,夏时衣冠着秦人身躯是司空见惯的,概念相同,内涵各异,人们在使用通用概念表达自己主张的时候,从来不对概念本身有所界定,这是中国学术史的特有景观。农民战争史研究,虽然是自觉按照历史唯物主义的世界观和方法论进行,实际上却是不自觉地用传统经学思维对待经典,在断章取义地解读经典的过程中,自觉或不自觉地加入自己的想法,本来不属于经典的内容就这样成为经典的组成部分。这就是经典作家的一句话常常导致无休止的争论的思维方式上的原因。因此之故,就像我们不能把汉代以后的孔子看做春秋末年的孔子一样,绝对不能把中国农民战争研究中所使用的让步政策、平均主义、皇权主义、专制主义等等概念和马克思、恩格斯、列宁等经典作家所使用的相应概念的内涵等同起来。当然，这是新中国成立以后中国哲学社会科学领域的共性，不独历史学如此。不过，这种思维方式的形成决定于政治，和政治影响相比，思维方式的影响是次要的。

现在谈政治对农民战争史研究的影响。为现实政治服务，是中国的学术传统，无论是有意的疏离，还是自觉地依附，学术与政治总是如影随形，史学尤其如此。这不仅因为当年司马迁所确立的"究天人之际，通古今之变"被后来史家奉为圭臬，更因为每一个史家的知识结构、价值观念都受到时代的制约。"通古今之变"的目的是为了寻找现实问题的答案，无论站在什么立场，给出什么样的答案，总是从现实出发而归结于现实，所以，司马光干脆将历史研究的价值高度概括为"资治通鉴"。从"究天人之际，通古今之变"到"资治通鉴"，反映了传统史学研究与政治关系的变迁，也是史家历史使命感和社会责任感变动的反映。

20世纪上半叶，中国历史发生了天翻地覆式的大改变，在民族存亡的历史危急时刻，中国共产党领导的以农民阶级为主体的劳苦大众建立了人民民主专政的社会主义新中国，千百年来处于社会最底层的劳苦大众有史以来第一次成为国家的主人。中国共产党领导的新民主主义革命在一定意义上是传统农民战争的继续，是先进的阶级、先进的政党领导的农民战争的胜利。随着胜利的到来，自然要重新认识传统农民战争的性质和作用。而马克思、恩格斯、列宁、斯大林对农民的阶级本质都是持批评的立场，都把农民作为社会主义改造的对象。那么，怎样认识农民阶级、怎样把农民这一个小私有阶级转变为以生产资料公有制为基础的社会主义国家公民——即如何用无产阶级的革命性改造农民的私有性，怎样认识中国共产党领导的以农民阶级为基本力量的新民主主义革命和传统农民战争之间的区别和联系，等等，这一系列问题，历史地摆在了史家的面前，如何以农民阶级历史命运变迁为中心去"通古今之变"逻辑地成为史学研究的任务，农民战争史成为新中国史学研究的重点是理所当然的。所有这一切,对于绝大多数史家来说,都是崭新的课题,既有历史观的转变,更有着理论的重新学习,同时要把马、恩、列、斯的理论中国化,把毛泽东对中国社会与历史的分析和马、恩、列、斯的理论统一起来,为新中国建设服务,就成为新中国史学家们必须面对的课题。当然这个过程从马克思主义初传中国的时候就已经开始了。

上已指出,早在20世纪初,面对动荡危机的中华民族,思想界、史学界已经开始从不同层面、不同立场、运用不同的理论分析中国的历史和现实,探索中国的已然和应然。新中国的建立,用事实回答了中国历史的道路问题,毛泽东思想成为马克思列宁主义中国化的理论体系。在这一历史背景之下,急于对空前的历史大变局做出解答的史学家们,把改造传统思想,学习马克思主义、毛泽东思想并用来指导自己的学术研究,当做首要任务。因为,对绝大多数史学家来说,对马、恩、列、斯的理论知之固然很少,对毛泽东思想也只是道听途说而已。而面对历史大变局,原来那些身处社会底层、斗大字不识几箩筐、历来被视为"群氓"的劳苦大众居然成为国家主人!原来的理论知识无法解释这一历史现实,更无法服务于现实,所以大都自觉地投入到马克思主义、毛泽东思想理论学习的热潮之中,并用以指导自己的学术研究。这种学习热潮,当然有着政治运动的挟裹,并不排除部分学者的无奈选择,但绝大多数学者来说是真诚的投入,是真诚地运用历史唯物主义理论进行学术研究的。这是农民战争史研究成为新中国史学争鸣焦点的决定性因素,是史学服务于政治的体现。

人体解剖是猴体解剖的钥匙,对低等动物的认识是在高等动物身上得到科学认识之后才获得实现的。反之,对低等动物的解剖和试验又可以促进对高等动物的进一步认识。新中国的成立,劳苦大众的当家做主,改变了人们对传统农民起义和农民战争的认识,意识到千百年来农民起义、农民战争所提出的等贵贱、均贫富等要求的合理性,并通过对农民起义、农民战争正义性的研究说明中国共产党所领导的新民主主义革命及其胜利的历史必然性。所以,新中国的农民战争史研究自其发轫,就和现实政治联系在一起,是隶属于现实政治需求的学术研究,是为了论证现实政治的合理性、正义性、必然性的学术研究。无论各家观点有多大分歧,其为现实政治服务的价值取向是相同的。如关于农民战争性质的争论,主张农民战争自古以来就反对封建制度者,目的是说明农民群众中间在历史上一直蕴藏巨大的革命热情,只要得到先进阶级和先进政党的领导,就能够把革命理想变为现实。在正在进行的社会主义改造和建设过程中,只要深入发动群众,就能获得胜利,早日建成社会主义以至于共产主义的新中国。主张农民战争不具有反对封建制度性质者,目的则在于说明历史上的农民是小私有者,其意识形态是落后的,和社会主义生产关系是矛盾的,是社会主义改造的对象。而中国是农业国,农民占人口绝大多数,在社会主义建设过程中,必须注意到对农民私有性改造的长期性和艰巨性,而这种改造只有在中国共产党领导下实行生产资料公有制才能完成。

除了以上两种看法以外,主张农民战争在封建社会下行阶段反对封建制度者,则是为了调和农民战争反封建和封建生产方式历史合理性的矛盾,目的亦然是论证中国革命的成功是历史规律的胜利。这要从当时认为的历史唯物主义社会形态变迁一般原理说起。

按照当时通行的历史唯物主义社会形态变迁一般原理,人类历史是按照原始社会、奴隶社会、封建社会、资本主义社会、共产主义社会(社会主义社会是共产主义社会的初级阶段)五种生产方式依次演进的,每一种社会形态都有其相应的生产力、生产关系、经济基础和上层建筑;生产力决定生产关系,经济基础决定上层建筑;在一定条件下,生产关系、上层建筑反作用于生产力和经济基础。在生产力和生产关系、经济基础和上层建筑这两对关系中,生产力是决定性的革命因素,是生产关系变动的决定因素,而生产关系的变动决定着经济基础和上层建筑的变动,最终实现社会形态的转变。进入阶级社会以后,每一种社会都经历了上行阶段和下行阶段,上行阶段就是生产关系能够适应生产力发展的阶段,有利于生产力的进步;下行阶段是生产关系不适应生产力的发展,限制了生产力的进步,而生产力必然要突破生产关系的束缚，并最终表现为阶级斗争和社会革命。这是人类历史发展的普遍规律，研究历史的任务就是认识这个历史规律。中国历史发展本来是符合人类历史发展的普遍规律的，中国资本主义生产关系的发生虽然晚于西方，在封建社会内部已经孕育着资本主义生产关系，正在向着资本主义社会行进，只是比较缓慢而已。但是，由于西方列强的入侵，打断了中国历史发展的正常进程。如果没有西方列强的入侵，中国是完全可以自行进入资本主义社会的。也就是说，中国封建社会的生产力和生产关系有着从适应到不适应的转变。在上行阶段，上层建筑适应经济基础、生产关系适应生产力，其上层建筑和生产关系是适应经济基础和生产力发展需求的，所以不存在反对封建制度的农民战争，这一阶段的农民起义和农民战争反对的只是生产关系不适应生产力、上层建筑不适应经济基础的那一部分内容，而不是要否定封建生产关系、上层建筑的全部内容。如果说，这一时期的农民起义和农民战争是反对封建制度，等于说农民战争在反对适应生产力发展的上层建筑和生产关系，这是违背历史发展的客观规律的，在逻辑上是反动的。而到了封建社会下行阶段，生产关系已经成为生产力发展的桎梏，地主阶级已经不能自行调整生产关系以满足生产力发展的需要，农民战争就担当起反对封建制度的历史使命了。人类历史发展的一般规律，和中国封建社会农民起义和农民战争次数多、规模大的特点，在这里得到了统一，说明了不同时期的农民战争的合理性，既避免了中国农民起义自始至终都反对封建制度的判断和历史唯物主义基本原理的矛盾，又肯定了农民起义反封建的革命性质，更加周密地论证了中国革命胜利的必然性和正义性。

正因为农民战争史研究的政治依附性，政治形势的任何变化，都将导致研究主题和学术话语的变动。这就是 1958 年以后的学术讨论越来越现代化的决定性因素。当“厚今薄古，边干边学”的口号提出以后，学界就迅速响应，无论是学界耆宿，还是青年才俊，抑或是大专院校的莘莘学子，甚至中学师生，都从各自的学科专业和认识层面检讨、批评“厚古薄今”的现象，探寻“厚今薄古”之道，如打破王朝体系，把古人现代化,用现代阶级分析的理论和方法分析农民战争等等,都是“厚今薄古”、服务政治的体现。尤其是在农民战争史研究领域,大多把历史上的农民和地主的对立几乎和近现代的无产阶级和资产阶级的对立相等同,不仅把农民作为一个有着阶级自觉的整体,而且把农民和地主绝对地对立起来,完全无视农民和地主的既对立又统一的辩证关系,完全抛弃了历史分析。应该说,多数参与讨论者绝非曲学阿世,而是发自内心的响应党的号召,用革命理论指导学术研究,无论他们的观点在后人看来存在着多大的缺陷,他们都坚信自己是符合马克思主义的,他们都真诚地希望将自己所学为现实社会主义建设添砖加瓦。而历史的悲哀恰恰在这里得到了充分的体现:学者们越是真诚地投入,其革命的热情越是高昂,与历史真相的距离就愈加遥远!究其根源,政治然也。

当“文革”结束以后,中国政治走出了阶级斗争为纲的泥淖,伴随着思想理论界的拨乱反正,史学界开始总结以往的经验教训,首先是反思阶级斗争理论指导下的农民战争史研究,讨论历史发展动力问题,重新认识农民战争性质和农民平均主义等等。所有这些,谈的是历史问题,出发点则是现实政治变迁的需求。用历史之酒消解现实的块垒,对现实的反思,导致反思历史,通过历史批评来批评现实。所以,评价虽然不同,但是仍然是在同一个层面上思考,通过史学研究的正本清源,促进现实的拨乱反正,依然反映着农民战争史研究与现实政治的紧密性,反映着史学家服务现实的政治热情和谋求政治话语的努力。在经历了1989年的“政治风波”以后,知识分子的政治热情受到空前的冷落,随着中国特色商品经济的迅猛发展,传统的社会结构和价值观念变动剧烈,史学家们发现现实需要的不再是“革命史学”、“政治史学”,而是建设史学——有利于经济发展和秩序稳定的史学。原来的有着鲜明的革命属性的农民战争史研究——包括用做研究指导的马克思主义史学理论,也一并淡出史学研究的视野,代之以新的范式、新的理论,研究那些和现实社会经济建设起码在话语上可以密切联系的历史课题。史学研究和现实政治疏离,而和现实社会的联系密切了。当然,农民战争史研究在新中国史学史上书写了最为浓重的一笔,我们不能因为农民战争史研究政治色彩强烈，现在处于史学研究的边缘，而无视农民战争史研究的学术地位，忽视其对新中国史学发展的巨大作用。

三、农民战争史研究的学术价值

无论农民战争史研究存在着多大的局限性，其对中国史学发展的影响是广泛的，其学术价值是巨大的。本文限于主题，不能一一展开，仅从历史观和方法论方面略加撮论。

农民战争史研究对新中国史学发展的影响，最突出的体现是历史观的改变：不仅改变了传统史学的立场，而且将史学研究的目光下移至普通民众，这是中国史学的革命性的改变。

众所周知，物质生产是社会存在的前提，社会发展以物质生产的发展为基础，人类历史是每一个社会成员共同创造的，尽管不同社会地位的人因为其个人能力和对社会资源支配权力的差别，对社会发展的影响不同，但是，归根结蒂，首先要肯定的是那些从事物质生产的劳动者的地位和贡献。这在现代看来是个科学常识，但是在历史唯物主义问世以前，人们并不是这样认为的。帝王创造历史、英雄史观支配着人们的头脑，从事物质生产的占人口绝大多数的“劳力者”因其处于被统治地位而被排除在史学研究的视野之外，史家眼里只有那些掌握政权的“劳心者”。所以，在浩如烟海的历史文献中，关于下层社会、基层农民、手工业者的生产生活的记载是少而又少的，对下层民众的有限记载多是官僚和思想家在讨论社会矛盾、社会问题时提及的，目的是如何避免这些“劳力者”造反、实现统治的长治久安。所以，无论是封建社会的史学研究，还是近现代受到西方社会科学理论影响的史学研究，他们研究的只是少部分人的历史，他们研究的是权力阶级的历史——以帝王将相、官僚士大夫为核心的统治阶级的历史，看到的是权力对社会发展的决定作用，看不到广大劳动民众的历史活动，看不到权力赖以存在的经济基础，更看不到人民群众的历史作用。从历史观的层面说，尽管他们强调客观、“实录”，强调历史研究的科学性，但是，都是有意无意地站在权力阶级的立场上观察问题,研究的结论无不是权力阶级的价值判断,直接或间接地阐释着统治阶级的历史作用。

而农民战争史研究第一次使史学家的眼光集体投向了社会基层,第一次正视了劳苦大众的生存状况、意识形态、历史地位,从统治阶级和被统治阶级的冲突中探寻历史发展的真相,把统治阶级和被统治阶级作为一个研究课题,共同考察,从而使历史研究获得了完整的学术意义。尽管在农民战争史研究中存在着阶级斗争夸大化的倾向、有着片面强调农民起义和农民战争的历史作用、拔高农民起义领袖、直至将农民战争现代化的缺陷,但是,从历史观的层面看,眼光向下,深入社会底层,全面地考察历史运动,无疑是历史观的革命。现在方兴未艾的社会史、社会生活史、经济社会史、风俗史、秘密宗教史、家族史等等以全体社会成员为对象的史学研究,都直接或间接地在历史观和方法论上受惠于农民战争史研究。

其次,推动了对历史规律及历史唯物主义基本原理的探讨。人人创造自己的历史,但人人都不能随心所欲地创造自己的历史,主观愿望和客观结果总会有着这样和那样的差异。在这一系列差异的背后,有着不以个人意志为转移的历史逻辑,正是在这个历史逻辑作用之下,社会形态由低到高地运动着。这个运动过程是有规律可循的,认识这个规律,了解历史存在的所以然,是人由自在向自为转变的前提。

众所周知,关于历史规律问题,斯大林在《联共(布)党史简明教程》中曾经概括为五种社会形态的依次演进,即原始社会、奴隶社会、封建社会、资本主义社会、共产主义社会的由低到高的发展。但是,毋庸置疑的是,这五种社会形态说不是建立在对人类历史研究的基础上的,而是对欧洲历史的逻辑概括和对未来的展望,是为了证明苏联社会主义革命和政治、经济模式的合理性的,并不具有普遍的历史意义,和中国的历史实际距离更大。然而,在新中国成立初期,全面学习苏联的政治形势下,五种社会形态说是作为历史唯物主义理论核心影响着中国史学研究的,尽管中国的史学家运用马克思主义史学方法对中国的奴隶社会、封建社会形态做出了自身的理解,说明中国有着自己的历史道路和特点，但是图解五种社会形态的现象是广泛的。所以，随着对马克思主义史学理论和方法理解的不断深入，特别是"文革"结束以后，对教条式历史唯物主义理论的反思，人们对五种社会形态及其生产方式的科学性提出质疑，有的学者矫枉过正，怀疑历史发展有无规律可循，在批评把农民战争史研究现代化的错误时，怀疑甚至否定历史规律的存在。其实，否定历史规律的存在是站不住脚的，五种社会形态理论的不科学不能归咎于历史规律的存在与否，而是对历史规律的认识问题。

上已指出，新中国成立以后，人们是按照生产力决定生产关系、经济基础决定上层建筑，在一定历史条件下，生产关系和上层建筑反作用于生产力和经济基础来理解和运用历史唯物主义基本原理的。其科学之处，是使人们充分注意到了生产力和经济基础的作用，人们开始从物质生产的层面寻找社会变迁的原因。其不足在于单向决定论，即只强调生产力和经济基础对生产关系和上层建筑的决定作用，而没有看到生产关系和上层建筑对生产力和经济基础的反作用。因为历史实践反复表明，在一定历史条件下，生产关系和上层建筑不仅仅是反作用于生产力和经济基础，而是决定着生产力的发展和经济基础的变动。"反作用"和"决定作用"是两个概念，有着质的不同。

生产力和生产关系、经济基础和上层建筑是辩证的统一体，历史运动是经济、政治、思想各个方面辩证统一的过程。尽管从历史哲学上说，社会的交替变革是由生产力发展和生产关系发生矛盾引起的，但是其历史的表现并不是这种矛盾，而先是思想观念的变化，其次是政策、制度的变化，最终才落实到社会经济上面来。也就是说，社会变革的历史表现形式是头脚倒置的过程。传统历史文献记载下来的是这些思想、制度、政策的变迁过程，记录的是统治阶级的历史行为，所以，人们往往先从思想意识层面看历史变革，以政治形势的变革为归宿，从思想意识层面考察制度和政策的由来和作用，自然地把历史发展归结为统治阶级及其领袖或者圣明天子。至于社会经济关系中的矛盾与社会变革的关系，因为隐蔽在错综复杂的社会结构内部，人们是难以察觉的，更不会意识到农民群众的历史作用,不可能认识到社会经济内部的矛盾运动的决定力量。是马克思主义的世界观和方法论,才发现思想、政治的变革源于社会生产力和社会经济关系的矛盾运动,才发现了人类历史变动是有规律可循的。农民战争史研究,正促进了对历史规律的探索,当然,这个促进作用,既有正面的直接促进,也有反面的间接促进。

改革开放以前农民战争史研究的思路,是按照生产力决定生产关系、经济基础决定上层建筑的单一模式展开的,是生关系阻碍了生产力而导致阶级矛盾的激化,导致了农民起义和农民战争;农民战争则以暴力的手段改变生产资料即土地占有状况、迫使地主阶级减轻剥削,或者直接打击了地主阶级剥削力量,实现社会生产的继续进行,推动了历史前进。这就把人们的目光引向了社会经济关系内部,从物质生产及其条件变迁的层面探寻历史变迁原因。通过每一次王朝的兴亡,农民战争的周期性爆发,新王朝统治政策和制度的调整与社会经济的周期性的治乱交替,说明了社会经济内部矛盾运动对历史发展的决定性意义,以及国家制度变革、政策调整的作用。其意义不仅仅在于考察农民战争的历史作用,而且促进了我们重新认识社会存在和社会意识、生产力和生产关系、经济基础和上层建筑的关系。社会存在和社会意识、生产力和生产关系、经济基础和上层建筑的关系不仅仅是单向的决定和被决定的关系,而是互为决定因素的关系。在一定的历史条件下,思想观念,社会意识,上层建筑,对社会存在、经济基础有着决定意义,成为历史发展的决定力量。人们逐步认识到封建赋税徭役制度对生产力的影响、政治清明或者腐败对社会矛盾的化解和激化,国家机器和功能的变迁对社会发展的推动和阻碍,而所有这一切,都呈现着周期性的变化,不以人的主观意志为转移,最后终于使我们认识到在一定条件下生产关系、上层建筑对生产力、经济基础的决定性作用,从而主动调整生产关系、转变国家职能,实现生产力的发展、提高民生水平和质量,最终明白了“革命就是解放生产力”的科学含义。所谓“革命就是解放生产力”,就是通过革命手段改变生产关系和上层建筑实现生产力的解放的，生产力的发展并不能自然导致生产关系和上层建筑的改变，更不能决定社会性质。这是农民战争史研究给当代中国史学的最大启示，可以说，没有农民战争史研究的反复探索，我们对中国历史规律及历史唯物主义基本原理的认识还要有一个过程。

其三，促进了对中国历史特点的认识，促进了中国特色的马克思主义史学的建立和发展。新中国成立以来的农民战争史研究，是在经典作家的理论指导下开始的，但是随着研究的深入，人们逐步发现，经典作家们的理论基础和中国历史事实有着相当的距离，于是开始了对中西历史的对比研究，既有总体上的社会结构的对比，也有具体的社会阶层的对比，从而把握了中国封建社会政治结构、经济结构、阶级结构的特点，摆脱了欧洲中心论的影响，说明了中国历史发展之路既有人类社会的共性，更有着自己的个性，而且这个个性才是人类历史的常态，从而逐步地走出了教条主义框框，走上了实事求是的科学研究之路。可以说，当代的中国特色社会主义之路正是建立在对中国国情的历史认识之上的。

马克思主义史学的初传中国，是作为具体的理论发生影响的，人们对马克思主义史学的立场、观点、方法不可能在短时间内全面掌握。而马克思主义是观点、方法和理论的统一体系，仅仅运用经典作家们的具体理论作为研究的指导，自然陷于解经式研究的漩涡中，如坠五里雾，晕头转向，不得其门而出。这是现在学者经常诟病农民战争史研究的地方。其实，这种现象虽然存在而且曾经很普遍，但是，我们应该看到，新中国马克思主义史学体系的建立正是从这种引经据典式研究开始的。从具体理论入手，而后逐步掌握马克思主义史学的立场、观点、方法，运用马克思主义史学的立场观点和方法研究中国历史事实，透过历史现象，揭示历史本质，抓住中国历史特点，总结出自己的理论认识，从而形成有中国特色的马克思主义历史学。比如通过农民战争研究，揭示中国和西方封建社会的阶级结构、生产资料、意识形态以及国家与社会关系的差异，得出了中国特色封建社会的结论，并因此对奴隶社会的阶级结构、社会组织、国家形态等等问题的认识有所启示。

农民战争是封建社会阶级矛盾的最高表现形式,是封建社会矛盾的总爆发。研究农民起义和农民战争,必然研究封建社会历史的整体变化。尽管在研究过程中,每一个研究者因为知识结构和研究视角不同,会有不同的侧重,但是,通观农民战争史研究全貌,实际上构成了封建社会整体史的研究,许多学者从不同的侧面研究农民起义和农民战争,或者从土地问题入手,或者从徭役赋税制度入手,或者关注吏治问题,或者研究民间信仰、宗教问题,或者探讨民族矛盾和阶级矛盾的关系,因为这些问题都体现在农民起义和农民战争的过程之中,许多学者从某一个问题入手而后兼及其他,实际上在不断开辟新的研究领域。无论是就农民战争史研究总体而言,还是就某一个体研究者而言,都构成了对中国封建社会的阶级关系、社会结构变迁的全面研究,做的就是封建社会整体史研究,探索封建社会结构的变迁过程,如经济史、制度史、思想史、民族史、社会史以及史学理论等等,都因此而深化,在方法论上更有着整体史观的意义。在历史研究趋于碎片化的今天,总结这一点,更有意义。

四、农民战争史研究的未来

人们思考问题总是随着时代的变迁而转移,史学研究也不例外。随着改革开放的行进,经济建设特别是市场经济成为时代的轴心,阶级斗争早已远离时代的主流话语,社会和谐成为政治建设的目标,发掘和继承历史遗产,为建设和谐社会服务,成为史学研究的时尚,农民战争史研究远离史学家的视野,现在已经成为不争的事实。

然而,农民战争次数多、规模大,是中国封建社会的客观存在,对中国社会发展影响深刻而久远。无论后人重视与否,如何认识,怎样评价,这个存在是不会改变的,而且是无法回避的。无论是研究社会史、经济史、政治史、思想史、文化史,还是研究制度史、宗教史、生活史等等,无视农民起义和农民战争,都难以求得历史的真相,都不免被历史的表象所迷惑,难以抓住历史的本质。因为,封建社会的一切物质文明和精神文明成果都是以农民的生产创造为前提的，封建社会上层建筑的全部功能都是围绕着治理农民展开的。无论是制度设计，还是思想教化，归根结底一句话：都是为了实现以农业为主的经济生产的进行，保证国家财政收入的稳定，从而实现政治统治的稳定。农业和农民，是封建社会所有社会问题和社会矛盾的核心。所以，把握封建王朝前期统治政策的调整、制度设计的变化、统治思想的改变，固然要了解农民起义和农民战争，分析王朝后期社会矛盾激化，更要从农民命运变迁入手。而当代中国虽然处于迅速工业化阶段，仍然是一个农业国，而且在相当长的历史时段内都将是农业大国，农民是我国人口的主体，农民、农村和农业问题仍然是社会矛盾的核心问题，所以，抛开史学研究的学术价值不谈，就以“服务现实”的功能来说，也要对以往的农民起义、农民战争进行深入研究，为现实提供历史借鉴。不过，这里所说的历史借鉴，有着特定的含义，是指通过历史研究为现实决策提供战略依据，而不是其他的什么“借鉴”，今天抓廉政就写个廉政史，明天说和谐就写个和谐史，好像我们的老祖宗早就给我们准备了无所不包、无所不能的百宝囊，现在需要什么就向祖宗的袋子里掏就是了，要什么有什么，样样管用。这不是什么借鉴，这是庸俗的附会史学。

当然，在新的时代，如何展开农民战争史研究，是个需要探索的课题，每个人都会有自己的选择。但是，有一点是可以肯定的，就是要有科学方法、正确的立场，这就要坚持马克思主义历史观和方法论。

进入1980年代以后，中国再次进入学术研究理论和方法的多元时代，特别是史学研究，不仅西方各种史学理论和方法竞相绽放，而且其他学科的理论和方法也被应用于史学研究，如政治学、文化学、社会学，包括自然科学的某些方法如控制论、系统论、信息论等等，都在史学研究中得到展示，使新时期的中国史学焕发出新的异彩，相比之下，马克思主义史学理论和方法没有了往日的辉煌。引用近现代西方某位学者的某个概念、某个名词作为自己立论依据，甚至是一个普通学者的一句老生常谈，表示自己研究和国际接轨，在某种程度上已经成为时尚。但是，无论现代的史学界怎样评价马克思主义，客观上都多少受到马克思主义认识论的影响,他们所依据的前人的研究成果大都是马克思主义史学成就,不过是有些人不愿意承认而已。如果用比较的眼光看问题,马克思主义史学研究早已说明:只有马克思主义才使历史研究成为科学。就农民战争研究而言,更是只有马克思主义才能指导农民战争史研究,才能站在历史的高度,抓住社会矛盾的本质,科学把握农民战争发生、发展和历史变迁的内在逻辑,不会把农民起义和农民战争看做孤立的历史现象,而是作为分析社会矛盾的总枢纽,才能抓住社会矛盾的核心和矛盾的主要方面,才能找到解决矛盾的途径。

这里所说的马克思主义,是指马克思主义历史观和方法论,而不是马克思、恩格斯、列宁等经典作家们的对历史问题的具体论述;是用马克思主义的历史观点看历史,用马克思主义的历史方法分析历史现象,而不是要继续新中国成立以后某个阶段的章句式研究;同时也不是按照教条化的历史唯物主义公式图解中国历史。章句式史学和公式史学,都是非马克思主义的。马克思主义历史学并不是什么理论和公式,而是立场和方法。理论是根据既定的事实得出来的认识,时过境迁,人物俱非,认识自然会改变,怎能拿着以往的理论解释新的事实呢?因为新中国成立以来的史学研究,特别是农民战争史研究,走过章句史学和公式史学的弯路,在人们心目中,把马克思主义历史学和章句史学、公式史学紧紧地联系在一起,谈到马克思主义历史学就以为是按照所谓的历史唯物主义基本原理——生产力决定生产关系、经济基础决定上层建筑,在一定条件之下生产力关系、上层建筑反作用于生产力和经济基础来解释封建社会内部矛盾运动,或者是按照五种生产方式论解释历史发展。其实,这完全是误解。

现在先谈立场和观点问题。

历史是客观的存在,历史存在的最大特点是不可再现性,人们无法目睹历史场景的原貌。而历史学是人对历史存在的认识,人的认识因为时代不同、知识结构不同、立场不同、看问题的角度不同,所关注的历史人物、历史事件、历史场景各不相同,得出的历史认识也就千差万别,对同一个问题、同一个人物、同一个事件、同一个场景就有截然不同的看法。如上文提到的对农民战争史上宗教性质的分析，一种观点认为起义农民利用宗教宣传自己的革命主张，发动农民以暴力的手段反抗地主阶级及其代表封建官府的剥削和压迫，所利用的宗教虽然具有迷信性质，但是，其功能具有进步意义，无论是东汉末年的五斗米道、太平道，还是太平天国的拜上帝教，应当予以肯定性评价。相反的观点则认为，无论是五斗米道、太平道，还是拜上帝教，都是愚昧落后的，性质是反动的“邪教”，都是对现存秩序的破坏，都应该予以彻底的否定。其原因，就在于论者的立场不同。所以，无论作者是如何隐蔽自己的立场，立场总是客观存在的，而且立场直接决定着研究者即认识主体的价值判断。所以，要深化农民战争史研究，必须坚持马克思主义的立场。

众所周知，历史观是个哲学问题。恩格斯曾经指出，哲学的根本问题是思维和存在的关系问题。恩格斯说：“什么是本原的，是精神，还是自然界？哲学家依照他们如何回答这个问题而分成了两大阵营。凡是断定精神对自然界来说是本原的，从而归根到底以某种方式承认创世说的人……组成唯心主义阵营。凡是认为自然界是本原的，则属于唯物主义的各种学派。”①按照这个标准，我们可以把各种各样的历史观分为唯物主义历史观和唯心主义历史观：主张社会意识是社会发展本原的，属于历史唯心主义；主张社会存在决定社会意识的，则属于历史唯物主义。正如哲学上的思维和存在是辩证统一关系一样，历史上的社会存在和社会意识也是辩证统一的关系。人是万物之灵，人有思想意识，人有思维活动，人在思想观念指导下活动，人经过思维而后活动。人不管从事什么活动，都在一定的思想指导之下、为了一定的目标而进行，说社会存在决定社会意识，是就二者的本质属性而言的，而不能因此否定社会意识的作用。我们以往谈唯物主义历史观，只强调社会存在决定社会意识，是单向的线性决定论，是错误的。因此之故，我们应该按照辩证统一的原则考察社会存在和社会意识、生产力和生产关系、经济基础和上层建筑的关系，即：社会存在和社会意识的辩证统

① 《马克思恩格斯选集》，第4卷，人民出版社，1972年，第219~220页。

一、上层建筑与经济基础也就是政治和经济的辩证统一、生产力与生产关系的辩证统一。在社会变迁过程中,这三者是相互贯通的,无论是政治还是经济,都要将主观和客观统一考察。如果只从思想意识层面考察社会和历史变迁,虽然也能做出看似周全的解释,在一定条件下,看上去社会变迁确实是随着人的意识变化而变化,所谓人人都在创造自己的历史,人人都有意识,人人都在为自己的目标而奋斗,但是,这不能解释:人们为什么不能完全按照自己的意志去创造历史,预期的目的和实际结果总有这样或者那样的距离。其原因就在于脱离社会经济考察社会政治的变迁。

反之,如果只强调社会经济的作用,忽视社会意识,就成为经济决定论,社会经济就成为一种强加于人的外在的命定力量,就会脱离人的活动考察社会变动,就会见物不见人,机械地认为一种经济基础就只能有一种上层建筑。事实上相同的或相似的经济基础存在着不同的上层建筑、有着不同的政治形式,这是因为采取什么样的政治形式是历史传统和现实各种力量平衡的结果。所以,既不能脱离经济基础考察上层建筑,也不能仅仅依据经济基础考察上层建筑,而应该将二者统一起来。只有这样,才能透过历史表象,抓住历史本质,否则,我们就会被错综复杂的历史现象所迷惑,主观上是要寻找历史规律,事实上把错误认识当做历史规律。在这方面,我们是有着惨痛教训的。如新中国成立以后阶级斗争为纲之所以长期成为政治指导思想,就在于脱离社会经济考察政治问题。阶级斗争以特定的社会经济关系为基础,有这样的社会经济关系,就有相应的阶级关系,存在相应的阶级斗争;社会经济基础不存在了,相应的阶级关系也就不存在了。但是,新中国成立以后,已经完成了生产资料公有制的社会主义改造,地主阶级、资产阶级、农民阶级的构成基础——私有制已经被铲除,可是却继续坚持阶级斗争为纲,拿着放大镜在党内外寻找剥削阶级代理人,这实际上走向了历史唯心主义,酿成严重恶果。现代各种思想学说流行,如果我们不从中国社会经济实际状况出发,不考察这些学说的产生基础,照猫画虎式地建设什么模式,必然受到历史的惩罚,而且和主观愿望即使是非常善良的愿望大相径庭。如果不加分析地用各种理论解释中国历史,看上去虽然新鲜,但是在方法上不过是传统经学思维的继续,和中国的历史实际距离更远。按照这个路子走下去,历史不仅仅是任人打扮的小女孩,而且将成为任人揉捏的橡皮泥,是新的历史唯心主义,其危害将会更大。

同样道理,我们在农民战争史研究中也有着类似的教训。如从阶级斗争是历史发展动力这个抽象的理论出发,为了表明是站在农民阶级立场上,认为历史文献中关于农民起义的记载都是污蔑不实之词,将凡是文献记载的“盗匪”、“乱民”都看做是农民起义,凡是农民起义的行为都是正义的革命行为,都推动了历史的前进。与此相反者则认为文献记载非常明白,盗匪就是盗匪,农民军具有极大的破坏性,每次农民战争过后,社会秩序、社会生产都遭到极大破坏,导致历史的倒退,于是把中国封建社会发展缓慢的原因归结为农民起义多、农民战争规模大。看上去,都有理论和事实依据,实际上都程度不同地陷入了历史唯心主义的泥坑,或者从既定观念出发,或者只抓住历史表象予以放大,都背离了历史发展的本质。又比如对农民平均主义评价问题,从农民和地主绝对对立的观念出发,认为农民的愿望就是小土地所有制,地主则是大土地所有制的拥护者,大土地所有制是地主阶级及其国家政权存在的基础,农民革命的目标是反对大土地所有制,提出了平均土地的要求,反对大土地所有制就是反对地主阶级及其国家政权。相反的观点则认为,农民和地主就不是一对对立的阶级,地主由农民而来,农民的理想就是成为地主,农民主张平分土地,不过是要把地主变为普通农民而后由自己当地主而已;如果农民起义的目的就是要当个个体小农,其目的真的成为现实,只能是历史的倒退。这两个看上去截然对立的观点,本质上都是违背历史唯物主义的经济基础和上层建筑辩证统一原则的,都犯了经济决定论的错误,而且对地主经济和农民经济及其与封建国家关系的认识也是不符合历史实际的。

在新中国成立以后的农民战争史研究中,这种根源于历史观的缺陷,几乎在所有问题的讨论中,都程度不同地存在着,这里就不一一列举了。而所有这一切，都是在历史唯物主义旗号下发生的，都认为自己是历史唯物主义的正确表达。正因为如此，现在人们有意无意地回避历史唯物主义概念，不再提马克思主义历史学。显然，回避是回避不了的，用其他理论方法代替历史唯物主义也是难以奏效的，因为这些理论观点不可能抓住历史本质。正确选择是回到历史唯物主义的正确轨道上来。

立场、观点既明，现在谈方法问题。

有了科学的立场和观点，还要有科学的方法。不同问题有不同的方法，不同的研究主题也有不同的方法。所以具体的研究方法是各不相同的。但是，通过农民战争史研究的学术史回顾，针对以往研究在方法上的不足，我以为，虽然人人都有自己的方法，但是建立在马克思主义史学基础之上的研究方法，有如下两点是共同的。

第一，站在历史发展的高度，全面、系统、辩证地看问题，实事求是，科学判断和价值判断相统一。这里说的历史发展，不仅仅是指传统意义上的生产力进步、社会文明进步，而是在生产力提高的基础上，社会各阶级、各阶层成员，也就是每一个社会成员起码是大多数社会成员的生活质量提高而言，既包括物质生活、也包括精神生活。不同阶级、不同阶层的社会成员生活质量提高的程度会有所不同，但是都有所提高，而不是一部分人的提高建立在另一部分人的降低基础之上。

说到实事求是，可是个老生常谈的问题，任何人都认为自己的研究都是实事求是的，任何一种观点都有事实做依据，因为历史现象是复杂的，几乎可以为任何一种观点提供事实依据。但是，这并不是马克思主义史学观的实事求是。马克思主义史学观的实事求是，首先要求全面地、系统地搜集史料，全面地把握历史场景，而后透过现象探寻本质，找到各种历史现象背后的内在规定性。问题的关键就在于如何透过历史现象寻找历史本质，也就是如何去“求”历史之“是”。虽然拥有很多资料，如果“求”的方式不对，依然是难以抓住历史之“是”的。由于历史场景的不可重复性，我们看到的历史资料大都是后人取舍加工的官方记录，或者受到政治立场的局限，或者是个人知识结构和价值观的影响,和历史实际总会有一定的距离,不加分析地进行一番资料排比,虽然资料丰富,很具有科学性,得出的结论却未必正确。比如以土地问题而论,我们考察农民的生存状况,首先要从农民的土地占有状况入手,如果我们仅仅以官方发布的制度政令来分析,和农民实际占有的土地状况就会相去甚远。再如我们仅仅根据历代文献记载的政府颁发的政令来探讨农民的赋税徭役负担,和历史的真相必然不符。因为制度规定和历史实践之间是有距离的,制度规定绝不等于历史事实。这既有制度设计的因素,也有各级官府在实施过程中对制度的变通与违背,也有官僚上下其手的原因,也有社会发展的区域差异,等等,不考虑这些因素,得出的结论必然似是而非。再如以历代统治思想和政治实践而论,打开史籍,仁政德治是历代王朝的指导思想,帝王们个个都是圣明天子,各级官僚无不爱民如子,个个清廉,可是,历史向我们证明了什么?这些就不必多说了。这就要求我们在尽可能搜集历史资料的基础上,系统地、联系地、发展地、辩证地从历史实践与历史发展的层面分析这些资料,凡事都要追寻前因后果,要抓住各种现象特别是相互矛盾的历史现象背后的一致性,才能不被表象所迷惑。

以农民战争史研究而论,如果就事论事,对历史资料不加分析,历史上根本不存在什么农民起义,最多有流民造反。因为造反农民大都是以匪类的形象被记录下来的,他们烧官府、杀官僚、打豪强、分田地,不知比那些打家劫舍的强盗要强暴多少倍,对社会秩序、官府统治的破坏作用大多了。试问,这样分析农民战争谈得上史学研究吗?答案当然是否定的,即使主观上没有在为封建剥削压迫辩护,起码在客观上和封建御用文人传声筒的作用没有区别。其原因就在于不能透过现象看本质,孤立地、表面地看问题,没有追问:农民为什么流离失所?在农民流离失所的过程中,官僚与官府起了什么作用?地主起了什么作用?破产农民的土地财产哪里去了?农民为什么受教育程度低?为什么愚昧落后?其为什么要用宗教的方式彼此联络、表达自己的主张?如此等等地追问下去,还能心安理得地说农民起义是反动的、反社会的破坏行为吗?果如此,这样的研究又有什么意义?同样道理,从一个极端到另一个极端，凡是看到农民暴动的行为都一律肯定，完全无视农民战争的消极面，也是违背历史真实的。关键在于，如何站在历史发展的高度，全面、系统、辩证地看问题，才能实事求是地把握农民起义的因果关系，才能做到科学判断和价值判断相统一。

第二，历史和现实相统一。今天的中国是昨天中国的延续，过去中国是农业国，现在和将来的中国也还是一个农业大国，农业人口依然占总人口的大多数。现在农民、农业、农村的许多问题在历史上曾经存在过，总结历史上农民、农业、农村问题，对现实是有着重要历史意义的，可以为现实决策提供战略依据。比如古代基层政权组织与基层社会控制、乡官里吏与农民赋税徭役实际负担、宗族血缘关系与基层社会秩序、农民破产、离开土地之后的流向及其影响，等等，都直接关系到农民的生存状况，和农民起义及其特点密切相关，也是研究农民起义的重要组成部分。同时，对现实农民、农业、农村问题无疑有着认识意义。此外，从认识发生学层面看，人们无论研究什么问题，总是从现实出发的，从现实社会变迁中获得启示，从现实立场出发，受到现实价值观念的制约。无论研究者主观上是否有从现实出发的自觉，都无法摆脱现实的羁绊。所谓的“一切历史都是当代史”就是在这个意义上得以成立的。从中国传统史学思想来说，“通古今之变”也好，“资治通鉴”也好，“古为今用”也好，都是不同时代历史和现实关系的功能性表述。新中国的农民战争史研究曾经因为政治需要而兴盛，也因为政治变迁而沉寂。兴盛与沉寂，都是政治使然，反映的是现实政治对历史学的不同需求。所以，农民战争研究，是历史课题，也是现实课题。那么，怎样处理历史和现实的关系就成为农民战争史研究走向深入的关键。

本文认为，只有历史和现实统一，即现实社会发展的历史基础和历史变迁的现代作用相统一，避免把历史现代化和为历史而历史，才能真正地把农民战争史研究推向深入。上已指出，新中国的农民战争史研究，是史学现代化的政治史学的集中表现，所以随着时代变迁而不断转移话语形态和分析体系，对农民战争的评价像过山车一样忽上忽下，由原来的竞相研究农战史到纷纷远离农战史，实际上都是非科学的历史态度。在革命年代,提倡造反有理,于是大力研究农民战争。当中国共产党意识到本身已经由革命党变成为执政党以后,当务之急不再是进行政治革命,而是以经济建设为中心时,学者立即改变话题,转而批判农民战争。这种研究方式,看上去是要改变史学对政治的隶属性格,实际上恰恰反映了试图通过疏离农战史研究把史学降为现实政治附庸的新尝试,都是要把农民战争史研究绑在现实政治的车轮上,与世俯仰,至于对农民战争的历史真相究竟如何,和历史发展的关系究竟如何,对现代社会的影响究竟如何,起义农民的主观愿望和客观结果究竟如何等等一系列问题的探究倒成为次要问题了。有的学者鉴于此,干脆远离农战史话题,表明自己远离现实政治,做起为历史而历史的纯学术研究,也就毫不足怪了。但是,历史上的农民战争不会因为我们逃避而消失,也不会因为我们看法的改变而改变,其对现实的影响依然发生。与世俯仰,主观地抬高和贬低农民战争以附会现实固然要不得,刻意回避农民战争也有逃避史家社会责任和历史使命的嫌疑。正确选择是正视历史、直面现实,承担起历史使命和社会责任,立足现实,返观历史,回到现实,展望明天。这样既不会重蹈农民战争史研究中出现过的"厚今薄古,古为今用",把史学研究现代化、政治化的覆辙,也不会把现实历史化,而真正地"通古今之变",从历史和现实相统一的层面,做到农民战争的科学研究和价值判断相统一。明乎此,我们就不会因为现实政治对阶级斗争、平均主义的需要,而不断改变对农民战争历史作用和农民平均主义的赞扬与批判,也不会因为现代社会的"邪教问题"而把五斗米道、太平道也看做是邪教而彻底否定,也不需要刻意地在李自成事迹中专门寻找如何模仿明朝政权、重用地主官僚,说明大顺政权的封建性质;也不需要刻意寻找大顺政权采取过那些打击地主阶级的政治经济措施,说明大顺政权是农民阶级专政,从而就农民政权性质争论不休。历史研究不是为了肯定什么、否定什么、给历史事件定性,那样做是很容易的,也是没什么意义的,而是要研究历史存在的究竟所以及其与历史发展的关系,农民战争尤其如此。

明白以上的基本立场、观点和方法,对于突破前人窠臼、深入进行农民战争史研究就不是难事了。这就是扩大视野、转换视角,不再就农民战争论农民战争,而是站在历史的高度,从社会冲突与社会发展的层面,不再纯粹地从农民阶级与地主阶级对立的角度,而是从国家权力与社会矛盾的集结与消解的层面,揭示农民战争的究竟所以。地主和农民是我国封建社会基本的阶级关系,但是,二者并非如后人理解的绝对对立。这一方面因为中国封建社会所特有的社会阶层的流动性会导致地主和农民地位的变迁,改变彼此的成分;另一方面地主和农民常常面临共同的社会困境,所以在农民起义过程中有农民和地主并肩作战的现象,尽管参加农民起义的地主是少数,但是对这个历史现象不能忽视;再者,镇压农民起义的官军、地主团练的构成主体也出身贫困的农民。这不仅是地主阶级对农民阶级的蒙骗或者是地主阶级内部分裂所能解释的,而要归结于国家力量与社会矛盾的形成和激化。按照列宁的论断,国家的本质是阶级统治的工具,但是又是凌驾于社会各个阶级之上的权力机器,起码在表面上看上去代表全社会的利益,而在家天下的时代,朝廷治下的地主、农民、商人、手工业者都是皇家的臣民,官府的任务就是要把他们彼此之间的冲突限定在秩序的范围以内,保证家天下的长治久安,在保证对农民剥削的前提下,就要在制度上、法律上对地主、官僚侵渔百姓的行为有所限制,强化对社会的控制。在王朝之初,其保障民生、稳定生产的措施能够有效实行,社会矛盾就相对缓和。随着时间的推移,皇子皇孙增加,官僚利益集团膨胀,赋税徭役增加迅速,导致农民、工商业者负担加重,最终导致社会再生产的中断,导致社会矛盾总爆发,农民战争成为时代的主旋律。无论是作为最高统治者的皇帝,还是官僚知识分子,都明白农民造反要导致天下大乱,但都无法改变。原因就在于这时的国家机器已经完全丧失了保证社会再生产的公共职能,完全蜕变为地主官僚集团聚敛钱财、欺压民众的工具,那些在野中小地主、知识分子也经常沦为贫民,皇帝的“罪己”也好,向上苍祈求保佑也好、严惩贪官也好,都无法改变政治黑暗、民生残破的危局;地主官僚面对衣不蔽体、食不果腹的农民丝毫不会发善心,相反更加穷凶极恶地镇压农民哪怕是极其轻微的反抗和不满,极尽能事地盘剥百姓。王朝走投无路只好等着农民起义来埋葬自己了。中国封建社会农民起义和农民战争之所以周期性爆发,根源就在这里。明乎此,农民战争研究的学术价值和时代意义就不言自明了,对我们在社会转型过程中如何处理国家与社会关系、如何防止公共利益的社会失衡、如何在制度设计与实施层面保证利益的公平和权利的公正,等等,无疑有着战略上的历史意义。

笔者相信,站在前人的肩膀之上,遵循马克思主义史学观和方法论,中国史学研究、中国农民战争史研究,一定能够走向新的辉煌!

图书在版编目（CIP）数据

生存与抗争的诠释——中国农民战争史研究/臧知非著.
—开封：河南大学出版社，2009.12
（新中国学案丛书/李振宏主编）
ISBN 978-7-81091-991-3

Ⅰ.生… Ⅱ.臧… Ⅲ.农民—问题—研究—中国—古代
Ⅳ.K201

中国版本图书馆 CIP 数据核字（2009）第 147246 号

责任编辑 靳宇峰
责任校对 严 午
封面设计 樊 响

出版发行 河南大学出版社
地址：河南省开封市明伦街 85 号 邮编：475001
电话：0378-2825001(营销部) 网址：www.hupress.com

排 版	河南新华印刷集团有限公司		
印 刷	河南新华印刷集团有限公司		
版 次	2010 年 3 月第 1 版	**印 次**	2010 年 3 月第 1 次印刷
开 本	720mm×1000mm 1/16	**印 张**	20.75
字 数	299 千字	**定 价**	42.00 元